江苏省高等学校重点教材(编号:2021-2-264)

船体结构强度

张　健　张　婧　主　编
朱亚洲　韩超帅　副主编

国防工業出版社
·北京·

内 容 简 介

本书以船体结构在营运过程中可能遇到的各种强度问题为对象,阐述了船舶与海洋工程载荷及材料、船体结构总纵弯曲外力计算方法、船体结构总纵弯曲应力计算方法、船体扭转强度计算方法、船体结构局部强度计算方法,以及船体结构的其他强度问题。

本书全面深入、系统地展现了船舶强度理论与方法,可作为高等院校船舶与海洋工程专业的教材,也可供船舶与海洋工程领域相关的研究人员和工程技术人员参考。

图书在版编目(CIP)数据

船体结构强度/张健,张婧主编. —北京:国防工业出版社,2024.6.—(江苏省高等学校重点教材/张健主编).—ISBN 978-7-118-13349-3

Ⅰ. U66

中国国家版本馆 CIP 数据核字第 2024SL3066 号

※

国防工业出版社出版发行

(北京市海淀区紫竹院南路 23 号 邮政编码 100048)

河北环京美印刷有限公司印刷

新华书店经售

*

开本 787×1092 1/16 **印张** 10¾ **字数** 242 千字

2024 年 6 月第 1 版第 1 次印刷 **印数** 1—2000 册 **定价** 39.80 元

国防书店:(010)88540777 书店传真:(010)88540776

发行业务:(010)88540717 发行传真:(010)88540762

前　言

船体结构强度作为船舶与海洋工程结构设计和优化的重要参考指标，是船舶科学研究、新型船舶结构研发，以及绿色船舶研制等领域的必备知识体系。其有关理论、技术和应用已成为船舶工程、海洋装备等相关产业不可或缺的基础知识，因此有必要对相关内容进行系统的学习和研究。为了提高学习效果，本书在每章提供了网络学习资料，读者可以扫描二维码获取学习资源，以便进行自主学习。此外，本书还提供了开放性的专题研讨题目，以引导读者就某一问题进行深入思考。

全书共7章。第1章综述船体结构的强度问题，给出课程的培养目标，并介绍课程的学习方法。第2章介绍海风、海浪、海流、海冰等海洋环境，以及结构载荷和工程材料。第3章介绍船体在静水中的剪力和弯矩，以及波浪中的附加剪力和弯矩的计算方法，并给出剪力和弯矩的计算实例。第4章介绍船体总纵弯曲应力第一次近似计算方法、逐次近似计算方法、合成应力及强度校核方法、剪应力计算方法、挠度计算方法，并给出船体总纵强度计算实例及有限元分析方法。第5章介绍作用在船体上的扭转外力，结合规范给出波浪扭矩和货物扭矩的计算方法，大开口船舶弯扭组合的总纵强度分析方法。第6章介绍船体结构局部强度计算的力学模型、典型结构的局部强度计算方法，并给出利用有限元方法进行局部强度计算的实际案例。第7章介绍极限强度、剩余强度、疲劳强度等其他强度的基本概念。

本书的整体架构、编写方案由张健确定。第1章、第2章由朱亚洲编写，第3章、第4章、第7章由张婧编写，第5章由韩超帅编写，第6章由张健编写。全书由张健统稿。

尹群教授审读本书后提出了很多中肯的建议，同时得到了王爱民老师的大力支持和协作，硕士研究生李越、史圣权、杨康、李吟松、姬贺港等在绘图和编辑上提供了许多帮助，在此表示衷心的感谢！

由于编者水平有限，书中难免会有疏漏之处，恳请读者批评指正。

编者

2023年5月

目　录

第1章　绪论……1
1.1　船体结构强度问题综述……1
1.2　课程培养目标……2
1.3　课程学习方法概述……3
专题研讨……4
第2章　船舶与海洋工程载荷及材料……5
2.1　海洋环境……5
2.1.1　海洋风……6
2.1.2　海洋波浪……6
2.1.3　海流……7
2.1.4　海冰……7
2.1.5　潮汐……7
2.1.6　海啸……8
2.2　船舶与海洋工程载荷……8
2.2.1　载荷的分类……9
2.2.2　波浪引起的动载荷……9
2.2.3　冲击载荷……10
2.3　船舶与海洋工程材料……10
专题研讨……13
第3章　船体结构总纵弯曲外力计算……14
3.1　船体总纵强度外力的计算方法……16
3.1.1　静水剪力和弯矩……16
3.1.2　静置波浪附加剪力和弯矩……16
3.2　静水剪力和弯矩的计算……18
3.2.1　重力分布曲线……18
3.2.2　静水浮力曲线……23
3.2.3　载荷曲线……25
3.2.4　静水剪力、弯矩曲线……26
3.3　静置波浪附加剪力和弯矩的计算……27

3.3.1 波浪要素及计算状态 …… 27
3.3.2 坦谷波绘制方法 …… 28
3.3.3 波浪附加剪力及弯矩的计算 …… 29
3.3.4 波浪浮力修正 …… 32
3.4 船体总纵弯矩 …… 33
3.5 总纵剪力和弯矩的计算实例 …… 34
3.5.1 主要数据及原始资料 …… 34
3.5.2 波型与波浪参数 …… 35
3.5.3 压载到港状态的静水剪力和弯矩的计算 …… 35
3.5.4 静波浪剪力及弯矩 …… 39
3.5.5 总纵弯矩与剪力的计算 …… 44
专题讨论 …… 44

第4章 船体总纵强度计算 …… 47

4.1 船体总纵弯曲应力的计算方法 …… 47
4.2 船体总纵弯曲应力的第一次近似计算 …… 49
4.2.1 计算剖面与船体梁有效构件 …… 49
4.2.2 船体的剖面要素及总纵弯曲应力第一次近似计算 …… 51
4.3 船体总纵弯曲应力逐次近似计算 …… 53
4.3.1 构件的稳定性检验 …… 54
4.3.2 船体构件的失稳折减 …… 59
4.3.3 船体总纵弯曲应力第二次及更高次计算 …… 62
4.4 总合应力及强度校核 …… 63
4.4.1 局部弯曲正应力的计算 …… 63
4.4.2 总合应力的计算 …… 69
4.4.3 许用应力及强度校核 …… 71
4.5 船体总纵弯曲剪应力的计算 …… 73
4.6 船体挠度的计算 …… 75
4.7 船体总纵强度的计算实例 …… 78
4.7.1 计算依据 …… 78
4.7.2 总纵弯曲正应力的计算 …… 79
4.8 船体总纵强度的有限元分析 …… 85
4.8.1 主尺度 …… 85
4.8.2 结构型式 …… 85
4.8.3 有限元模型的建立 …… 85
4.8.4 船体总纵强度校核 …… 87
专题讨论 …… 89

第5章 船体扭转强度计算 …… 91

5.1 船体扭转强度计算的必要性 …… 91

5.2 作用在船体上的扭转外力…… 92
5.2.1 船舶斜浪航行时引起的扭转力矩…… 92
5.2.2 船舶倾斜引起的扭转力矩 …… 94
5.2.3 船舶摇摆时引起的扭矩 …… 95
5.3 规范给定的波浪扭矩和货物扭矩的计算公式…… 96
5.3.1 海船波浪扭矩和货物扭矩公式…… 96
5.3.2 内河船波浪扭矩和货物扭矩公式…… 97
5.4 大开口船舶弯扭组合总纵强度分析…… 98
5.4.1 弯扭组合强度校核的有限梁法…… 98
5.4.2 弯扭组合强度校核的有限元法 …… 102
专题讨论…… 103

第6章 船体结构局部强度…… 104

6.1 局部强度计算的力学模型 …… 104
6.1.1 建立计算模型的原则 …… 104
6.1.2 构件几何尺寸的简化 …… 104
6.1.3 骨架支撑条件的简化 …… 105
6.1.4 结构处理模型化 …… 106
6.1.5 载荷模型化 …… 109
6.2 船体骨架的带板 …… 110
6.3 典型船体结构的局部强度计算 …… 112
6.3.1 船底结构强度计算 …… 112
6.3.2 甲板板架强度计算 …… 115
6.3.3 舷侧结构强度计算 …… 119
6.3.4 舱壁板架强度计算 …… 120
6.3.5 计算实例 …… 122
6.4 局部强度计算的有限元法 …… 124
6.4.1 有限元模型 …… 124
6.4.2 边界条件 …… 125
6.4.3 载荷施加 …… 126
6.4.4 计算结果 …… 127
专题讨论…… 128

第7章 船体结构的其他强度问题…… 129

7.1 船体结构极限强度 …… 129
7.1.1 总体结构的极限状态 …… 129
7.1.2 逐步破坏分析法 …… 130
7.1.3 加筋板单元的应力-应变曲线 …… 133
7.1.4 始屈弯矩和全塑性弯矩 …… 140

7.2 船体破损剩余强度及衡准 …… 142
7.2.1 船体的破损状态 …… 142
7.2.2 破损剩余强度的指标和方法 …… 143
7.2.3 破损船体承受的极端弯矩 …… 144
7.3 船舶结构疲劳强度 …… 144
7.3.1 船舶结构疲劳强度理论 …… 145
7.3.2 船舶结构疲劳强度评估方法 …… 151
专题讨论 …… 154
习题 …… 155
参考文献 …… 162

第1章 绪 论

船舶是一个复杂的水上构造物,航行于江河湖海,承担运输、生产、生活、防御及军事任务。为了能够很好地完成这些任务,船舶需要具备良好的航行性能、工作性能,同时船体结构需要满足一定的强度要求,以保证船舶结构具有足够的安全性。因此,从事船舶设计及制造等相关工作的人员,需要充分了解船体结构的强度。船体结构强度是以理论力学、材料力学、结构力学、弹性力学、塑性力学等力学知识为基础,研究船体结构安全性的科学,是船舶与海洋工程专业的主干课程。

1.1 船体结构强度问题综述

船体结构强度是指船体结构在正常使用过程和一定的使用年限中,具有抵抗外力(载荷)破坏的能力,并且在偶然事件发生时及发生后,仍然能够保持必要的整体稳定性。此外,船体结构在制造过程中,需要满足一定的工艺性要求,且要求船体结构在寿命期内正常使用时,必须适合营运的要求,并在正常的维护和保养条件下,具有足够的耐久性。

船体结构的强度问题是指根据作用于结构物上的外力(包括主动力和约束反力),按照一定的计算方法和程序,确定出结构物危险截面处的应力值 σ,并将计算应力与许用应力 $[\sigma]$ 进行比较。许用应力 $[\sigma]$ 受外载荷计算的可靠性、计算方法的合理性、结构物的使用年限以及选用结构材料的均匀性等因素影响。如果 $\sigma \leqslant [\sigma]$,就可以证明该结构物的强度是足够的,可以抵抗船舶遭遇的载荷;反之,结构物将可能遭到破坏。

当船舶正常航行时会受到各种外力的作用,如结构重力、水的浮力、动水压力、冲击力以及船舶在运动过程中产生的惯性力等。除了上述外力,船舶还会受到各种更为复杂的外力,给船舶结构强度的计算带来一定的困难。在长期的生产实践过程中,通过分析船体受力和变形的主要特征,人们认为在考虑自由航行的民用船舶的强度问题时,最主要的因素是船舶自重及其载荷、设备重力以及水的静压力。

首先将船体结构简化为梁单元进行力学分析,然后采用材料力学中的梁的弯曲基本理论求出其弯曲变形和应力。将船作为整体研究的强度称为船体的“总纵强度”,或简称为“总强度”。按照工程经验,人们在研究船体总强度时,一般采取两种典型的船-波相对位置:一是波峰位于船中,称为“中拱状态”;二是波谷位于船中,称为“中垂状态”。长期以来,船体强度一直是船体结构强度计算和校核的主要内容。

除了总纵强度以外,由于船体是由若干不同的构件组合而成,因此船体的横向构件(如横梁、肋骨、肋板等)以及船体的局部构件(如船底板、底纵桁,设备基座等)会因局部载荷而发生变形或受到破坏。因此,也需要研究上述船体的横向构件和局部构件的强度问题,通常将这类问题称为横向强度问题和局部强度问题。

1874年10月,“玛丽”号船舶在横渡大西洋时发生了船体折断,导致船舶沉没。此事件表明仅仅按梁的弯曲理论来研究船舶总纵强度问题是不够的,还应对初步总纵强度计算方法进行修正。考虑到某些船体板在船体总纵弯曲时将会发生折皱,即失稳现象,需要对其几何截面积进行折减,以获取有效的截面积。

第一,需要关注的是结构物的稳定性问题。随着船舶结构大型化发展,船舶在总纵弯曲时,船舶受压构件(如中垂状态下的上层甲板或中拱状态下的船底板)常常会在较小的应力下因为受压过度而丧失稳定性,导致船体结构抵抗总纵弯曲的能力大大降低,影响了船体结构的安全性。也就是说,在研究船体总纵强度的时候,必须考虑受压构件是否发生失稳现象,并且要分析构件失稳后的应力重新分配问题,计及失稳影响的总强度计算才能较好地反映船体结构的承载能力。

第二,需要关注的是船体结构的扭转强度问题。船舶在波浪中航行时,航向并不一定总与波浪前进方向一致,经常是斜交状态。船舶在斜浪上航行时,会导致船体发生扭转。尤其对抵抗扭转强度较弱的船舶(如大开口细长船型、大舱口集装箱船)来说,讨论船舶的扭转强度问题显得十分必要。

第三,需要关注船体结构的应力集中问题。由于船体结构的不连续性,容易产生应力集中点。如舱口角隅、船体上层建筑端部及其他结构不连续区域都容易产生应力集中。所以应力集中问题以及上层建筑问题都属于船体强度研究的范畴。

第四,波浪外力、船体振动、材料强度与结构疲劳等问题的研究,都属于船体结构强度需要研究的问题。

因此,总纵强度、局部强度、扭转强度、稳定性和应力集中问题都是船体强度需要研究的内容。

综上所述,船体结构强度计算应该包含如下内容:

(1) 确定作用在船体和结构上的载荷类型、大小和性质,即船体结构的外力问题。

(2) 确定结构剖面在载荷作用下的应力和应变,即结构的响应分析;或者求解使结构失去它应起的各种作用中的任何一种作用时的载荷,即结构的极限状态分析、船体结构的内力问题。

(3) 确定合适的强度标准,对船体结构进行强度校核。

上述三部分内容是船体结构强度计算和校核的综合整体,涉及内容分散在数门课程中。随着造船实践经验和船体结构强度研究的日益深入,逐步形成了专门研究船体强度的科学。

为了保证船体结构强度,就需要根据作用于船体、各个构件上载荷的大小及相应建造规范要求,确定构件的最佳尺寸,此项工作属于“船舶结构设计”。若要具备对船体结构强度进行计算和校核并进行结构设计的能力,需要掌握“船舶结构力学”的相关基础理论。所以,“船舶结构力学”是“船体结构强度”和“船舶结构设计”的基础。“船体结构强度”就是专门研究船体强度的科学,包括船舶外力的确定、力学模型的提取、船体结构在外力作用下的内力研究、许用应力的确定及安全衡准等问题。

1.2 课程培养目标

通过本课程的学习,旨在培养学生运用船舶与海洋工程结构强度基本原理和总纵强

度及局部强度计算方法解决相关工程问题的能力。通过本课程的理论学习与示范教学(尤其是自主学习),学生应取得如下学习成果:

(1)理解船舶与海洋工程结构性能的概念及分类方式;熟悉船舶与海洋工程结构的失效模式;了解船舶与海洋工程结构性能分析的任务、内容及方法。

(2)熟悉船舶与海洋结构物环境参数;熟悉船舶与海洋结构物承受的载荷类型;了解船舶与海洋结构物材料类型及基本属性。

(3)掌握船舶与海洋工程结构总纵强度概念;掌握引起船舶与海洋结构物总纵弯曲的外力计算方法;掌握引起船舶与海洋结构物总纵弯曲的内力计算方法,能够正确计算结构物在静水和波浪中的剪力和弯矩;掌握船舶与海洋工程结构总纵弯曲应力的第一次和第二次近似计算方法;熟悉船舶与海洋工程结构总纵弯曲正应力的合成方法;掌握船舶与海洋工程结构总纵弯曲的剪应力计算方法;了解许用应力的基本概念,并能够综合运用上述知识进行总纵强度校核。

(4)理解局部强度的概念,正确建立结构局部强度的计算模型;正确建立结构局部强度的有限元模型;掌握局部强度的计算方法。

(5)掌握船舶扭转强度的概念;掌握长大舱口船舶强度计算特点;理解作用在船体上的扭转外力;了解经典薄壁梁扭转理论。

(6)掌握极限强度的概念,了解船体结构极限强度的计算方法;掌握疲劳强度的概念,了解船体结构疲劳强度的计算方法;掌握剩余强度的概念,了解船体结构碰撞损伤剩余强度的准则。

(7)进一步养成自主学习的习惯,能利用网络资源、仿真软件等自主学习相关内容。

1.3 课程学习方法概述

在进行总纵强度研究时,需要根据船舶的典型装载工况(满载出港、到港,空载出港、到港等),绘制出船舶重量分布曲线和船舶在静水中的浮力曲线,求取静水中的剪力和弯矩;计算船舶静置于波浪上,在中拱和中垂状态时的波浪附加弯矩和附加剪力;求取船体梁在中拱和中垂状态下的弯矩值;计算所校核船体梁截面的静矩、惯性矩,并最后求得各类纵向构件的抗弯剖面模数;按照应力计算公式计算各类纵向构件的总纵弯曲应力 σ_1;根据纵向构件分类,计算各类纵向构件的局部弯曲应力 σ_2(板架弯曲应力)、σ_3(纵骨弯曲应力)和 σ_4(板的弯曲应力);计算各类纵向构件的总应力,并与相应的许用应力进行比较,判断各构件的强度是否满足结构安全性的要求。

在进行船体结构局部强度计算时,首先应根据结构受力与变形特点,把实际复杂的结构抽象为可以用力学方法计算的简化模型(力学模型和计算模型);然后对这个力学模型进行内力和应力分析并进行强度校核。采用有限元方法进行计算,选取适当的结构单元,并处理好约束关系,即可进行整体解析。

对扭转强度的研究一般采用基于薄壁梁理论的有限梁方法(FBM),当前一般采用修正的薄壁梁理论,考虑船体弯扭及轴向力,建立弯扭组合刚度矩阵,并保证不同剖面薄壁梁单元间的协调,用于扭转强度的求解。

在掌握以上几种船体主要强度问题的基础上,掌握极限强度、疲劳强度以及剩余强度的概念,了解其适用工况和计算方法。

专题研讨

通过阅读文献,了解船体结构强度与其他结构物强度问题的研究方法,总结其中的异同,开展一次专题研讨。

第 2 章　船舶与海洋工程载荷及材料

在进行船体结构响应分析时,一般都是将载荷与结构模型进行简化处理。随着结构分析方法及计算技术的发展,在采用直接计算方法进行结构响应分析时,也需要将结构模型简化为理想的计算分析模型。为了获取合适的船体结构计算模型和工作载荷,有必要对船体的工作环境及由此产生的载荷作必要的了解。船舶的结构材料经历了木质船舶、水泥船舶、钢质船舶的发展,已经形成了较为成熟的结构强度评估方法,目前钢质材料是船舶与海洋工程装备结构主要应用材料,广大学者和工程技术人员针对船舶钢质材料开展了深入的研究,形成了系列成果,同时针对新型复合材料及合金材料在船舶与海洋工程中的应用也开展了相应的研究工作。

本章首先讲述船舶与海洋结构物可能遭遇的海洋环境,其次对由此产生的载荷进行分类,最后对能承载预设环境载荷的结构材料进行探讨。

2.1　海 洋 环 境

船舶与海洋结构物作业环境主要是海洋环境,如图 2.1 所示。因此,需要对其结构安全性进行评估,需要了解海洋环境及其相应的载荷,以确保结构物作业的安全。

海洋环境的载荷形式主要包括风载荷、波浪载荷、海流载荷、海冰载荷、潮汐载荷,以及因海啸和地震等引起的灾难性载荷。

海洋环境既是自然资源与能量,又是可以带有巨大破坏的天然载荷,是直接影响结构物安全的重要环境因素。

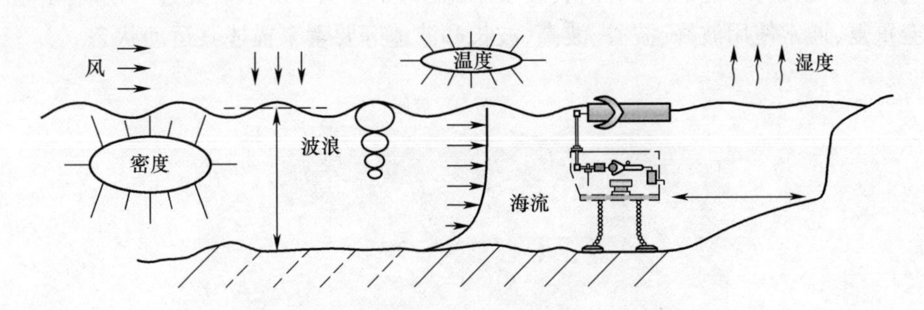

图 2.1　海洋环境示意图

作为船舶与海洋工程专业工程师,需要了解环境载荷产生规律,并了解其计算方法,可为船舶与海洋结构物设计载荷的确定提供依据。

2.1.1 海洋风

空气的水平运动称为风,形成风的根本原因是水平大气压力分布不均匀。空气是流体,当水平方向上压力不一样时,就会从高压区流向低压区。风,看不见,却可以感受得到它的存在。一次强大的风暴与其引起的巨浪往往会使船舶等海上结构物遭受致命的打击。

因此,在船舶与海洋结构物的设计中,需要考虑风力的作用,并将风力以及风倾力矩作为船舶设计中重要的环境参数。应搜集相关海域的海风环境的长期记录资料,统计分析确定风载荷的设计衡准。

风还是产生海水运动的重要因素,风作用在海面上会产生风浪和海流。在风的作用下使得海面上泛起涟漪,随着涟漪不断扩大,相互融合,这样就形成了比较大的波纹,如图 2.2 所示。

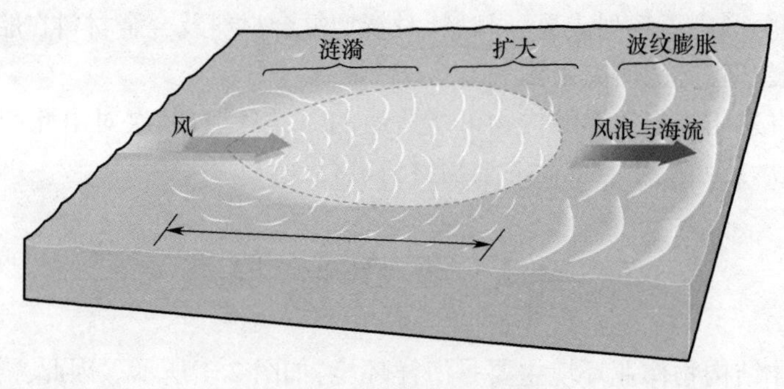

图 2.2 海洋风扩展示意图

2.1.2 海洋波浪

通常我们将出现在海洋表面及其内部的波动现象称为波浪。波浪是自然界中的一种随机现象,波浪具有明显的周期性,其发展示意图,如图 2.3 所示。经过一定时间间隔,波动将会重复,通常使用波峰、波谷、波高、波长和波速等要素来描述其运动状态。

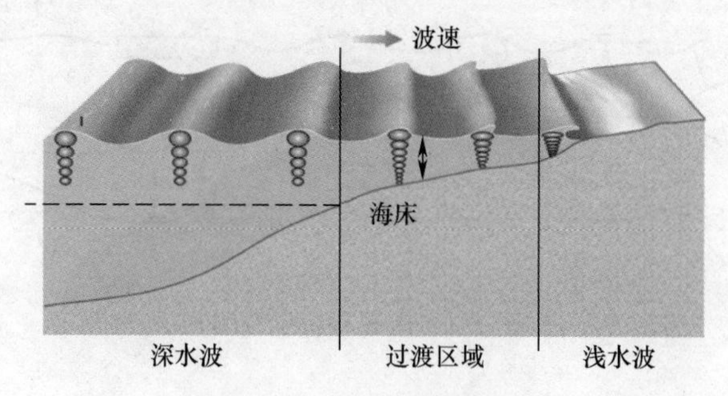

图 2.3 波浪发展示意图

处于不同海区的海洋结构物随时会受到波浪的直接威胁:比如当波浪周期与固有频率相近时,会引起共振现象;即使轻微的波浪,经过长年累月的作用,也会使结构物受到长期的周期作用力发生损坏。

2.1.3 海流

与波浪同时发生的是海流运动(图 2.4),指海洋中海水水平或者垂直以相对稳定的速度的大规模的流动;通常海流的表面流速大,深层流速小,甚至在较深的海域存在上下水层流动的方向相反的现象。

海洋环流是大气和海洋相互作用造成的,对于全球环流而言,通常位于中纬和低纬地区的大环流称为温水环流系统,温水环流以北是冷水环流系统。

浅海大陆架的海流系统受到海岸、海底地形、陆地风和河口径流等因素的影响往往比海洋环流要复杂很多。

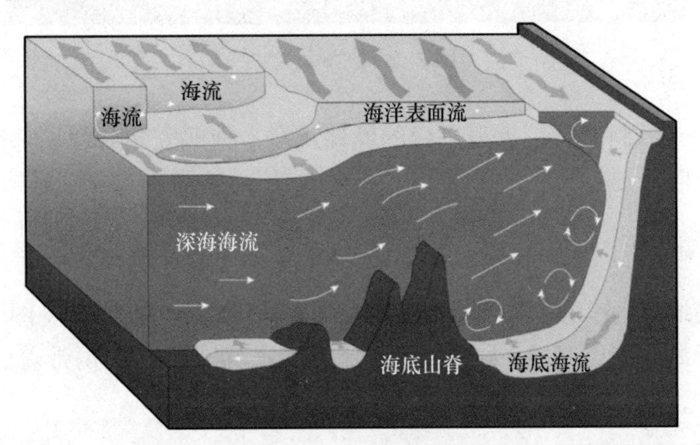

图 2.4 海流示意图

2.1.4 海冰

海冰广义指海洋上所有的冰,包括咸水冰和淡水冰;高纬度海域,海冰是所有海洋水文气象对航运交通和海洋开发影响最为重要的因素。海冰随着风、浪、流的带动作用,对顺流方向预期接触的海洋结构物产生水平的推压,撞击和附着垂向力,产生了海冰载荷。

“泰坦尼克”号沉没之后,在大西洋经过的轮船都会严肃地对待冰山报告,或绕行,或减速;美国和英国都成立了海上浮冰巡逻队,负责将海上的浮冰拖走。如今,冰载荷已经作为海洋工程和船舶设计的重要载荷参数,尤其是北极航道的开通,以及极地资源的开发需求旺盛,冰载荷的研究已提上重要日程。

2.1.5 潮汐

潮汐是指地球受到月亮和太阳的天体力影响形成海面起伏的现象:白天的海面起伏称为潮;夜晚的起伏称为汐,如图 2.5 所示。

月亮是影响地球潮汐现象的主要天体。在引潮力的作用下,地球上圆形的海面将发生变化。引潮力基本上是指向月球方向的,这样一来,在引潮力的作用下,就会形成潮汐椭球。

潮汐对于航运和海洋工程的影响在于潮汐可以影响船只的航向和速度,甚至安全;对

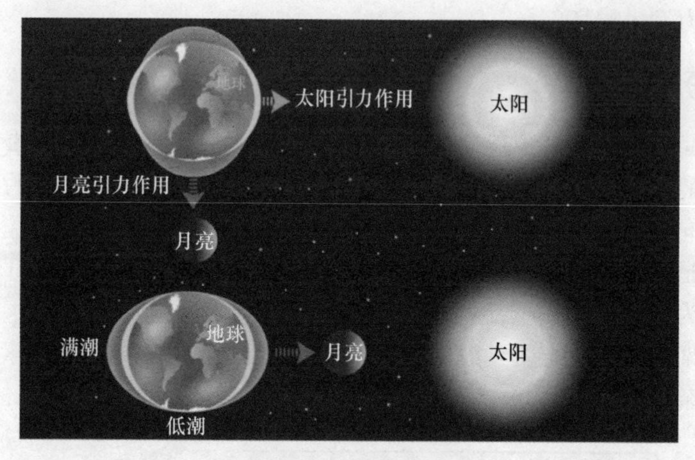

图 2.5　潮汐示意图

码头、海岸基地的规划和建设,近海平台的设计及海上拖航安装与使用都需要计入潮汐变化的影响,设法加以保护。

2.1.6　海啸

海啸是海底地震、火山爆发或者海底地壳塌陷等所引起的巨浪,见图 2.6。当其抵达固定结构物或者海岸附近时,巨大的能量被释放出来,波高增强,携带着巨大能力直冲船舶与海洋结构物,对结构物造成灾难性的破坏。

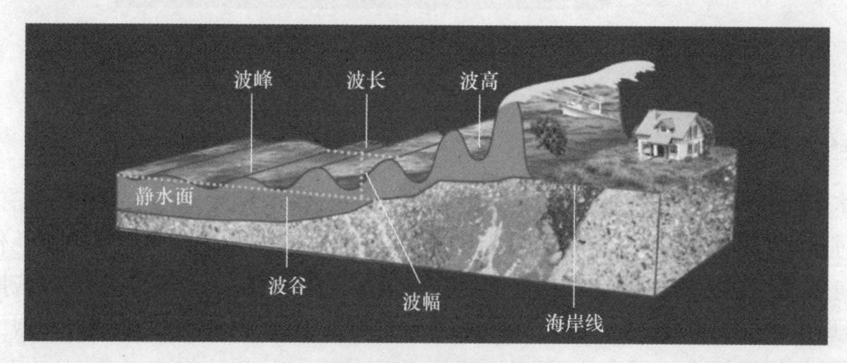

图 2.6　海啸示意图

在船舶与海洋工程结构物中,将海啸作为一种意外载荷来处理,根据百年来记录海啸灾难,与世界其他国家相比,我国大陆沿海发生破坏性远洋海啸或者近海海啸的概率较低。尽管如此,我国还是建立了大型工程海洋灾难风险评估制度,对海啸保持着警惕的态度。

2.2　船舶与海洋工程载荷

当船舶在水中运动时,船舶将会受到多种载荷的联合作用。虽然作用在不同类型船舶上的载荷种类是比较类似的,但是载荷的大小以及作用点在很大程度上取决于船舶的具体用途、船舶水线面附近以及水线面以下的船体形状。

船舶载荷的作用方式是很复杂的,主要取决于以下的几个参数:空船重量;货物、燃料、压载水以及备品等的质量分布;水在船壳上作用而形成的静载荷;由于船舶在波浪中航行而形成的动载荷;由主机、螺旋桨等引起的振动载荷;意外的载荷,如进坞、搁浅等;冰的载荷等。

2.2.1 载荷的分类

作用在船体结构上的载荷按其对结构的影响可分为总体性载荷和局部性载荷;按其随时间变化性质可分为不变载荷、静变载荷、动变载荷和冲击载荷;按其建造及使用过程承受情况可分为建造过程承受载荷和使用过程承受载荷。

总体性载荷是指引起整个船体的变形和破坏的载荷和载荷效应,如总纵弯曲的力矩、剪力、应力及纵向扭矩等。局部载荷是指引起局部结构、构件的变形或破坏的载荷,如水压力和货物、波浪的冲击力、机器振动力、进坞时(墩木)、靠岸时(码头)、装货时(货物)的作用力、碰撞、搁浅、倾覆、火灾/爆炸等载荷。

不变载荷是指在作用时间内基本不改变其大小的载荷,如货物压力、静水压力等;静变载荷是指在作用时间内有变化,但其变化的最小周期超过该受力结构构件的固有振动周期的若干倍,如甲板上浪、波浪载荷等;动变载荷是指在作用时间内有变化周期与研究的结构构件响应的固有振动周期同阶,如局部结构的强迫振动等;冲击载荷是指在非常短时间内突然作用的载荷,如砰击、爆炸碰撞等。

建造过程中的载荷包括加工与焊接的剩余应力、变形校正应力、吊运力、坞墩或龙骨墩搁置力以及下水时所承受的力等。在建造过程中,应适当控制与注意,使结构不致受力过大而导致损坏或过大的变形。一般在结构设计时,从焊缝布置与连接形式等方面来考虑,以防止焊缝过于密集而引起过大的剩余应力。对变形校正应力与吊运力则较少考虑,而对某些特殊外力,如下水力与坞墩力,需要作局部加强措施。营运过程中的载荷包括船舶本身重力和装载重力、静水加波面水压力、冰块挤压力、码头作业引起的不平衡力等静力载荷;营运过程中的载荷还包括波浪冲击力、船舶运动的惯性力、振动惯性力、武器发射时的气流与惯性力,振动力以及炮弹、鱼雷、水雷及原子弹爆炸力等动力载荷。在设计过程中,静力载荷视为主要外力,波浪冲击力、船舶运动的惯性力和振动惯性力也为主要动力,在设计时应该予以考虑,并采取预防措施,武器发射时的气流与惯性力,振动力以及炮弹、鱼雷、水雷及原子弹爆炸力等动力载荷对于军用船舶应该予以考虑,民用船舶则作适当考虑,作些必要的加强措施。船舶发生意外事故时,如触礁或搁浅产生的载荷,对内河浅水船舶应该予以适当的考虑,当船舶发生意外事故时,船舶还会承受破舱后局部构件所承受的破舱水压力,在设计舱壁、内底时应该予以考虑。

2.2.2 波浪引起的动载荷

波浪引起的断面力、动压力以及货物和压载水等引起的动压力在作用于船体结构的各种载荷中起主要作用,本节对波浪载荷的典型计算方法作简要介绍。

切片法是计算波浪引起的剪力和弯矩的经典方法。切片法主要针对细长体船舶结构,切片法主要将船舶分成一个个“片体”,分别计算各个片体的载荷,如附加惯性力、波浪力和傅汝德力等。采用切片法计算波浪载荷,计算方法相对简单,但是其计算结果与试验结果的比较表明,将其作用于船体梁的波浪载荷计算精度可以满足工程要求。在切片法的基础上,科研工作者展开了大量的研究工作,对切片法进行了改进和发展,包括非线性效应、船艏艉的三维效应等。在计算波浪引起的动变压力时,通常认为波浪力作用在片体上,将其从三维问题降维至二维截面进行求解。采用切片法求解时假设船体周围的流场在每个片体都是互相独立的,不依赖于毗邻片体。对水线面处浸没或裸露的结构,在进行波浪载荷计算时,需要进行适当的修正。

近年来,三维 Green 函数法和 Rankine 源法在船舶的波浪载荷计算中被广泛应用。上述方法基于三维模型,可以获取到不同时刻作用于船体表面的压力分布。通过对船体表面不同位置布设源点,求取相应的速度势,分布的源可以根据船体表面条件通过求解积分方程得到,再根据伯努利方程,可以得到作用于船体表面的水动压力分布。对水线面处浸没或裸露的结构,在进行波浪载荷计算时,与切片法一样需要进行适当的修正。

当液舱中满载液货,船舶在波浪中处于横摇和纵摇时,液舱舱壁和底部结构由于惯性力作用而承受动压力作用,称为舱内动压力。通常在用切片法进行计算时,先得到船体运动加速度,然后再计算舱内动压力。

上述方法是计算实际作用于船体结构的载荷。在船舶结构强度计算中,主要采用船级社规定的载荷计算方法,按照船级社规定的载荷施加方法,对船体结构强度进行分析。各船级社都颁布了相应的载荷计算方法,如舱内水动压力、波浪引起的动压力等。

2.2.3 冲击载荷

在进行船体结构局部强度评估时,一般需要考虑冲击载荷的作用。目前,很多学者采用有限元法、边界元法和有限差分法对冲击载荷进行了研究,发表了大量的学术论文,但是在实际应用中还远远不够。从船体结构设计的角度出发,不仅冲击压力的峰值很重要,其作用的持续时间和作用区域也很重要。如果受冲击区域面积小,那么总的冲击载荷小。如果冲击持续时间短,那么动量就小。此外,如果冲击载荷的周期和板的固有周期一致,板就会产生振动。一般认为,冲击载荷正比于船与流体间的相对速度的平方,比例系数由实验或动力分析得到。在设计中,等效静压力被定义为均布压力,它在一定冲击载荷下产生了同样的弯曲应变能。

2.3 船舶与海洋工程材料

船舶与海洋工程材料主要分为金属材料与非金属材料的两大类。金属材料主要包括钢材和复合材料;非金属材料包括木材、玻璃钢和水泥材质。

直至 18 世纪末,木材仍是船舶建造中使用的主要材料。从 19 世纪早期开始,船舶结构逐渐由木质结构演变为复合结构(钢架上附着木板)最后发展到纯钢质结构。到目前为止,钢材仍然是最主流的船舶建造材料。钢质材料具有如下优势:技术成熟、经济效益好、高强度、适于焊接、足以抵抗脆性破坏、低成本和实用性等。

当前船用钢结构仍然是船舶结构的主要载体材料,包括板材和型材等钢材品种,要求提供足够的强度、具有足够的韧性、抗腐蚀性和良好的工艺性。其特点是品种杂、规格多,且要通过相关船级社认可。船体用结构钢按照其最小屈服点划分强度级别：一般强度结构钢和高强度结构钢。中国船级社规范标准强度结构钢分为材料级别和钢级：一般强度结构钢分为 A、B、D、E 等钢级；高强度结构钢分为 AH、DH、EH 等钢级（为了防止断裂，全船不同部位的船体构件按其所承受的应力情况分为材料级别Ⅰ、Ⅱ、Ⅲ等）。目前，船用钢结构载体材料用量很大，每年的需求量已超过千万吨级。常用钢材分为低碳钢、高强度钢、超高强度钢、特殊钢、铸钢五大类。一般情况下，厚度为 5~20mm 的低碳钢钢板用量占一艘新建运输船全部用钢的 90%左右；对一些特殊功能需求的海洋装备或工程船舶，其 100%采用高强度钢。影响船用钢材料选材的主要因素有构件类型、受力特征、使用部位、环境温度、构件参数、使用性能、生产工艺、制造工艺、经济成本等方面。选材必须确保钢结构本身的安全、可靠，因此要想避免恶性事故发生，就必须切实解决好载体的材料、构件尺度与连接，以及工艺性等问题。

在船舶工程上除了大量地使用金属材料外，非金属材料和复合材料在船舶工程中的占比也逐年增加。非金属材料和复合材料往往具有金属材料不具备的特殊性能，在某些方面可以克服金属材料的一些弱点，因此，非金属材料和复合材料在船舶工程中发挥着不可替代的作用，比如塑料制造的螺旋桨、尾轴承、舵轴承、导流帽等各种船用零件。

船用非金属材料是除金属材料之外的其他一切材料的总称，主要包括高分子材料、陶瓷及复合材料等。它们具有金属材料所不及的一些特异性能，如塑料材料的轻质、绝缘、耐磨、隔热、美观、耐腐、易成型；陶瓷材料的高硬度、耐高温、抗腐蚀等。非金属材料来源广泛，自然资源丰富，成型工艺简便，在生产中得到了迅速的发展，是在船舶工程领域中不可取代的材料，在绿色船舶轻量化发展过程中起着举足轻重的作用。复合材料应用过程中，不仅保留了各自的优点，还能得到单一材料无法比拟的、优越的综合性能，成为一类很有发展前途的新型工程材料。

（1）船舶与海洋工程结构复合材料。聚酯类复合材料正在船舶工业中得到越来越广泛的应用，其中用量最大、范围最广的仍为玻璃纤维增强热固性树脂复合材料。因其耐腐蚀性、抗海洋生物附着性，较传统的造船材料更适合在海洋环境中使用；因其无磁性，是舰艇等装备最佳的结构功能材料；因其热导率低、隔热性好，是救生艇、渔船及冷藏船等制造的优质材料；因其可以制成彩色光滑的外表面，适合于建造形状复杂、外形美观的游艇。此外，与传统材料相比还有很多优点，如可设计性好，能按船舶结构各部位的不同要求，通过选材、铺层设计和结构选型实现优化设计；整体性好，可以做到船体无接缝；船体成型简便，比钢质和木质船省工，且批量生产性好，降低造价的潜力大；所造船舶维修费用低，比钢质、铝质和木质船的全寿命期的经济性好。因此，船用纤维复合材料备受各国造船界的重视，经过多年的开发应用，迄今已经成为一种重要的船舶材料。

船舶用复合材料结构由承力皮层和芯材构成，承力结构皮层由增强材料和聚合物基体构成。船舶用复合材料的原材料主要包括纤维、树脂和芯材。船舶用增强材料包括玻璃纤维、碳纤维、芳纶纤维、热塑性塑料纤维及混杂纤维。船舶用基体树脂包括不饱和聚酯（邻苯型和间苯型）树脂、乙烯基酯树脂、环氧树脂及热塑性树脂。

目前，船用复合材料，尤其是应用于船体结构的复合材料，以聚合物基复合材料为主，按结构可分为层合板（纤维增强复合材料）和夹层结构复合材料两大类型，其中包含 3 个方面的重要复合物：增强材料、树脂（基体）和芯层材料。船用复合材料按照承载部位不同可分为主承力结构、次承力结构、非承力结构等；按照功能可分为结构、阻尼、声学(包括吸声、隔声、透声)、隐身(包括吸波、透波、反射、频选)、防护五大系列材料。

(2) 船舶与海洋工程结构合金材料。舰船材料作为海洋环境下的结构材料，必须具有良好的强度、韧性和耐海水、海洋大气腐蚀能力。由于施工建造要求，必须具备良好的加工性和可焊接性。而钛合金由于具有良好的耐海水腐蚀性能、高强度比和无磁性等性能，在船舶材料中具有较好的发展前景。但是钛合金成本高、冶炼难度大，对钛及其合金失效研究还不够充分等问题制约了钛合金在舰船上的发展应用。

钛合金，具有比强度高、耐蚀、耐高温、透声、无磁、抗弹性等优良特性。根据使用部位不同，钛及其合金可分为舰船壳体用钛合金、动力工程用钛合金和船机用钛合金。按现有钛合金性能特性可分为可焊结构钛合金、高强度钛合金、耐热钛合金、特型铸造钛合金、耐蚀钛合金、冷成型钛合金等。

钛合金强度范围变化很大，屈服强度从 320MPa 至 1100MPa。表 2.1 为船体钢与船用钛合金强度、塑性比较。

表 2.1　船体钢、船用钛合金的强度与塑性比较

名称	极限强度 R_m /MPa	屈服强度 R_m /MPa	延伸率 A/%	比屈服强度 R_p/ρ
HY-80	725	608	28	7.8
HY-100	872	785	22	10.1
HY-130	1009	960	13.5	11.1
Ti75	735	635	13	14.4
Ti80	880	785	12	17.7

由表 2.1 可知，Ti75 合金的比强度高于 HY-130 钢，而塑性与其基本相当。

冲击韧性通常由测量材料在室温到较低温度(如-60℃)时的脆性转变点及冲击功来表征材料的冲击韧性。现有船用钛合金，在室温条件下，冲击值均大于 590kJ/m^2，在-60℃条件下，冲击值大于 390kJ/m^2，随着温度的下降，并无明显的脆性转变点。

钛具有较高的活性，在海洋中易被氧化而形成薄而坚固的氧化膜，具有良好的耐海水腐蚀效果。

钛及钛合金无磁性，磁导率仅为 3.2×10^{-6} cm^3/g。钛的热中子吸收截面为 56×10^{-28} m^2，在$(3\sim20)\times10^{19}$慢中子流辐射下，布氏硬度和屈服强度略有增加，延伸率、电阻率稍有下降，合金密度、几何尺寸无变化。

当然，钛合金也存在一定的缺陷，如材料刚性较低，冷成型时材料回弹大，使设备制造难度大。焊接工艺要求高，由于钛在 400℃ 以上易氧化，焊接易产生气孔及冷裂纹等缺陷。

本章对海洋环境及船用材料进行概述，是后续船舶与海洋结构物外力计算及强度校核的知识储备。

专 题 研 讨

1. 论述船舶与海洋结构物在海洋环境中遭遇的各种载荷,并研讨载荷之间的关联性。

2. 论述新材料在船舶与海洋结构物中的应用现状及相应的关键技术。

第3章 船体结构总纵弯曲外力计算

将船舶静置在波浪上,求出总纵弯曲力矩以及相应的总纵弯曲应力,并将它与许用应力进行比较以判定船体的强度,是目前船体总纵强度计算中的常规方法。

将船舶静置在波浪上的方法,就是假想船舶以波速在波浪的前进方向上航行,此时船与波的相对速度为零,简称为静置法。可以认为,船体是在重力和浮力作用下静平衡于波浪上的一根两端完全自由的直梁(由于螺旋桨推力和前进运动所受的水阻力这一对平衡力系对船体横剖面上的纵向应力影响很小,因此计算时可不考虑),如图3.1所示。由于重力和浮力沿船长的分布规律并不一致,故两者在每单位船长上的差额就构成作用在船体梁上的分布载荷。船体梁在分布载荷作用下将发生总纵弯曲变形,并在船体梁断面上产生剪力和弯矩。作用在船体断面上的弯矩通常写成下面的形式:

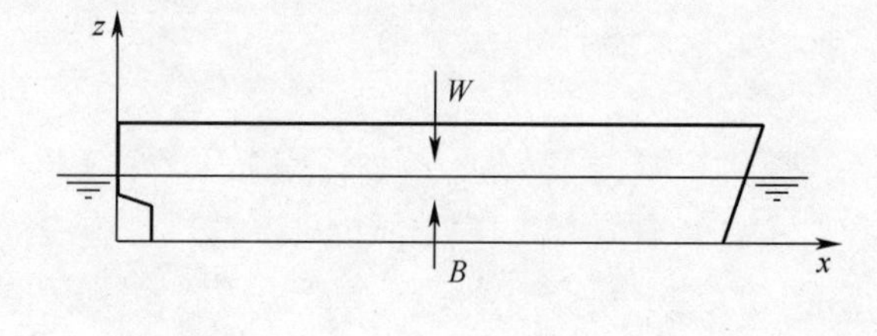

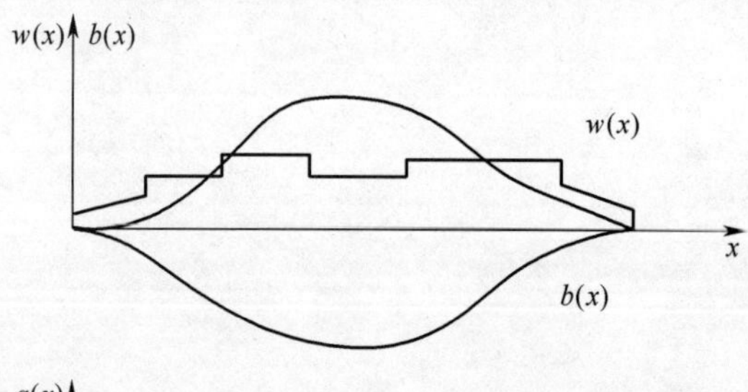

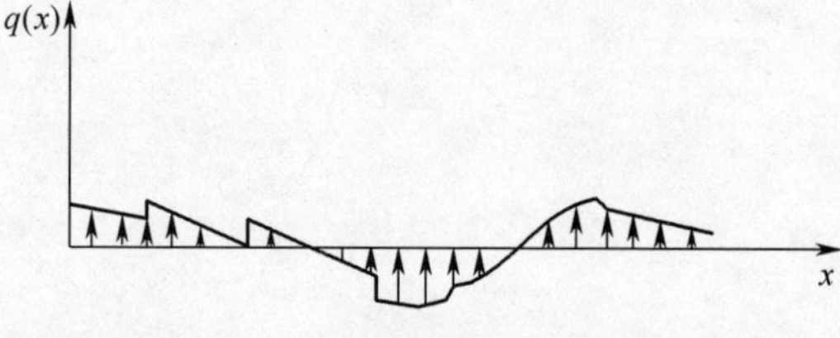

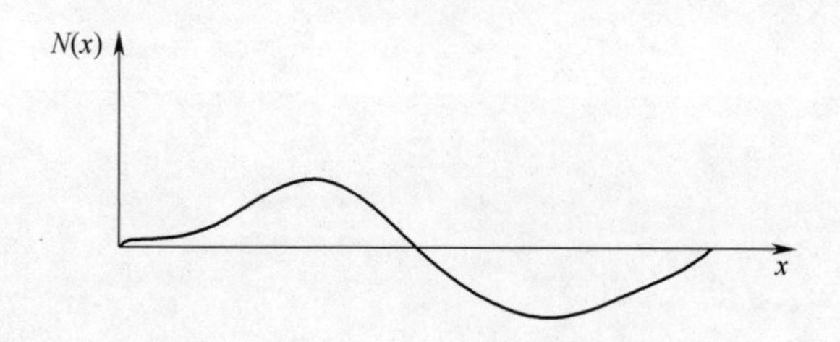

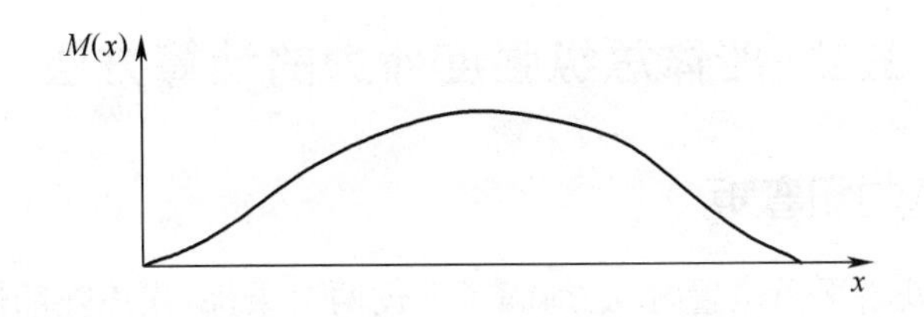

图 3.1 引起船体梁弯曲的外力

$$M = M_s + M_w \tag{3-1}$$

式中 M ——船舶静置在波浪上的总纵弯矩；

M_s ——船舶在静水中的弯矩，在既定船型时，只与重力及其沿船长的分布有关；

M_w ——船舶静置在波浪上的波浪附加弯矩，其值的大小与波浪范围内的船体外形和波浪要素有关。

显然，总纵弯矩的大小与波浪要素和装载状态密切相关。由于选取的波浪要素和装载状态的不同，弯矩可能在很大的幅度内变化。因此，必须确定一个标准的波浪要素和装载状态，才能有统一的比较基础。

静置法规定在进行船体总纵弯曲计算时，必须把船体静置在标准波浪（或计算波浪）上，标准波浪的波形取坦谷波，计算波长等于船长，波高则随船长而变化。计算弯矩时按两种极端情况进行：一种情况为波峰在中，波谷在艏艉，此时船中部浮力较大，艏艉处浮力较小，船舶处于中拱状态；另一种情况为波谷在中，波峰在艏艉，船中浮力较小，两端浮力较大，船舶处于中垂状态，如图 3.2 所示。可以认为这是船舶在波浪上的一种瞬间危险状态，也是一种动态静化的处理方法。对于中、低速船舶而言，是一种较好的实用方法，目前在造船界仍广泛使用。

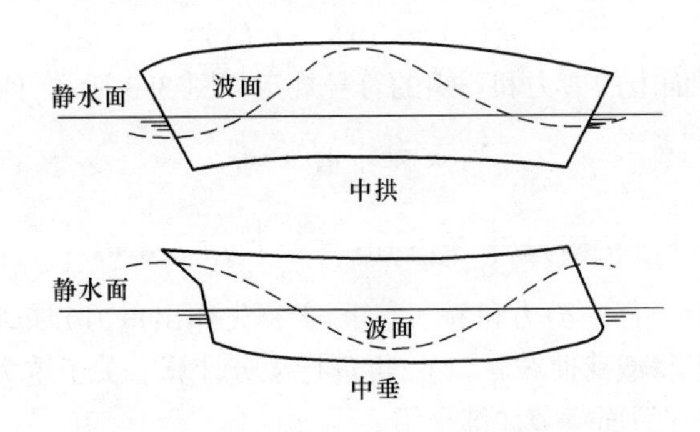

图 3.2 船体梁的弯曲状态

从式(3-1)可以看出，船舶静置在波浪上的总纵弯矩由静水弯矩和附加弯矩构成。同样，船体梁断面的剪力由静水剪力和附加剪力构成。下面分别介绍静水剪力和静水弯矩、附加剪力和附加弯矩的计算方法。

3.1 船体总纵强度外力的计算方法

3.1.1 静水剪力和弯矩

船舶在静水中处于平衡位置时,必须满足下述两个条件:作用在船体上的浮力等于船的重力;重心和浮心在同一铅垂线上。取坐标原点在艏垂线处, x 轴沿船长方向,竖轴向上(图 3.1)并假定船的单位长度的重力为 $w(x)$,船的重力为 W ,船长为 L ,则

$$W = \int_0^L w(x)\,\mathrm{d}x \tag{3-2}$$

船舶重心纵向坐标:

$$x_{\mathrm{g}} = \frac{1}{W}\int_0^L xw(x)\,\mathrm{d}x$$

同样,若作用在船的单位长度上的浮力为 $b_{\mathrm{s}}(x)$,总浮力为 B ,则

$$B = \int_0^L b_{\mathrm{s}}(x)\,\mathrm{d}x \tag{3-3}$$

浮心的纵向坐标:

$$x_{\mathrm{b}} = \frac{1}{B}\int_0^L xb_{\mathrm{s}}(x)\,\mathrm{d}x$$

根据平衡条件,得

$$\int_0^L w(x)\,\mathrm{d}x = \int_0^L b_{\mathrm{s}}(x)\,\mathrm{d}x \tag{3-4}$$

$$\int_0^L xw(x)\,\mathrm{d}x = \frac{1}{B}\int_0^L xb_{\mathrm{s}}(x)\,\mathrm{d}x \tag{3-5}$$

能满足式(3-4)和式(3-5)的 $w(x)$ 和 $b_{\mathrm{s}}(x)$ 可能有许多种组合。一般情况下 $w(x)$ 和 $b_{\mathrm{s}}(x)$ 的分布规律是不同的,其差值 $q_{\mathrm{s}}(x)$ 即为作用在船体梁上的载荷强度:

$$q_{\mathrm{s}}(x) = w(x) - b_{\mathrm{s}}(x) \tag{3-6}$$

作用在船体梁断面上的剪力和弯矩的符号规定如图 3.3 所示,计算公式如下:

$$N_{\mathrm{s}}(x) = \int_0^x q_{\mathrm{s}}(x)\,\mathrm{d}x \tag{3-7}$$

$$M_{\mathrm{s}}(x) = \int_0^x N_{\mathrm{s}}(x)\,\mathrm{d}x = \int_0^x \int_0^x q_{\mathrm{s}}(x)\,\mathrm{d}x\mathrm{d}x \tag{3-8}$$

由此可见,为了计算静水剪力和静水弯矩,必须先作出重力分布曲线 $w(x)$ 和浮力分布曲线 $b_{\mathrm{s}}(x)$,然后求得载荷曲线 $q_{\mathrm{s}}(x)$,再进行积分计算。关于重力分布曲线和浮力分布曲线的计算方法将在后面章节详细介绍。

3.1.2 静置波浪附加剪力和弯矩

在静置波浪状态下,为了计算作用在船体梁上的剪力和弯矩,必须首先计算重力和浮力沿船长的分布。对某计算状态来说,重力沿船长的分布状况是不变的。而船舶在波浪中的浮力沿船长的分布 $b_{\mathrm{w}}(x)$ 为船舶在静水中的浮力分布 $b_{\mathrm{s}}(x)$ 和由于波浪而产生的附加浮力分布 $\Delta b(x)$ 之和,即

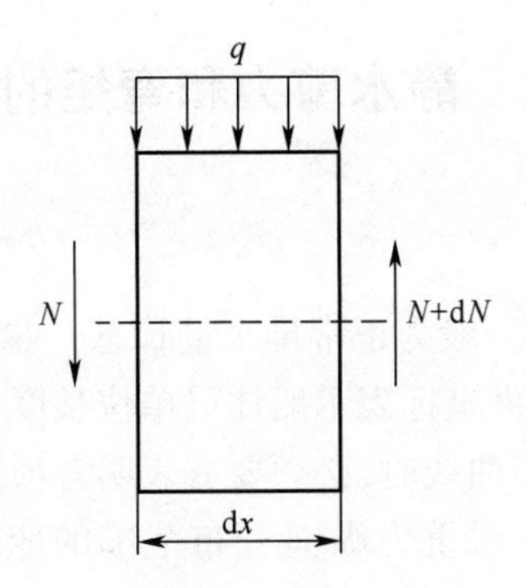

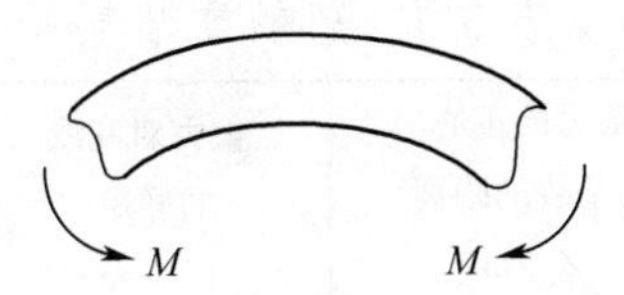

图 3.3 船体梁弯曲的载荷、剪力及弯矩的符号规定

$$b_w(x) = b_s(x) + \Delta b(x) \tag{3-9}$$

因此,利用梁的理论,作用在船体梁上的载荷、剪力和弯矩分别为

$$q(x) = w(x) - b_w(x) = [w(x) - b_s(x)] + [-\Delta b(x)] \tag{3-10}$$

$$N(x) = \int_0^x q(x)\mathrm{d}x = \int_0^x [w(x) - b_s(x)]\mathrm{d}x + \int_0^x [-\Delta b(x)]\mathrm{d}x = N_s(x) + N_w(x) \tag{3-11}$$

$$M(x) = \int_0^x N(x)\mathrm{d}x = \int_0^x N_s(x)\mathrm{d}x + \int_0^x N_s(x)\mathrm{d}x = M_s(x) + M_w(x) \tag{3-12}$$

式中 $N_s(x)$ ——静水剪力;

$N_w(x)$ ——波浪附加剪力;

$M_s(x)$ ——静水弯矩;

$M_w(x)$ ——波浪附加弯矩。

$$N_s(x) = \int_0^x [w(x) - b_s(x)]\mathrm{d}x \tag{3-13}$$

$$N_w(x) = \int_0^x [-\Delta b(x)]\mathrm{d}x \tag{3-14}$$

$$M_s(x) = \int_0^x N_s(x)\mathrm{d}x \tag{3-15}$$

$$M_w(x) = \int_0^x N_w(x)\mathrm{d}x \tag{3-16}$$

静水剪力和弯矩的计算仅仅是载荷的一次积分和二次积分,虽然其原理十分简单明了,但是若用手工方法计算却是冗长与繁琐的,因为它涉及重力分布曲线的确定、浮态调整,浮力曲线的确定等复杂问题,目前多采用计算机程序来完成这项任务。下面详细介绍该计算方法。

3.2 静水剪力和弯矩的计算

3.2.1 重力分布曲线

船舶在某一计算状态下(一般为正常排水量状态),描述全船重力沿船长分布状况的曲线,称为重力分布曲线。其纵坐标表示船体梁单位长度上重力分布值,即作用于单位长度上的重力值。绘制重力分布曲线时,必须要有表明各项重力及其重心位置的重力,重心明细表(表 3.1),以及确定各项重力纵向分布范围的船体纵中剖面图,简称重力重心资料。

表 3.1 船舶重力表

重力项目	重力 G_i/N	重力的重心离基线的距离 Z_{g_i}/m	重力对基线的静矩/(N·m)	重力的重心离船中剖面的距离 x_{gi}/m	重力对船中剖面的静矩/(N·m)
Ⅰ	Ⅱ	Ⅲ	Ⅳ=Ⅱ×Ⅲ	Ⅴ	Ⅵ=Ⅱ×Ⅴ
和	$\sum G_i$		$\sum G_i z_{gi}$		$\sum G_i x_{gi}$

绘制重力分布曲线的方法,是将船舶的各项重力按静力等效原则分布在相应的船长范围内,再逐项叠加即可得重力分布曲线。在手工计算中,通常将船舶重力按 20 个理论站距分布(民船的理论站号从船艉至船艏,军船是从船艏至船艉编排),每个理论站距内的重力可以认为均匀分布,从而作出阶梯形重力分布曲线,并以此来代替真实的重力分布曲线,如图 3.4 所示。

按上述方法求得的重力分布曲线,虽然与实际情况仍有差别,但不会对剪力和弯矩的计算带来明显的误差,所以,这种绘制重力分布曲线的方法是较精确的。

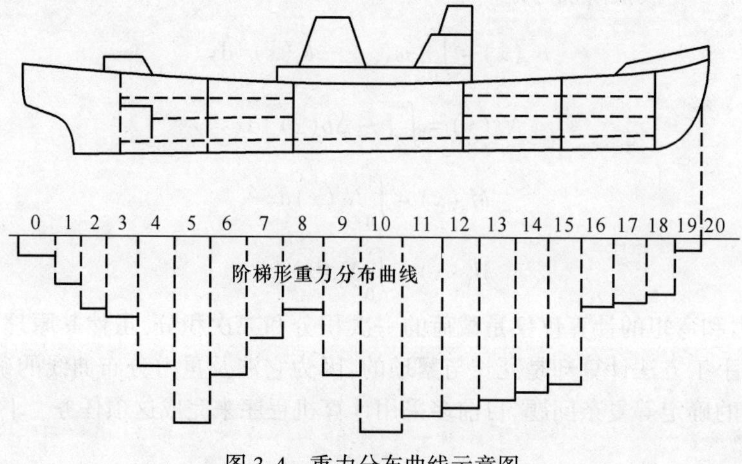

图 3.4 重力分布曲线示意图

1. 重力的分类

1）按变动情况来分

（1）不变重力，即空船重力，包括船体结构、舾装设备、机电设备等各项固定重力。

（2）变动重力，即装载重力，包括货物、燃油、淡水、粮食、旅客、压载等各项可变重力。

这样划分，便于多工况计算，避免不必要的重复，在实用计算中是行之有效的措施。

2）按分布情况来分

（1）总体性重力，即沿船体梁全长分布的重力，通常包括主体结构、油漆、索具等各项重力。

（2）局部性重力，即沿船长某一区段分布的重力，通常包括货物、燃油、淡水、粮食、机电设备、舾装设备等各项重力。

在实际重力分布曲线计算过程中，首先确定计算状态，再按总体性重力和局部性重力分别计算各理论站的重力分布，最后合成总的重力分布曲线，并应使重力分布曲线所围的面积总重力等于全船的重力，该面积的形心纵向坐标与船舶重心的纵向坐标相同。

2. 局部性重力的分布

1）局部重力的分配原则

对各项局部重力进行处理，并分配到各理论站时，必须遵循静力等效原则，具体分配原则如下：

（1）保持重力的大小不变，这就是说要使分配到各理论站的总重力等于该项实际重力。

（2）保持重力重心的纵向坐标不变，即要使分配到各理论站重力的合成重心纵坐标与该项重力的重心纵坐标相等。

（3）分配到理论站的范围与该项重力的实际分布范围相同或大体相同。

2)局部性重力的分配方法

（1）分布在两个理论站距内的重量。如图 3.5 所示，某项以任意规律分布在两个理论站距内的重力为 P ，重心距 i 站的距离为 a 。按局部重力的分配原则(3)，用($i-1$) ~ i 及 i ~ ($i+1$) 两个理论站距内的阶梯形曲线代替真实重力分布。设两个理论站距内的重力分别为 P_1 和 P_2，根据局部重力的分配原则(1)和(2)可得

$$\begin{cases} P_1 + P_2 = P \\ \dfrac{1}{2}(P_1 - P_2)\Delta L = P \cdot a \end{cases} \tag{3-17}$$

由此可得

$$\begin{cases} P_1 = P(0.5 + \dfrac{a}{\Delta L}) \\ P_2 = P\left(0.5 - \dfrac{a}{\Delta L}\right) \end{cases} \tag{3-18}$$

将 P_1 和 P_2 除以理论站距长度 ΔL ，即可得到该项重力在两个理论站距内的分布重力。

（2）分布在三个理论站距内的重量。根据静力等效原则，此时只能列出两个方程式，所以一般是根据具体情况，采用如图 3.6 所示的假定分布规律进行分布。其中，对于

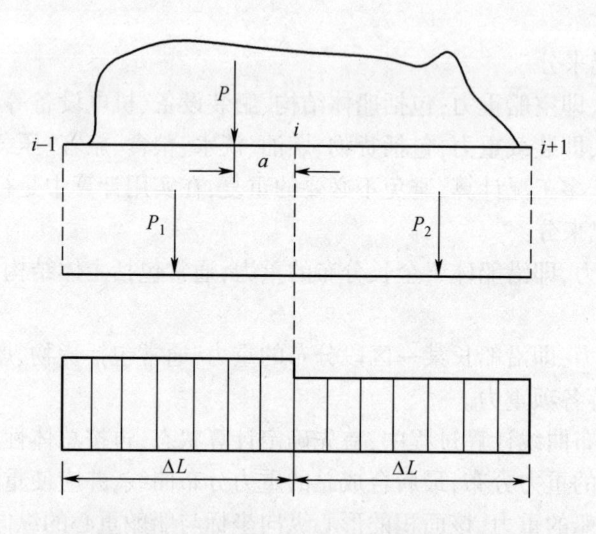

图 3.5　分布在两个理论站距内的重力

图 3.6(a)、(b)情况,先近似确定其中一个站距上的重力,可以利用静力等效原则直接列出两个方程式,从而求得不同理论站距内的分布载荷强度;对于用图 3.6(c)情况,可以如下进行:第 1 步,以 $1.5\Delta L$ 代替 ΔL,用式(3-1)求 P_1、P_2;第 2 步,直接利用式(3-1),将 P_1 和 P_2 分别向其相邻的两个理论站距内分布;最后,对中间理论站距叠加来自 P_1 和 P_2 的相应分配值,将各理论站距内分配得到的重力分别除以 ΔL,便得到相应理论站距内的分布重力。

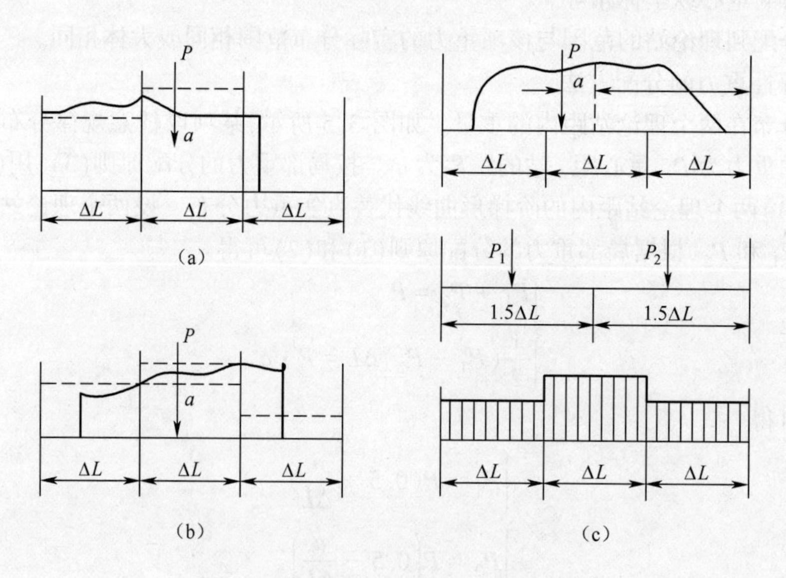

图 3.6　分布在三个理论站距内的重力

(3) 艏、艉理论站外的重量。有些船舶在艏、艉理论站之外有相当长的延伸部分。例如,艉突出体或球鼻艏,其重力可能超过空船重力的 1%,且突出部分超过理论站距一半之多。对于这一类重力,应按图 3.7 所示的方法进行分布。把艏、艉理论站之外的重力移

到相邻的两个理论站距内时,根据静力等效原则不改变其重力大小及其对船舯的力矩大小,故不致引起船舯部弯矩的变化。根据条件

$$\begin{cases} P_1 - P_2 = P \\ \left(\dfrac{3}{2}P_2 - \dfrac{1}{2}P_1\right)\Delta L = P \cdot a \end{cases} \tag{3-19}$$

可得

$$\begin{cases} P_1 = P\left(\dfrac{3}{2} + \dfrac{a}{\Delta L}\right) \\ P_2 = P\left(\dfrac{1}{2} + \dfrac{a}{\Delta L}\right) \end{cases} \tag{3-20}$$

式中:a 为突出部分重心距端点站的距离(m)。

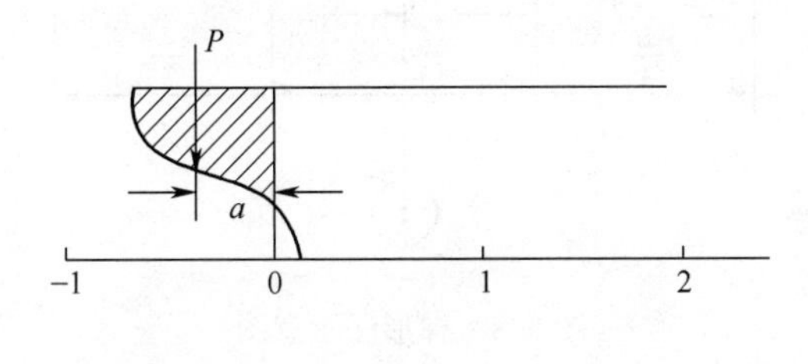

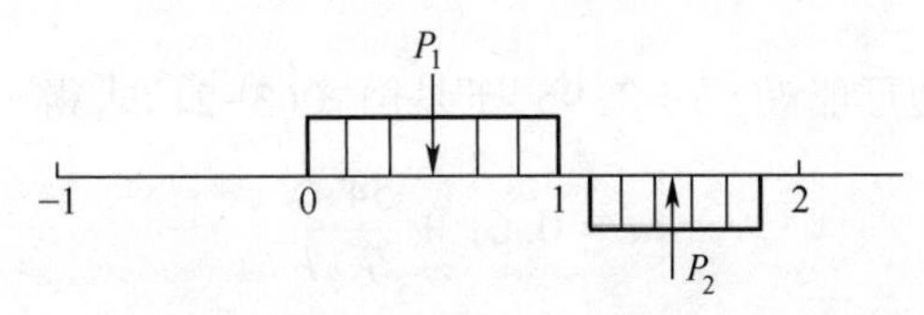

图 3.7 艏、艉理论站外的重力

对于在更长范围内分布的重力,均可按上述方法处理,计算时只要将理论站距 ΔL 用分布范围内的等分段长度代替即可,例如,在 4 个理论站距内分布的重力,用分段长度 $2\Delta L$ 代替理论站距 ΔL 。

桅杆、绞车及横舱壁等集中重力,也应在相应的适当站距内分布。如果该项重力不超过船舶重力的 1%,则可认为其均匀分布在相应理论站距内。

3. 总体性重力的分布

船体结构重力的分布是绘制重力曲线的主要项目之一。它常常在船体详细的结构设计完成之前就需要用到。此时,只知道总的重力和重心的纵向坐标,因此就更需要用近似的、理想化的分布曲线来代替其真实的分布。下面,介绍几种常用的重力分布曲线的绘制方法。

1) 梯形法

一些船舶往往舯部丰满,两端尖瘦,且舯部具有平行中体,所以可以将船体和舾装重力近似地用图 3.8 所示曲线表示,即平行舯体部分用均匀的重力分布,而两端部分用两个梯形分布(通常为简化计算,三部分的长度均为船长的 1/3)。

根据分布曲线所围的面积等于船体及舾装品的总重力 W ,面积形心的纵向坐标与实际重力重心的纵向坐标一致的条件下,可求得梯形形状参数 a 、b 、c 之间的关系为

$$
\begin{cases} 4b + a + c = 6 \\ a - c = \dfrac{108}{7} \cdot \dfrac{x_g}{L} \end{cases} \tag{3-21}
$$

式中 x_g ——船体重心距船舯的距离（舯后为正）（m）；

L ——船长（m）。

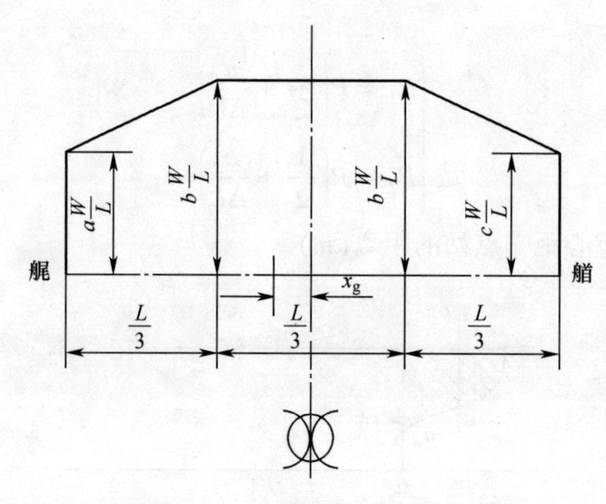

图 3.8 梯形法示意图

根据统计资料，对瘦形船舶，$b=1.95$，于是由式（3-21）求得

$$
\begin{cases} a = 0.61 + \dfrac{54}{7}\dfrac{x_g}{L} \\ b = 0.61 - \dfrac{54}{7}\dfrac{x_g}{L} \end{cases} \tag{3-22}
$$

对肥型船舶，$b=1.74$，则

$$
\begin{cases} a = 0.652 + \dfrac{54}{7}\dfrac{x_g}{L} \\ b = 0.652 - \dfrac{54}{7}\dfrac{x_g}{L} \end{cases} \tag{3-23}
$$

2）围长法

假设船体结构单位长度的重力与该横剖面围长（包括甲板）成比例。这种方法适用于船舶主体结构重力的分布。设距尾垂线 x 剖面处单位长度的重力为 $w(x)$，则重力分布曲线为

$$
w(x) = \frac{W_h \cdot l(x)}{A} \tag{3-24}
$$

式中 W_h ——船舶主体结构的总重力（kN）；

$l(x)$ —— x 剖面处包括甲板的围长（m）；

A ——整个主船体的表面积（m^2）。

将船舶的各项重量的纵坐标相加，得到该工况下总的重力曲线，如图 3.9 所示。

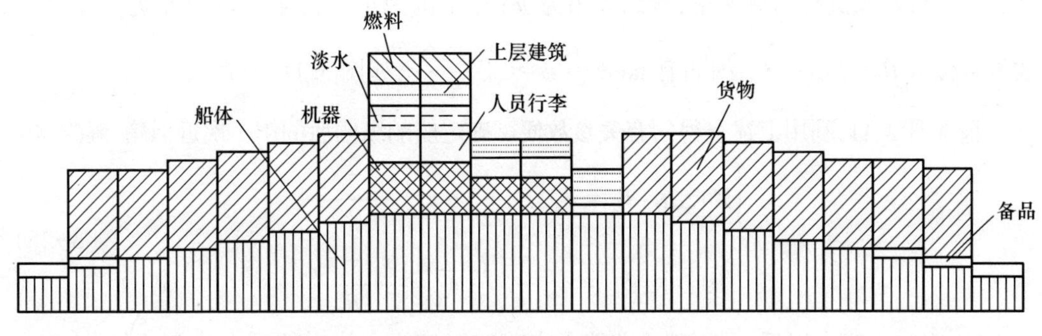

图 3.9 重力分布曲线

3.2.2 静水浮力曲线

船舶在静水中的某一计算状态下,描述浮力沿船长分布状况的曲线称为静水浮力曲线。浮力曲线的纵坐标表示作用在船体梁上单位长度的浮力值,其与纵向坐标轴所围的面积等于作用在船体上的浮力,该面积的形心纵向坐标即为浮心的纵向位置。浮力曲线通常按邦戎曲线求得,图 3.10 表示某计算状态下水线为 $W-L$ 时,根据邦戎曲线求浮力曲线的方法。为此,首先应进行静水平衡浮态计算,以确定船舶在静水中的艏、艉吃水。

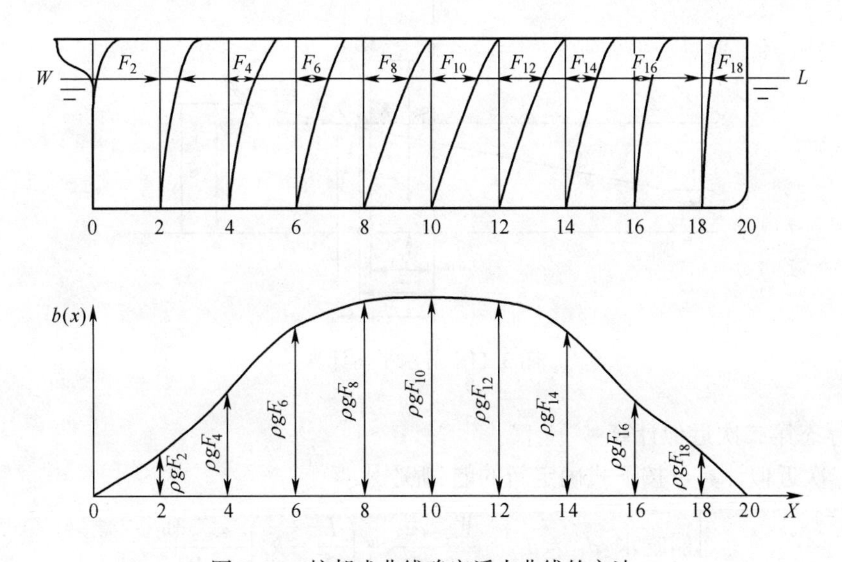

图 3.10 按邦戎曲线确定浮力曲线的方法

进行静水平衡计算时,可应用逐步近似法。此时,应具有邦戎曲线、静水力曲线及船舶的重力重心等资料。

1. 浮态第一次近似计算

根据给定计算状态的船舶排水量 M(重力 $W=Mg$),从静水力曲线图上查得如下数据:平均吃水 d_m(m),浮心距船舯的距离 x_b(舯前为正(m)),纵稳心半径 R(m),水线面的面积 A(m^2)及其漂心距船舯的距离 x_f(舯前为正(m))。

若浮心与重心的纵向坐标之差不超过船长的 0.05%~0.1%,则可认为船舶已处于平衡状态。否则须进行纵倾调整,设纵倾角为 ψ(艏下沉为正),由于实船的 R 远大于 KC,故可近似取 $R-KC\approx R$,因而有 $\tan\psi\approx\psi\approx\frac{x_g-x_b}{R}$,如图 3.11 所示。

根据图 3.11,利用上述查得的有关参数便可确定船舶纵倾后的第 1 次近似艏、艉吃水:

$$\begin{cases}\text{艏吃水}:d_{f_1}=d_m+\left(\dfrac{L}{2}-x_f\right)\dfrac{x_g-x_b}{R}\\ \text{艉吃水}:d_{a_1}=d_m-\left(\dfrac{L}{2}+x_f\right)\dfrac{x_g-x_b}{R}\end{cases}\tag{3-25}$$

艏、艉吃水确定以后,利用邦戎曲线求出对应于该吃水线时的浮力分布,同时计算出总浮力 B_1 及浮心纵向坐标 x_{b_1} 的第一次近似计算值。若求得的这两个数值不满足上述精度要求时,则应作第二次近似计算。

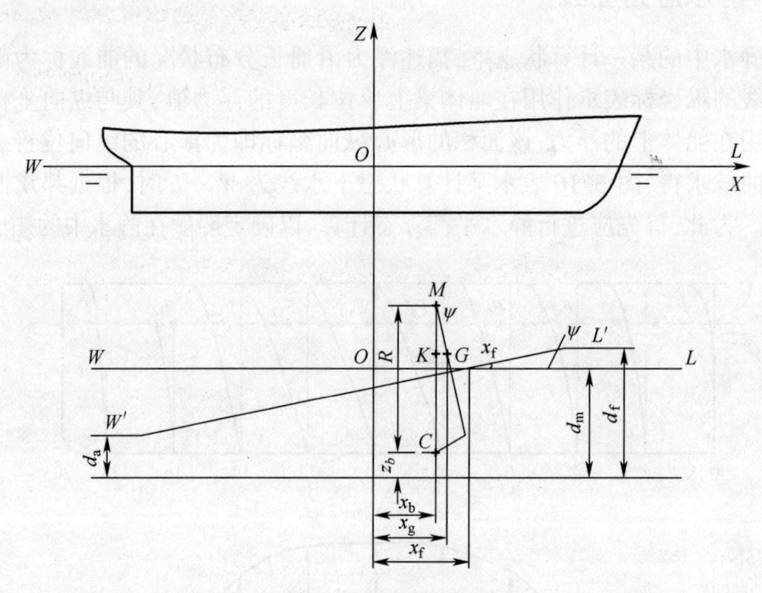

图 3.11　静水平衡计算

2. 浮态第二次近似计算

第二次近似计算可按下式确定新的艏、艉吃水:

$$\begin{cases}\text{艏吃水}:d_{f_2}=d_{f_1}+\dfrac{W-B_1}{\rho gA}+\left(\dfrac{L}{2}-x_f\right)\dfrac{x_g-x_{b_1}}{R}\\ \text{艉吃水}:d_{a_2}=d_{a_1}+\dfrac{W-B_1}{\rho gA}+\left(\dfrac{L}{2}+x_f\right)\dfrac{x_g-x_{b_1}}{R}\end{cases}\tag{3-26}$$

式中　ρ——水的密度(kg/m^3);

　　　g——重力加速度(m/s^2)。

式(3-26)的意义在于对第一次近似计算得到的船舶浮态作进一步的修正。该式的第二项表示为消除浮力与重力的不等,船舶将上浮或下沉的值;第三项表示由于浮心和重心的纵向位置不一致,船舶将产生纵倾转动。利用式(3-26)可进行第 3 次或更高次近似

计算,直到满足下述要求,才可终止,即

$$\begin{cases} \left|\dfrac{W - B_i}{W}\right| \leqslant (0.1 \sim 0.5)\% \\ \left|\dfrac{x_g - x_{bi}}{L}\right| \leqslant (0.05 \sim 0.1)\% \end{cases} \tag{3-27}$$

式中 B_i ——最后一次近似计算的总浮力值;

x_{bi} ——最后一次近似计算的浮心纵坐标。

此时,由于尚未真正达到平衡,所以产生的弯矩最大误差通常不会超过最大弯矩值的5%。

3. 浮力曲线计算

在手工计算时,静水平衡计算可采用表格方式进行,当静水平衡计算完成时,浮力曲线即可作出。此时,作用于(i , $i+1$)理论站距内的浮力 $B_{i,i+1}$,即

$$B_{i,i+1} = \rho g(F_i + F_{i+1}) \frac{\Delta L}{2} \tag{3-28}$$

式中 F_i , F_{i+1} ——最后一次确定的第 i 理论站及第 $i+1$ 理论站的浸水面积(m^2);

ΔL ——理论站间距(m)。

3.2.3 载荷曲线

在某一计算状态下,描述引起船体梁总纵弯曲的载荷沿船长分布状况的曲线称为载荷曲线。其值等于重力曲线与浮力曲线之差,用 $q_s(x)$ 表示,即

$$q_s(x) = w(x) - b_s(x) \tag{3-29}$$

当 $w(x) > b_s(x)$ 时, $q_s(x)$ 为正值,并画在纵向坐标轴的上方,反之为负,画在纵向坐标轴的下方。图3.12为阶梯形载荷曲线。

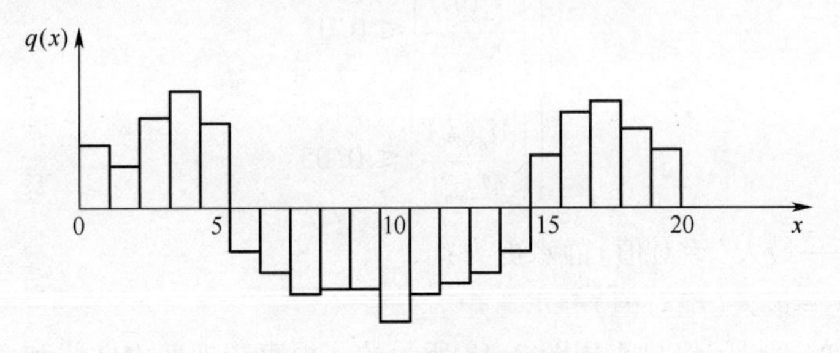

图3.12 阶梯形载荷曲线

从力学的角度出发,静置在静水或波浪上的船体梁应该是平衡的,所以船舶的载荷曲线与纵向坐标轴线之间所围的面积之和(代数和)为零,该面积对纵轴上任一点的静力矩也为零,即

$$\begin{cases} \int_0^L q_s(x)\,dx = \int_0^L w(x)\,dx - \int_0^L b_s(x)\,dx = W - B = 0 \\ \int_0^L xq_s(x)\,dx = \int_0^L xw(x)\,dx - \int_0^L xb_s(x)\,dx = Wx_g - Bx_b = 0 \end{cases} \tag{3-30}$$

载荷曲线的这一特点，表明作用在船体梁上的所有外力是平衡的。在进行剪力和弯矩的计算之前，应当对载荷曲线的这些性质进行检验，以判断船舶是否已处于所要求的平衡位置，或是在哪里发生了计算错误，以免造成不必要的计算返工。

3.2.4 静水剪力、弯矩曲线

船体梁在静水中所受到的剪力和弯矩沿船长分布状况的曲线分别称为静水剪力曲线和静水弯矩曲线。作用在船体梁任意剖面上的静水剪力和弯矩为

$$\begin{cases} N_s(x) = \int_0^x q_s(x)\mathrm{d}x \\ M_s(x) = \int_0^x N_s(x)\mathrm{d}x = \int_0^x \int_0^x q_s(x)\mathrm{d}x\mathrm{d}x \end{cases} \tag{3-31}$$

式中 $q_s(x)$ ——静水载荷(kN/m)，$q_s = w(x) - b_s(x)$，其中 $w(x)$ 为计算工况的重力曲线(kN/m)，$b_s(x)$ 为计算工况的静水浮力曲线(kN/m)。

可见，静水载荷曲线的一次积分是静水剪力曲线，二次积分是静水弯矩曲线。

由于船体两端是完全自由的，因此艏、艉端点处的剪力和弯矩应为零，即剪力和弯矩曲线在端点处是封闭的。

在大多数情况下，载荷在船舯前和船舯后大致上是差不多的，所以剪力曲线大致是反对称的，零点在靠近船舯的某处，而在离艏、艉端约船长的 1/4 处具有最大正值或负值。此外，由于两端的剪力为零，即弯矩曲线在两端的斜率为零，所以弯矩曲线在两端与纵坐标轴相切。在计算过程，常常利用这些性质来检查计算结果是否正确。

由于计算误差的累积，上述端点处剪力和弯矩为零的条件一般很难达到。一般计算的精度要求是：

$$\begin{cases} \left|\dfrac{N_s(L)}{N_{smax}}\right| \leqslant 0.05 \\ \left|\dfrac{M_s(L)}{M_{smax}}\right| \leqslant 0.05 \end{cases} \tag{3-32}$$

式中 N_{smax} ——最大(绝对值)静水剪力；

M_{smax} ——最大(绝对值)静水弯矩。

此时，端点的不封闭值只需用图 3.13 所示的一根直线把剪力曲线和弯矩曲线封闭起来，并对各理论站的剪力弯矩按线性比例关系进行修正。例如：第 i 站剪力的修正值为

$$\Delta N_s(i) = -\frac{i}{20}N_s(20) \tag{3-33}$$

弯矩的修正值为

$$\Delta M_s(i) = -\frac{i}{20}M_s(20) \tag{3-34}$$

若上述条件式(3-32)不能满足，则表示在计算过程中产生了较大误差(或浮力与重力相差过大，或浮心与重心纵向坐标相差过大)，必须进行复查或重新计算。

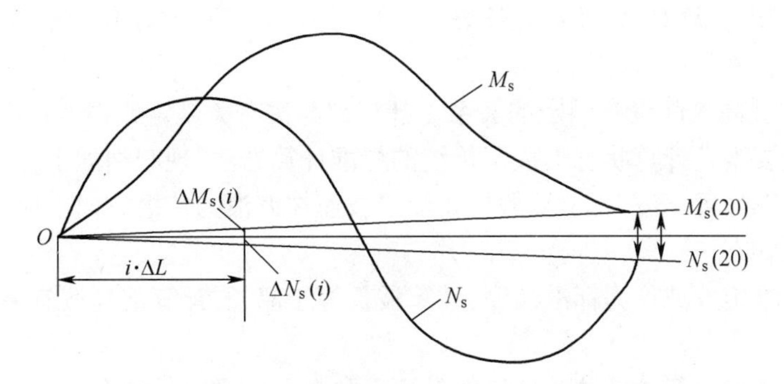

图 3.13 剪力及弯矩不封闭值的直线修正

3.3 静置波浪附加剪力和弯矩的计算

船舶由静水进入波浪时,重力曲线 $p(x)$ 并未改变,但水线面发生了变化,从而导致浮力的重新分布。波浪上浮力曲线相对静水状态的浮力增量将引起静置波浪附加剪力和弯矩。由此可知,静置波浪附加剪力和弯矩与船型、波浪要素以及计算状态有关。

3.3.1 波浪要素及计算状态

波浪要素包括波形、波长与波高。目前得到最广泛应用的是坦谷波理论。根据这一理论,二维波的剖面是坦谷波曲线形状。图 3.14 所示的波面是从二维波中截取的一段,粗黑线为波浪剖面形状,两相邻波峰或波谷之间的水平距离是波长,记为 λ ;波高是由波谷底到峰顶的垂直距离,记为 h 。坦谷波曲线形状的特点是波峰陡峭、波谷平坦,波浪轴线上下的剖面积不相等,故称为坦谷波。

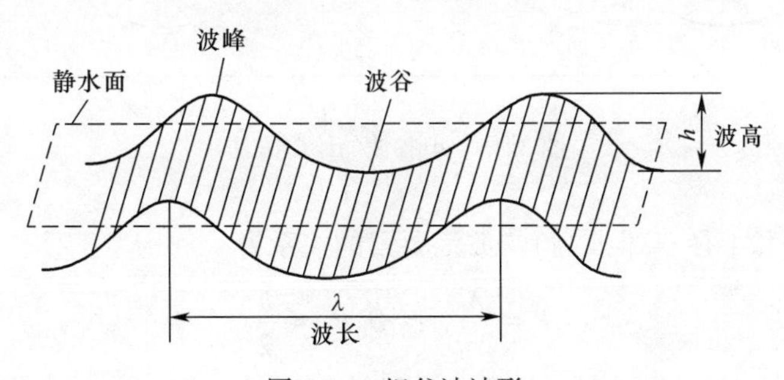

图 3.14 坦谷波波形

当船舶静置在波浪上的位置发生变化时,船体剖面上的弯矩也将发生变化。当波峰或波谷在船舯时,浮力相对于静水线的改变最为明显,因此在船舯剖面会产生最大的波浪弯矩,这是可以判断出来的(严格来说,仅艏艉对称船舶的最大弯矩才发生在船舯剖面)。但是,计算表明,其他剖面中的最大弯矩并不发生在波峰或波谷在船舯时。

怎样的波长才使弯矩为最大呢?计算分析表明,当船舶静置在波浪上时,在波长稍大于船长时才得到最大的波浪弯矩,但此时的弯矩与波长等于船长时的弯矩相差不大。

所以，在实际计算时，取计算波长等于船长，并且规定按波峰在船舯和波谷在船舯两类型状态进行计算。

波长 λ 和波高 h 间没有固定的关系。计算波高按有关规定或强度标准选取。

上述波浪要素及计算状态形成了传统的标准计算方法，现归纳如下：

（1）将船舶静置于波浪上，即假想船舶以波速在波浪的传播方向上航行，船舶与波浪处于相对静止状态。

（2）以二维坦谷波作为标准波型，计算波长等于船长，计算波高按有关规范或强度标准选取。

（3）取波峰位于船舯及波谷位于船舯两种状态分别进行计算。

3.3.2 坦谷波绘制方法

坦谷波波形的具体绘制方法为：若以半径为 R 的圆盘（称为滚圆）沿直线 AB 滚动时，圆内一距圆心为 r 的定点 P 所描绘的轨迹，即为坦谷波曲线，如图 3.15 所示。其绘制方法为将直线 AB（波长 λ）及滚圆圆周各分为数量相等的 n 等分（通常为 8 等分），分别以各等分点 $O_0,O_1,\cdots,O_n$ 为中心，顺次将滚圆逆时针旋转 $360°/n$，记下 P 点的不同位置 $P_0,P_1,\cdots,P_n$，连接各点的光滑曲线便为坦谷波曲线。

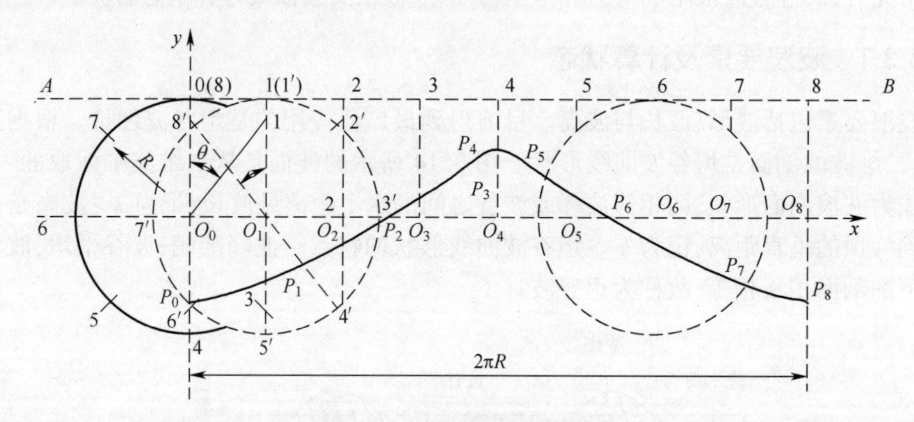

图 3.15 坦谷波的绘制方法

滚圆半径 R 和半径 r（半波高）与波浪要素的关系为

$$R=\frac{\lambda}{2\pi},r=O_0P_0=\frac{h}{2} \tag{3-35}$$

式中 λ,h ——波长及波高。

船体强度计算中，通常是根据坦谷波的波面方程所求得的理论站号上的波高相对值来绘制坦谷波曲线。如果取图 3.15 的坐标系统，则坦谷波的波面方程为

$$\begin{cases} x=\dfrac{\lambda}{2\pi}\theta+r\sin\theta \\ y=-r\cos\theta \end{cases} \tag{3-36}$$

式中 θ ——圆盘滚动时的转角取值范围为$(0,2\pi)$；

y ——波面距波浪轴线的垂向坐标(m)；

x ——与 θ 和 y 相对应的纵向坐标(m)。

3.3.3 波浪附加剪力及弯矩的计算

由式(3-14)和式(3-16)可知,静置波浪附加剪力和弯矩为

$$N_w(x) = -\int_0^x \Delta b(x)\,dx$$
$$M_w(x) = \int_0^x N_w(x)\,dx = -\int_0^x \int_0^x \Delta b(x)\,dx\,dx \tag{3-37}$$

式中 $\Delta b(x)$ ——船舶在波浪中的浮力曲线相对于静水面的变化量。

如图 3.16 所示,应按下式计算 $\Delta b(x)$:

$$\Delta b(x) = b_w(x) - b_s(x) = \rho g \Delta F(x)$$
$$\Delta F(x) = F_w(x) - F_s(x) \tag{3-38}$$

式中 $b_w(x)$ ——船舶在波浪中浮力的曲线(kN/m);

$b_s(x)$ ——船舶在静水中的浮力曲线(kN/m);

$F_s(x)$ ——船舶在静水中各理论站横剖面的浸水面积(m^2);

$F_w(x)$ ——船舶在波浪上各理论站横剖面的浸水面积(m^2)。

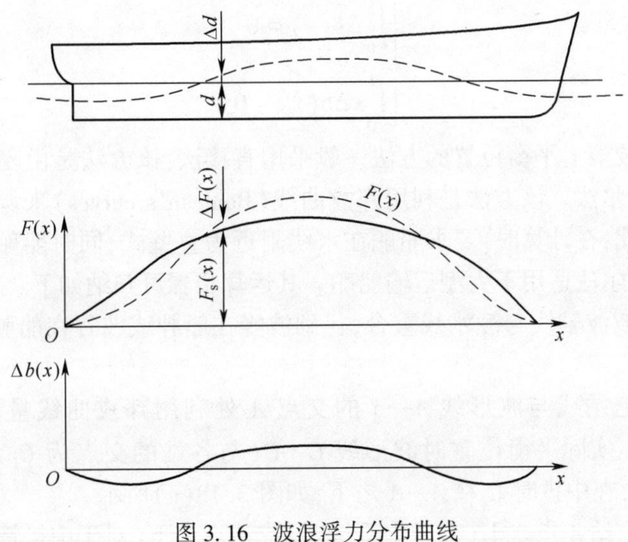

图 3.16 波浪浮力分布曲线

船舶由静水进入波浪,其浮态会发生变化。若以静水线作为坦谷波的轴线,当船舯位于波谷时,由于坦谷波在波轴线以上的剖面积比在波轴线以下的剖面积小,同时船体中部又较两端丰满,所以船在此位置时的浮力要比在静水中小,因而不能处于平衡,船舶将下沉 ξ 值;而当船舯在波峰时,一般船舶要上浮一些。另外,由于船体艏、艉线型不对称,船舶还将发生纵倾变化。

由此可见,为求静置波浪剪力和弯矩,首先必须确定船舶在波浪上的平衡位置。假定船舶静置在波浪上,艉垂线处较静水时下沉 ξ_0 值(下沉为正),纵倾角变化为 ψ 值(艏下沉为正),则在距艉垂线 x 处剖面下沉或上浮的距离为

$$\xi_x = \xi_0 + x\psi \tag{3-39}$$

因此,求船舶在波浪上的平衡位置,实际上可归结为求波浪轴线的位置 ξ_0 和 ψ,如图 3.17 所示。

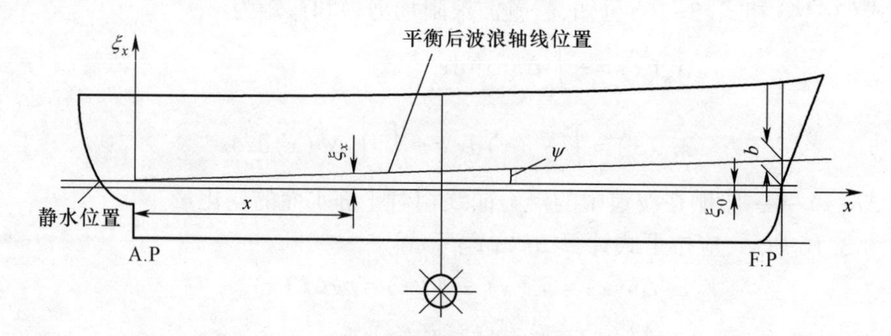

图 3.17　船舶在波浪上平衡位置的描述

为求船舶静置在波浪上的平衡位置,仍然要利用静力平衡条件,即重力等于浮力,重心与浮心的纵向位置在同一铅垂线上。所以,船舶在波浪中的浮力变化量 $\Delta b(x)$ 必须满足:

$$\begin{cases} \int_0^L \Delta b(x) = 0 \\ \int_0^L x\Delta b(x) = 0 \end{cases} \tag{3-40}$$

确定船舶在波浪上平衡位置的方法一般采用直接法,该方法是由麦卡尔(Muckle)提出的,故也称麦卡尔法。该方法是利用邦戎曲线(Bonjean's curves)来调整船舶在波浪上的平衡位置。因此,在计算时,要求船舶在水线附近为直壁式,同时船舶无横倾发生。根据实践经验,麦卡尔法适用于大型运输船舶。其运算步骤可归纳如下:

(1) 使坦谷波波轴线与静水线重合,得到波峰在船舯或波谷在船舯的波形线 $A—A$,如图 3.18(a)所示。

(2) 在各理论站线与波形线 $A—A$ 的交点 A_i 处利用邦戎曲线量取剖面积 F_{A_i},如图 3.18(b)所示。实际平衡位置时波形线 $C—C$(与各站的交点为 C_i),在中垂时 C_i 在 $A—A$ 波形线之上,在中拱时 C_i 在 $A—A$ 之下,如图 3.18(a)所示。

(3) 在各理论站 A_i 点之上(对于中垂情况)或 A_i 点之下(对于中拱情况),以相同的比例量取 ε 值(一般取 $\varepsilon = 1 \sim 2\text{m}$ 的数值),得点 B_i,并利用邦戎曲线量取 B_i 处的剖面积 F_{B_i}。

(4) 于是利用水线附近舷侧为直壁式的假设(邦戎曲线在该段为直线),实际波面下的浸水面积 F_{C_i} 为

$$F_{C_i} = F_{A_i} + \Delta F_i = F_{A_i} + \frac{F_{B_i} - F_{A_i}}{\varepsilon}\xi_i \tag{3-41}$$

将式(3-39)代入式(3-41),得

$$F_{C_i} = F_{A_i} + \frac{F_{B_i} - F_{A_i}}{\varepsilon}(\xi_0 + x_i\psi) \tag{3-42}$$

利用平衡条件,即排水量和浮心位置与静水中相等的条件,有

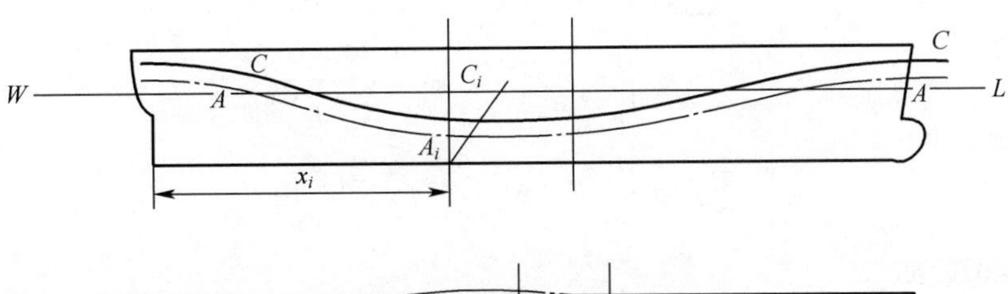

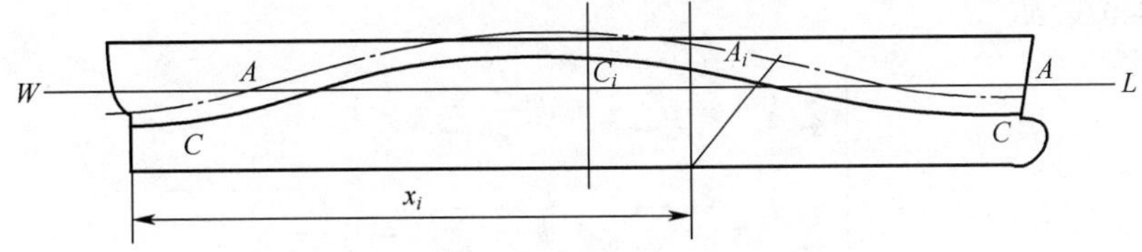

(a) 坦谷波曲线(中垂、中拱)

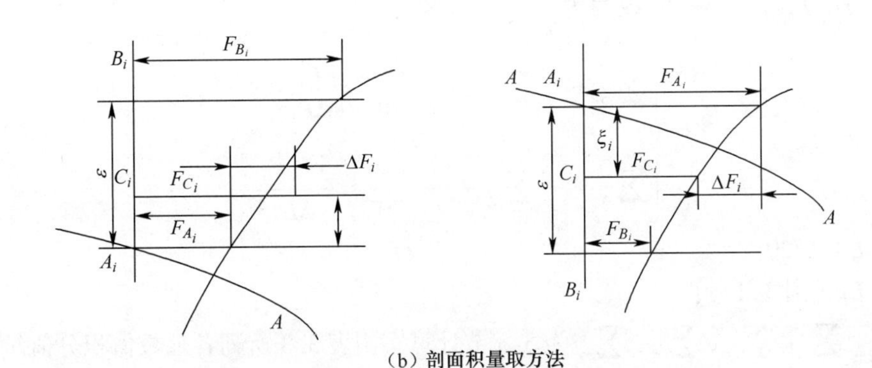

(b) 剖面积量取方法

图 3.18 船舶在波浪中波轴线位置的确定方法

$$
\begin{cases}
\int_0^L F_C(x)\,\mathrm{d}x = V \\
\int_0^L F_C(x)\cdot x\,\mathrm{d}x = V\cdot x_{\mathrm{b}}
\end{cases}
\tag{3-43}
$$

式中 V——船舶在静水中的排水体积(m^3);

x_{b}——船舶在静水中的浮心至尾垂线的距离(m)。

因此,可得

$$
\begin{cases}
\int_0^L F_A(x)\,\mathrm{d}x + \int_0^L \dfrac{F_B(x)-F_A(x)}{\varepsilon}(\xi_0+\psi x)\,\mathrm{d}x = V \\
\int_0^L F_A(x)\,\dfrac{x}{L}\mathrm{d}x + \int_0^L \dfrac{F_B(x)-F_A(x)}{\varepsilon}\,\dfrac{x}{L}(\xi_0+\psi x)\,\mathrm{d}x = V\dfrac{x_{\mathrm{b}}}{L}
\end{cases}
\tag{3-44}
$$

令

$$\sum{}'2 = \int_0^L F_A(x)\,\mathrm{d}x$$

$$\sum{}'_3 = \int_0^L F_A(x)\,\frac{x}{L}\mathrm{d}x$$

$$\sum{}'_5 = \int_0^L [F_B(x) - F_A(x)]\,dx$$

$$\sum{}'_6 = \int_0^L [F_B(x) - F_A(x)]\,\frac{x}{L}dx$$

$$\sum{}'_7 = \int_0^L [F_B(x) - F_A(x)]\,\frac{x^2}{L^2}dx$$

则式(3-44)变为

$$\begin{cases} \sum{}'_2 + \dfrac{\xi_0}{\varepsilon}\sum{}'_5 + \psi\dfrac{L}{\varepsilon}\sum{}'_6 = V \\ \sum{}'_3 + \dfrac{\xi_0}{\varepsilon}\sum{}'_6 + \psi\dfrac{L}{\varepsilon}\sum{}'_7 = V\dfrac{x_b}{L} \end{cases} \tag{3-45}$$

从式(3-45)可解出未知数 ξ_0 和 ψ 值。在手工计算时,上述积分均用表格进行(见3.5节)。此时,将式(3-45)改写为

$$\begin{cases} \sum{}_2 + \dfrac{\xi_0}{\varepsilon}\sum{}_5 + \dfrac{b}{\varepsilon}\dfrac{\sum_6}{20} = \dfrac{V}{\Delta L} \\ \sum{}_3 + \dfrac{\xi_0}{\varepsilon}\sum{}_6 + \dfrac{b}{\varepsilon}\dfrac{\sum_7}{20} = \dfrac{V\cdot x_b}{(\Delta L)^2} \end{cases} \tag{3-46}$$

式中　$\Delta L = L/20$;

$b \approx L\psi$ (图3-17);

$\sum_2$、$\sum_3$、$\sum_5$、$\sum_6$、$\sum_7$ 为3.5节计算实例表3.3所列各栏数值积分值。

利用表格计算出上述5个积分系数后,由式(3-46)就可解出 ξ_0 和 b 值,于是就得到了船舶静置在波浪上的实际平衡位置。

利用式(3-42)计算或从邦戎曲线上直接量取各站横剖面浸水面积 F_{C_i},并按式(3-38)计算 $\Delta b(x)$。于是,按式(3-37)就可求得静波浪剪力和弯矩了。这些计算可按3.5节计算实例表3.6进行。

3.3.4 波浪浮力修正

在上述静波浪弯矩的计算中,作用于船体上的浮力是按静水压力计算的。但根据坦谷波理论,波面下的实际压力并不等于按计算点到波面距离求得的静水压力:在波峰附近,其值较静水压力小;而在波谷附近,其值较静水压力大。因此,无论是中拱还是中垂状态,船舶在波浪中的实际浮力分布曲线(图3.19中的虚线)都比按静水压力求得的浮力分布曲线(图3.19中的实线)平缓。这种现象可以通过水质点的圆周运动来说明。按坦谷波理论,波浪中的水质点在铅垂面内做等速圆周运动,从而产生离心力(图3.20)。在波峰处,由于水质点受到的离心力与重力方向相反,故相当于水的密度减小;而在波谷处,水质点所受到的离心力与重力方向相同,故相当于水的密度增加;因而导致波峰处的实际压力小于静水压力,在波谷处大于静水压力,其结果使浮力曲线趋于平缓。这种计及波浪水质点运动所产生的惯性力的影响,即考虑波浪动水压力影响对浮力曲线所作的修正,称为波浪浮力修正,或称为史密斯修正。

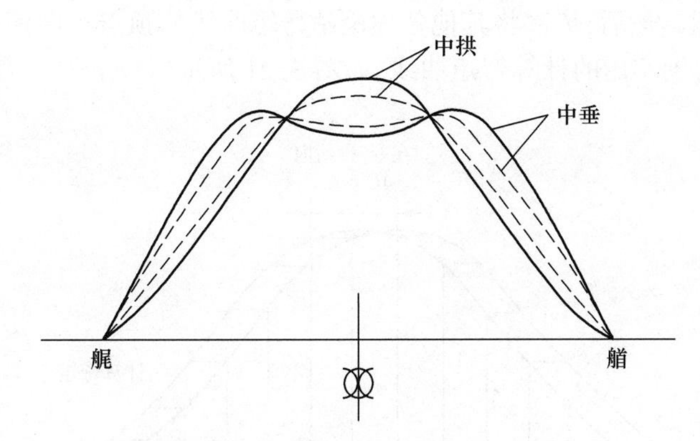

图 3.19 波浪浮力分布曲线的比较

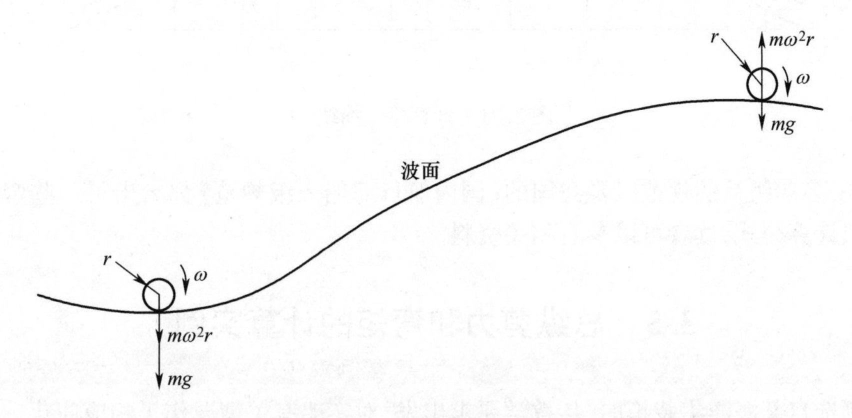

图 3.20 波浪水质点的受力

由于修正后的浮力曲线不论波峰在船舯还是波谷在船舯都将变得平坦些,因而波浪附加弯矩与剪力也将变小。计算结果表明:一般船舶在满载吃水时,波浪附加弯矩可减少20%~30%,而总纵弯矩减少约10%~15%。但是,一般在总纵强度计算中,不进行这项修正计算,这是因为波浪浮力修正对所有船舶都是差不多的,不进行这项修正,相当于作为安全储备考虑。

3.4 船体总纵弯矩

静水弯矩 M_s 与波浪附加弯矩 M_w 称为总纵弯矩,即 $M = M_s + M_w$,该弯矩的最大值就作为校核船体总纵强度的计算弯矩。

由于当波峰或波谷位于船舯时,船舯剖面的总纵弯曲为最大值,但当波峰或波谷沿船长变化时,其他剖面就会出现比标准计算状态更大的弯矩值,因此对于非船舯的其他剖面,不能取中拱或中垂状态时的总纵弯矩作为计算弯矩。

如果有了船与波浪在各个相对位置时的弯矩曲线,则可以作出这些曲线的包络线,从而可以按包络线取得计算剖面的弯矩。但这种做法的工作量太大了,应采用更加简化的计算方法。为此,在画出中拱及中垂状态弯矩曲线之后,将船舯剖面曲线顶点分别向艏、艉方向移动 5%船长：然后，依次将其他各理论站弯矩曲线的顶点也向两端移动 5%船长；最后连接各点便得到实用的计算弯矩曲线，如图 3.21 所示。

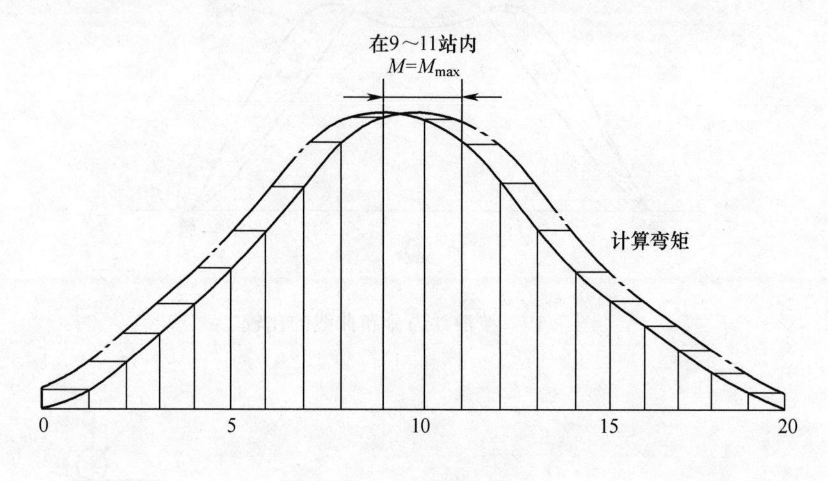

图 3.21　计算弯矩曲线

此外，各船级社的规范以及我国的《国内航行海船入级规范》都给出了一些弯矩和剪力的近似计算公式，读者可以参看相关资料。

3.5　总纵剪力和弯矩的计算实例

本例选自某海洋集装箱船，从教学要求出发，对实船有关情况作了相应简化。作为算例，仅选取计算状态中的压载到港状态进行计算。由于该工况在静水中处于中拱状态，故在计算静波浪弯矩时取波峰在船中状态，从而求得该工况下的最大总纵弯矩和剪力。

3.5.1　主要数据及原始资料

(1) 主要数据如下：

计算船长：$L = 148.0\text{m}$。

海水密度：$\rho = 1.025\text{t/m}^3$。

船宽：$B = 25.0\text{m}$。

重力加速度：$g = 9.8\text{m/s}^2$。

(2) 原始资料如下：

全船重量重心汇总表。

静水力曲线图。

邦戎曲线图(图 3.22)。

(3) 压载到港状态下的有关参数如下：

总重量：$W = 121006.4\text{kN}$。

浮心纵向坐标：$x_b = 0.15\text{m}$。

重心纵向坐标：$x_g = -4.464\text{m}$。

水线面的面积：$A = 2570\text{m}^2$。

平均吃水：$d_{\text{m}} = 5.17\text{m}$

纵稳心半径：$R = 222.26\text{m}$。

漂心纵向坐标：$x_{\text{f}} = -1.35\text{m}$。

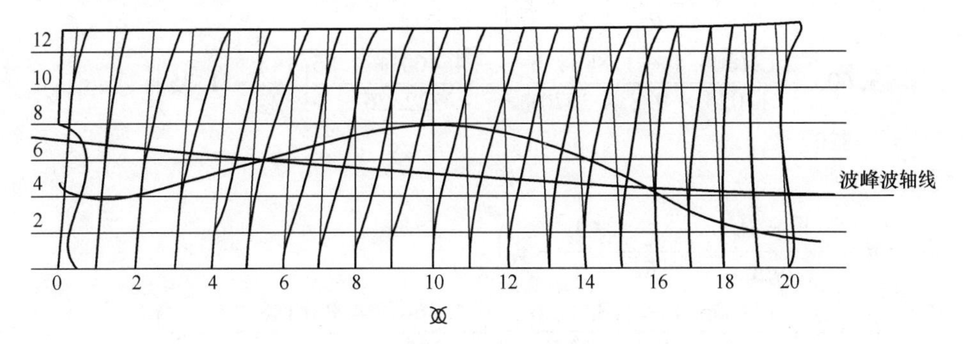

图 3.22 邦戎曲线图

3.5.2 波型与波浪参数

波长为 $\lambda = L = 148.0\text{m}$，波高为 $h = 6.0\text{m}$。

坦谷波垂向坐标值采用余弦级数展开式计算，即

$$y_B = r\cos\frac{2\pi}{\lambda}x + \frac{\pi r^2}{\lambda}\left(1 - \cos\frac{4\pi}{\lambda}x\right)$$

式中 r——半波高，取 $r = h/2 = 3.0\text{m}$。

各理论站从坦谷波面到波轴线垂向坐标 y_B（由波轴线向下为正，反之为负），列入表 3.2。

表 3.2 坦谷波面到波轴线垂向坐标值 y_B

中拱站号	0	1	2	3	4	5	6	7	8	9	10
	20	19	18	17	16	15	14	13	12	11	
y_B	3.000	2.890	2.559	2.013	1.273	0.382	−0.581	−1.513	−2.295	−2.817	−3.000

3.5.3 压载到港状态的静水剪力和弯矩的计算

1. 船舶在静水中平衡位置的确定

1）第一次近似计算

艏吃水：

$$d_{f_1} = d_{\text{m}} + \frac{x_{\text{g}} - x_{\text{b}}}{R}\left(\frac{L}{2} - x_{\text{f}}\right) = 5.17 + \frac{-4.464 - 0.15}{222.26}\left(\frac{148}{2} + 1.35\right) = 3.606$$

艉吃水：

$$d_{a_1} = d_{\text{m}} - \frac{x_{\text{g}} - x_{\text{b}}}{R}\left(\frac{L}{2} + x_{\text{f}}\right) = 5.17 - \frac{-4.464 - 0.15}{222.26}\left(\frac{148}{2} - 1.35\right) = 6.678$$

浮力：$B_1 = 118843.6(\text{kN})$

浮心坐标：$X_{b_1} = -4.85(\mathrm{m})$

2）第二次近似计算

艏吃水：

$$d_{f_2} = d_{f_1} + \frac{W - B_1}{\rho g A} + \frac{x_g - x_{b_1}}{R}\left(\frac{L}{2} - x_f\right)$$

$$= 3.606 + \frac{121006.4 - 118834.6}{1.025 \times 9.8 \times 2570} + \frac{-4.464 + 4.85}{222.26}\left(\frac{148}{2} + 1.35\right)$$

$$= 3.820$$

艉吃水：

$$d_{a_2} = d_{a_1} + \frac{W - B_1}{\rho g A} + \frac{x_g - x_{b_1}}{R}\left(\frac{L}{2} + x_f\right)$$

$$= 6.678 + \frac{121006.4 - 118834.6}{1.025 \times 9.8 \times 2570} - \frac{-4.464 + 4.85}{222.26}\left(\frac{148}{2} - 1.35\right)$$

$$= 6.635$$

浮力：$B_2 = 120902.6(\mathrm{kN})$

浮心坐标：$x_{b_2} = -4.559(\mathrm{m})$

精度检查

$$\left|\frac{W - B_2}{W}\right| = \left|\frac{121006.4 - 120902.6}{121006.4}\right| = 0.09\% < 0.5\%$$

$$\left|\frac{x_g - x_{b2}}{L}\right| = \left|\frac{-4.464 + 4.559}{148}\right| = 0.06\% < 0.1\%$$

以上满足船舶平衡计算的精度要求（式(3-27)），具体计算过程如表 3.3 所列。

表 3.3 船舶在静水中的平衡位置计算表

理论站号	力臂乘数	第一次近似		第二次近似		各站浸水面积成对和/m^2	理论站距上的浮力 $(7)\times\frac{\Delta L}{2}\rho g$/kN	理论站距
		各站浸水面积 F_{si}/m^2	面积距/m^2 (2)×(3)	各站浸水面积 F_{si}/m^2	面积距/m^2 (2)×(5)			
(1)	(2)	(3)	(4)	(5)	(6)	(7)	(8)	(9)
0	-10	0	0	0	0			
1	-9	13.5	-121.5	14.0	-126.0	14.0	520.3	0-1
2	-8	42.5	-340.0	43.5	-384.0	57.5	2137.1	1-2
3	-7	72.5	-507.5	73.5	-514.5	117.0	4348.5	2-3
4	-6	94.0	-564.0	95.0	-570.0	168.5	6262.6	3-4
5	-5	112.5	-562.5	113.5	-567.5	208.5	7749.2	4-5

（续）

理论站号	力臂乘数	第一次近似		第二次近似		各站浸水面积成对和/m^2	理论站距上的浮力 (7) $\times \frac{\Delta L}{2}\rho g$/kN	理论站距
		各站浸水面积 F_{si}/m^2	面积距/m^2 (2)×(3)	各站浸水面积 F_{si}/m^2	面积距/m^2 (2)×(5)			
6	-4	125.0	-500.0	126.0	-504.0	239.5	8901.4	5-6
7	-3	130.0	-390.0	131.0	-393.0	257.0	9551.8	6-7
8	-2	130.0	-260.0	131.0	-262.0	262.0	9737.6	7-8
9	-1	127.5	-127.5	129.0	-129.0	260.0	9663.3	8-9
10	0	122.5	0.0	124.0	0.0	253.0	9403.1	9-10
11	1	117.5	117.5	119.0	119.0	243.0	9031.5	10-11
12	2	112.5	225.0	114.0	228.0	233.0	8659.8	11-12
13	3	102.5	307.5	105.0	315.0	219.0	8139.5	12-13
14	4	90.0	360.0	92.0	368.0	197.0	7321.8	13-14
15	5	70.0	350.0	73.0	365.0	165.0	6132.5	14-15
16	6	55.0	330.0	57.0	342.0	130.0	4861.6	15-16
17	7	37.5	262.5	39.0	273.0	96.0	3568.0	16-17
18	8	25.0	200.0	26.5	212.0	65.5	2434.4	17-18
19	9	15.0	135.0	16.5	148.5	43.0	1598.2	18-19
20	10	7.5	75.0	8.0	80.0	24.5	910.6	19-20
总和		1602.5	-1010.5	1630.5	-962.0	—	—	—
修正值		-3.75	-37.5	-4.0	-40.0	—	—	—
修正后总和		1598.8	-1048.0	1626.5	-1002.0	—	—	—

$B_1 = \rho g \Delta L \sum(3) = 118834.6\text{kN}$；　$B_2 = \rho g \Delta L \sum(5) = 120902.6\text{kN}$

$$x_{b_1} = \Delta L \frac{\sum(4)}{\sum(3)} = -4.850\text{m}; x_{b_2} = \Delta L \frac{\sum(6)}{\sum(5)} = -4.559\text{m}$$

2. 静水剪力 N_s 及弯矩 M_s 计算

静水剪力 N_s 及弯矩 M_s 计算如表 3.4 所列，其分布如图 3.23 所示。

表 3.4 静水剪力和弯矩计算表

理论站距	理论站间重量/kN	理论站间浮力/kN	理论站间载荷(2)-(3)/kN	第(4)列自上而下之和/kN	第(5)列积分和/kN	第(5)列不封闭的修正值/kN	剪力值 N=(5)-(7)/kN	(6) × $\Delta L/2$ /(kN · m)	第(9)列不封闭的修正值/(kN · m)	M=(9)-(5)弯矩值/(kN · m)	理论站距
(1)	(2)	(3)	(4)	(5)	(6)	(7)	(8)	(9)	(10)	(11)	(12)
0-1	4818.7	520.3	4298.4	4298.4	4298.4	5.2	4293.2	15904.1	-265.3	16169.4	1
1-2	6015.2	2137.1	3878.1	8176.5	16773.3	10.4	8166.1	62061.2	-530.5	62591.7	2
2-3	6870.8	4348.5	2522.3	10698.8	35648.6	15.5	10683.3	131899.8	-795.8	132695.6	3
3-4	8471.1	6262.6	2208.5	12907.3	59254.7	20.7	12886.6	219242.4	-1061.0	220303.4	4
4-5	8452.5	7749.2	703.3	13610.6	85772.6	25.9	13584.7	317358.6	-1316.3	318674.9	5
5-6	4594.2	8901.4	-4307.2	9303.4	108686.6	31.1	9272.3	402140.4	-1591.5	403731.9	6
6-7	5133.2	9551.8	-4418.6	4884.8	122874.8	36.3	4848.5	454636.8	-1856.8	456493.6	7
7-8	4809.8	9737.6	-4927.8	-43.0	127716.6	41.4	-84.4	472551.4	-2122.0	474673.4	8
8-9	8557.4	9663.3	-1105.9	-1148.9	126542.7	46.6	-1195.5	468208.0	-2387.3	470595.3	9
9-10	7610.7	9403.1	-1792.4	-2941.3	122434.5	51.8	-2993.1	453007.7	-2652.5	455660.2	10
10-11	7542.1	9031.5	-1489.4	-4430.7	115062.5	57.0	-4487.7	425731.3	-2917.8	428649.1	11
11-12	7610.7	8659.8	-1049.1	-5479.8	105152.0	62.2	-5542.0	389062.4	-3183.0	392245.4	12
12-13	8023.3	8139.5	-116.2	-5596.0	94076.2	67.3	-5663.3	348081.9	-3448.3	351530.2	13
13-14	5154.8	7321.8	-2167.0	-7763.0	80717.2	72.5	-7835.5	298653.6	-3713.5	302367.1	14
14-15	4908.8	6132.5	-1223.7	-8986.7	63967.5	77.7	-9064.4	23679.8	-3978.8	240658.6	15
15-16	5310.6	4831.6	479.0	-8507.7	46473.1	82.9	-8590.6	171950.5	-4244.0	176194.5	16
16-17	3840.6	3568.0	272.6	-8235.1	29730.3	88.1	-8323.2	110002.1	-4509.3	114511.4	17
17-18	3821.0	2434.4	1386.6	-6848.5	14646.7	93.2	-6941.7	54192.8	-4774.6	58967.4	18
15-19	3778.9	1598.2	2180.7	-4667.8	3130.4	98.4	-4766.2	11582.5	-5039.8	16622.3	19
19-20	5682.0	910.6	4771.4	103.6	-1433.8	-103.6	0.0	-5305.1	-5305.1	0.0	20

注:各理论站间重量取自重量汇总:

$W = 121006.64\text{kN}, x_g = -4.464\text{m}$;

$d_f = 3.820\text{m}, d_a = 6.635\text{m}$;

$M_{s,\max} = 4746.3\text{kN}\cdot\text{m}, N_{s,\max} = 13584.7\text{kN}$;

准确度:剪力 $\frac{N(20)}{N_{\max}} = \left|\frac{-103.6}{13610.6}\right| = 0.76\% < 5\%$,弯矩 $\frac{M(20)}{M_{\max}} = \left|\frac{-5305.1}{472551.4}\right| = 1.12\% < 5\%$。

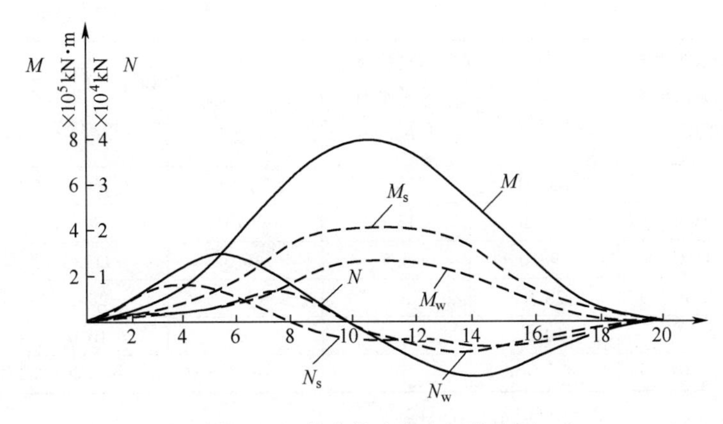

图 3.23 静水剪力和弯矩分布图

3.5.4 静波浪剪力及弯矩

1. 船舶在波浪中平衡位置的确定

例如:用麦卡尔法计算船舶在波浪上(波峰在船中)的平衡位置,当然也可以用逐步近似法计算,取静水线(d_{f_0} = 3.820m,d_{a_0} = 6.635m)作为波轴线,按波峰在船中,在邦戎曲线图上先量取各站浸水面积 F_{A_i},再取 ε =- 1m,即波轴线向下移动 1m,量取各站横剖面浸水面积 F_{B_i},按表 3.5 进行计算。

表 3.5 船舶在波浪上波峰中的平衡位置计算表

理论力臂站乘号数	以静水线为波轴线波面浸水面积 F_{A_i} /m²	iFA_i (1)×(2)	移轴后波面浸水面积 F_{B_i} /m²	$F_{B_i}-F_{A_i}$ = (4)-(2)/m²	$i(F_{B_i}-F_{A_i})$ = (1)×(5)	$i^2(F_{B_i}-F_{A_i})$ = (1)×(6)
(1)	(2)	(3)	(4)	(5)	(6)	(7)
0	0.0①	0.0	0.0①	0.0	0.0	0.0
1	2.0	2.0	1.5	-0.5	-0.5	-0.5
2	22.5	45.0	15.0	-7.5	-15.0	-30.0
3	46.0	138.0	34.5	-11.5	-34.5	-103.5
4	80.0	320.0	64.0	-16.0	-64.0	-256.0
5	119.5	597.5	99.0	-20.5	-102.5	-512.5
6	152.5	915.0	130.0	-22.5	-135.0	-810.0
7	176.5	1235.5	155.5	-21.0	-147.0	-1029.0
8	192.5	1540.0	170.0	-22.5	-180	-1440.0
9	201.5	1813.5	177.5	-24.0	-216.0	-1944.0
10	203.0	2030.0	176.5	-26.5	-265.0	-2650.0
11	196.0	2156.0	170.5	-25.5	-280.5	-3085.5
12	185.5	2226.0	160.5	-25.0	-300.0	-3600.0
13	160.5	2086.5	136.5	-24.0	-312.0	-4056.0
14	127.5	1785.0	105.5	-22.0	-308.0	-4312.0
15	90.0	1350.0	68.5	-21.5	-322.5	-4837.5

(续)

理论力臂站乘号数	以静水线为波轴线波面浸水面积 F_{A_i} /m^2	iFA_i (1)×(2)	移轴后波面浸水面积 F_{B_i} /m^2	$F_{B_i}-F_{A_i}=$ (4)-(2)/ m^2	$i(F_{B_i}-F_{A_i})=$ (1)×(5)	$i^2(F_{B_i}-F_{A_i})=$ (1)×(6)
16	52.0	832.0	35.5	-16.5	-264.0	-4224.0
17	25.0	425.0	15.0	-10.0	-170.0	-2890.0
18	11.0	198.0	4.5	-6.5	-117.0	-2106.0
19	2.0	38.0	0.5	-1.5	-28.5	-541.5
20	0.5①	10.0	0.0①	-0.5	-10.0	-200.0
Σ	$\Sigma_2=2045.5$	$\Sigma_3=19738.5$		$\Sigma_5=-325.0$	$\Sigma_6=-3267.5$	$\Sigma_7=-38587.5$

① 船舶艏艉项折半,因为 $\sum$ 相应于梯形积分过程。

根据表3.5,按下式计算波轴线移动参数 ξ_0、b,即

$$\begin{cases}\sum_2+\dfrac{\xi_0}{\varepsilon}\sum_5+\dfrac{b}{20\varepsilon}\sum_6=\dfrac{V}{\Delta L}\\[2ex]\sum_3+\dfrac{\xi_0}{\varepsilon}\sum_6+\dfrac{b}{20\varepsilon}\sum_7=\dfrac{V\cdot x_b}{(\Delta L)^2}\end{cases}\tag{3-47}$$

式中

$$V=\frac{W}{\rho g}=\frac{121006.4}{1.025\times 9.8}=12046.4(\mathrm{m}^3)$$

$$x_b=\frac{1}{2}+x_0=\frac{148}{2}-4.464=69.536(\mathrm{m})$$

$$\Delta L=\frac{L}{20}=\frac{148}{20}=7.4(\mathrm{m})$$

$$\varepsilon=-1\mathrm{m}$$

将表3.5中 $\sum_2$、$\sum_3$、$\sum_5$、$\sum_6$、$\sum_7$ 代入式(3-47),得

$$2045.5+325\xi_0+\frac{3267.5}{20}b=\frac{12046.4}{7.4}$$

$$19738.5+3267.5\xi_0+\frac{38587.5}{20}b=\frac{12046.4\times 69.536}{(7.4)^2}$$

经整理,得

$$325\xi_0+163.375b=-417.54$$
$$3267.5\xi_0+1929.375b=-4440.96$$

解联立方程式,得

$$\xi_0=-0.857(\mathrm{m})$$
$$b=-0.847(\mathrm{m})$$

由此求得平衡时的波轴线位置。

艏吃水:

$$d_{\mathrm{f}}=d_{\mathrm{fo}}+\xi_0+b=3.820-0.857-0.847=2.116(\mathrm{m})$$

艉吃水：

$$d_a = d_{a0} + \xi_0 = 6.635 - 0.857 = 5.778(\mathrm{m})$$

2. 静波浪剪力及弯矩计算

求得平衡位置后，即从邦戎曲线上量读船舶处于平衡状态下的横剖面浸水面积 F_{C_i}，并进行检验平衡精度要求的计算，船舶在波峰上平衡位置的计算结果如表 3.6 所列。

表 3.6 船舶在波峰上的平衡位置计算结果

理论站号	$d_f=2.116\mathrm{m}$, $d_a=5.775\mathrm{m}$		
	横剖面浸水面积 F_{C_i}/m^2	力臂乘数	面积矩函数 $(3)=(1)\times(2)/\mathrm{m}^2$
	(1)	(2)	(3)
0	0.0	−10	0.0
1	3.0	−9	−27.0
2	16.0	−8	−128.0
3	34.0	−7	−238.0
4	64.0	−6	−384.0
5	98.0	−5	−490.0
6	129.0	−4	−516.0
7	152.0	−3	−456.0
8	164.0	−2	−328.0
9	171.0	−1	−171.0
10	169.0	0	0.0
11	163.0	1	163.0
12	150.5	2	301.0
13	124.5	3	373.5
14	91.5	4	366.0
15	55.5	5	277.5
16	25.0	6	150.0
17	9.5	7	66.5
18	3.5	8	28.0
19	1.5	9	13.5
20	0.0	10	0.0
总和	1624.5	—	−999.0
修正值	0.0	—	0.0
修正后总和	1624.5	—	−999.0

计算结果：

(1) 浮力：$B = \rho \cdot g \cdot \Delta L \cdot \sum(1)$

$= 1.025\times 9.8\times 7.4\times 1624.5$

$= 120754.0\ (\mathrm{kN})$

(2) 浮心坐标：$x_b = \Delta L\dfrac{\Sigma(3)}{\Sigma(1)}$

$= 7.4\dfrac{-999}{1624.5}$

$= -4.551(\mathrm{m})$

(3) 准确度：

$$\left|\frac{W-B}{W}\right| = \left|\frac{121006.4-120754}{121006.4}\right| = 0.21\% < 0.5\%$$

$$\left|\frac{x_g-x_b}{L}\right| = \left|\frac{-4.464+4.551}{148}\right| = 0.06\% < 0.1\%$$

注：表中各站横剖面浸水面积 F_{C_i} 取自邦戎曲线（图 3.22）。

静波浪剪力及弯矩计算见表 3.7 第(1)列~第(12)列。计算中先检验了第(5)列及第(6)列不封闭值满足计算精度要求，即

表 3.7 总纵弯矩及剪力计算表

理论站号	波面下横剖面浸水面积 F_{C_i}/m²	静水下横剖面浸水面积 F_{S_i}/m²	横剖面浸水面积的增量 $\Delta F_i=(3)-(2)$/m²	第(4)列的积分和(按箭头的方向计算)/m²	第(5)列的积分和(按箭头的方向计算)/m²	静波浪剪力 $N_{\tilde{w}}=\rho g\frac{\Delta L}{2}(5)$/kN	$N_{\tilde{w}}$的不封闭修正值 $\Delta N_{\tilde{w}i}=\frac{i}{20}\Delta N_{\tilde{w}20}$/kN	修正后的静波浪剪力 $N_{\tilde{w}}=(7)-(8)$/kN	静波浪弯矩 $M_{\tilde{w}}=\rho g\left(\frac{\Delta L}{2}\right)^2(6)$/kN·m	$M_{\tilde{w}}$的不封闭修正值 $\Delta M_{\tilde{w}i}=\frac{i}{20}\Delta M_{\tilde{w}20}$/kN	修正后的静弯矩 $M_{\tilde{w}}=(10)-(11)$/kN·m	合成剪力及弯矩计算 静水剪力 N_s(取自表3-5)/kN	静水弯矩 M_s(取自表3-5)/kN·m	合成剪力 $N=(9)+(13)$/kN	合成弯矩 $M=(12)+(14)$/kN·m	理论站号
(1)	(2)	(3)	(4)	(5)	(6)	(7)	(8)	(9)	(10)	(11)	(12)	(13)	(14)	(15)	(16)	(17)
0	0.0	0.0	0.0	0.0	0.0	0.0	0.0	0.0	0.0	0.0	0.0	0.0	0.0	0.0	0.0	
1	3.0	14.0	11.0	11.0	11.0	408.8	7.4	401.4	1512.7	728.8	783.9	4293.2	16169.4	4694.6	16953.3	1
2	16.0	43.5	27.5	49.5	71.5	1839.7	14.9	1824.8	9832.4	1457.7	8374.7	8166.1	62591.7	9990.9	70966.4	2
3	34.0	73.5	39.5	116.5	237.5	4329.9	22.3	4307.6	32660.1	2186.5	30473.6	10683.3	132695.6	14990.9	163169.2	3
4	64.0	95.0	31.0	187.0	541.0	6950.1	29.7	6920.4	74396.2	2915.3	71480.9	12886.6	220303.4	19807.0	291784.3	4
5	98.0	113.5	15.5	233.5	961.5	8678.4	37.2	8641.2	132221.7	3644.2	128577.5	13584.7	318684.9	22225.9	447262.4	5
6	129.0	126.0	-3.0	246.0	1441.0	9143.0	44.6	9098.4	198160.6	4373.0	193787.6	9272.3	403731.9	18370.7	597519.5	6
7	152.0	131.0	-21.0	222.0	1909.0	8251.0	52.0	8199.0	262518.1	5101.8	257416.3	4848.3	456493.9	13047.3	713910.2	7
8	164.0	131.0	-33.0	168.0	2299.0	6244.0	59.5	6184.5	316149.4	5830.7	310318.7	-84.4	474673.4	6100.1	784992.1	8
9	171.0	129.0	-42.0	93.0	2560.0	3456.5	66.9	3389.6	352041.1	6559.5	345481.6	-1195.5	470528.7	2194.1	816010.3	9
10	169.0	124.0	-45.0	6.0	2659.0	223.0	74.3	148.7	365655.2	7288.4	358366.8	-2993.1	455660.1	-2844.4	814026.9	10
11	163.0	119.0	-44.0	-83.0	2582.0	-3084.8	81.8	-3166.6	355066.4	8017.2	347049.2	-4487.7	428649.1	-7654.3	775698.3	11
12	150.5	114.0	-36.5	-163.5	2335.5	-6076.7	89.2	-6165.9	321168.7	8756.0	312422.7	-5542.0	392245.4	-11707.9	704668.1	12

（续）

理论站号	波面下横剖面浸水面积 F_{C_i}/m²	静水下横剖面浸水面积 F_{S_i}/m²	横剖面浸水面积的增量 $\Delta F_i=(3)-(2)$/m²	第(4)列的积分和（按箭头的方向计算）/m²	第(5)列的积分和（按箭头的方向计算）/m²	静波浪剪力 $N_{\tilde{w}}=\rho g\frac{\Delta L}{2}(5)$/kN	$N_{\tilde{w}}$的不封闭修正值 $\Delta N_{\tilde{w}i}=\frac{i}{20}\Delta N_{\tilde{w}20}$/kN	修正后的静波浪剪力 $N_{\tilde{w}}=(7)-(8)$/kN	静波浪弯 $M_{\tilde{w}}=\rho g\left(\frac{\Delta L}{2}\right)^2(6)$/kN·m	$M\tilde{w}$的不封闭修正值 $\Delta M_{\tilde{w}i}=\frac{i}{20}\Delta M_{\tilde{w}20}$/kN	修正后的静弯矩 $M_{\tilde{w}}=(10)-(11)$/kN·m	合成剪力及弯矩计算				理论站号
												静水剪力 N_s（取自表3-5）/kN	静水弯矩 M_s（取自表3-5）/kN·m	合成剪力 $N=(9)+(13)$/kN	合成弯矩 $M=(12)+(14)$/kN·m	
13	124.5	105.0	-19.5	-219.5	1952.5	-8158.1	96.6	-8254.7	268500.1	9474.9	259025.2	-5663.3	351530.2	-13918.0	610555.4	13
14	91.5	92.0	0.5	-238.5	1494.5	-8864.2	104.1	-8968.3	205517.7	10203.7	195314.0	-7835.5	302367.1	-16803.8	497681.1	14
15	55.5	73.0	17.5	-220.5	1035.5	-8195.2	111.5	-8306.7	142397.9	10932.5	131465.4	-9064.4	240658.6	-17371.1	372124.0	15
16	25.0	57.0	32.0	-171.0	644.0	-6355.5	118.9	-6474.4	88560.3	11661.1	76899.2	-8590.6	17194.5	-15065.0	253093.7	16
17	9.5	39.0	29.5	-109.5	363.5	-4069.7	126.4	-4196.1	49987.1	12390.2	37596.9	-8232.2	114511.4	-12519.3	152108.3	17
18	3.5	26.5	23.0	-57.0	197.0	-2118.5	133.8	-2252.3	27090.7	13119.0	13971.7	-6941.7	589678.4	-9194.0	72939.1	18
19	1.5	16.5	15.0	-19.0	121.0	-706.2	141.2	-847.4	16639.4	13847.9	2791.5	-4766.2	16622.3	-5613.6	19413.8	19
20	0.0	8.0	8.0	4.0	106.0	148.7	148.7	0.0	14576.7	14576.7	0.0	0.0	0.0	0.0	0.0	20

$$\left|\frac{(5)_{20}}{(5)\max}\right| = \left|\frac{4}{246}\right| = 1.63\% < 2.5\%$$

$$\left|\frac{(6)_{20}}{(6)\max}\right| = \left|\frac{109}{2659}\right| = 3.99\% < 5.0\%$$

再对不封闭值按图 3.13 所示方法进行修改(表 3.7 总纵弯矩及剪力计算表中第(8)列及第(11)列)。

修正后的最大静波浪剪力及弯矩为

$$N_{w,\max} = 9098.4 \text{ kN}$$

$$N_{w,\min} = -8968.3 \text{ kN}$$

$$M_{w,\max} = 358366.8 \text{ kN} \cdot \text{m}$$

3.5.5 总纵弯矩与剪力的计算

将静水弯矩及剪力与静波浪弯矩及剪力分别按代数和相加即得总纵弯矩及剪力。其计算见表 3.7 第(15)列、第(16)列,分布曲线见图 3.23。

最大总纵弯矩及剪力为

$$N_{\max} = 22225.9 \text{ kN}$$

$$M_{\max} = 816010.3 \text{kN} \cdot \text{m}$$

将船舶静置在标准波浪上,求出作用在船体上总纵弯曲力矩和剪力,是目前船舶总纵强度计算的基本环节。为了计算和分析的方便,通常将所产生的弯矩和剪力分解成两部分进行。本章分别讨论了船舶在静水中的弯矩和剪力以及船舶静置于波浪上的波浪附加弯矩和剪力的计算方法,若用手工计算是冗长和繁琐的,因为涉及重量分布曲线、浮态的调整、浮力曲线的确定等复杂问题,目前多采用计算机程序来完成该项任务。

专 题 讨 论

船在靠港进行装卸货物时,有没有比较简便的方法估算静水弯矩和剪力呢?这个问题很有价值,因为许多情况下估算法常能解决一些工程中的实际问题,比如少量装卸货对船中弯矩的影响。

(1)跨越船中部的货舱装载对船中弯矩的影响。如图 3.24 所示,NO.3 货舱称为跨越船中货舱。舱内货重位于船中两边,由货舱装载的货物重量引起的船中弯矩不可简单地按单项重量计算,应按照船中前和船中后两部分重量分开计算。

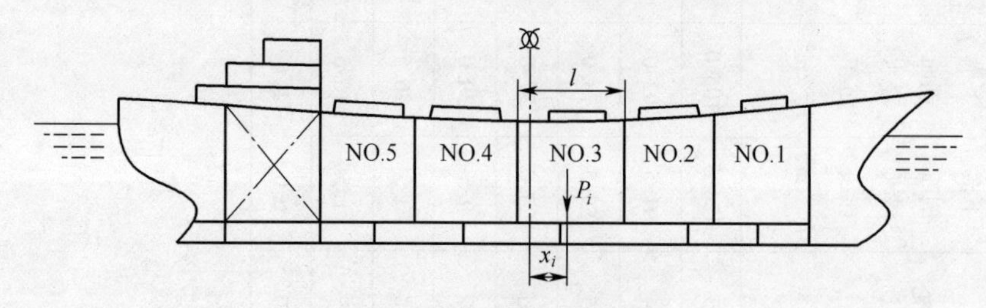

图 3.24　跨越船中货舱装载

假设舱内货物均匀装载,舱内货物距船中距离为 x_i,货物重量 P_i。c_1、c_2 分别为舱内船中后和船中前两部分货物的重心,l_1、l_2 分别为舱后壁和舱前壁至船中距离。

根据静力平衡原理,有

$$P_1(l_1/2 + x_i) = P_2(l_2/2 - x_i)$$

根据均匀装载的条件:

$$P_1 = \frac{l_1}{l}P \quad P_2 = \frac{l_2}{l}P$$

舱内货的重心 c 距离船中部的距离为

$$x_i = (l_2 - l_1)/2$$

货舱内货物产生的船中弯矩 M_{pi} 为

$$M_{pi} = \frac{1}{4}P_1l_1 + \frac{1}{4}P_2l_2 = \frac{1}{4}P\left(\frac{P_1}{P}l_1 + \frac{P_2}{P}l_2\right)$$

$$= \frac{1}{4}\frac{P}{l}(l_1^2 + l_2^2) = \frac{1}{2}P\left(\frac{l}{4} + \frac{x_i^2}{l}\right)$$

为了方便计算,相当力臂:

$$x_{相当} = \frac{l}{4} + \frac{x_i^2}{l}$$

式中 l——舱长(m);

x_i——舱内货的重心到船中的距离(m)。

(2) 货物纵向移动对船中弯矩的影响。货物纵向移动对船中弯矩的影响包含两个方面因素的综合:其一是仅考虑货物重量纵向移动后对船中弯矩的变化量;其二是因货物纵移使船产生纵倾,纵倾后船中前后半体浮力的改变而引起的船中弯矩变化量,见图 3.25。由重量的移动引起的船中弯矩变化量为正,由浮力改变引起的船中弯矩变化量为负。

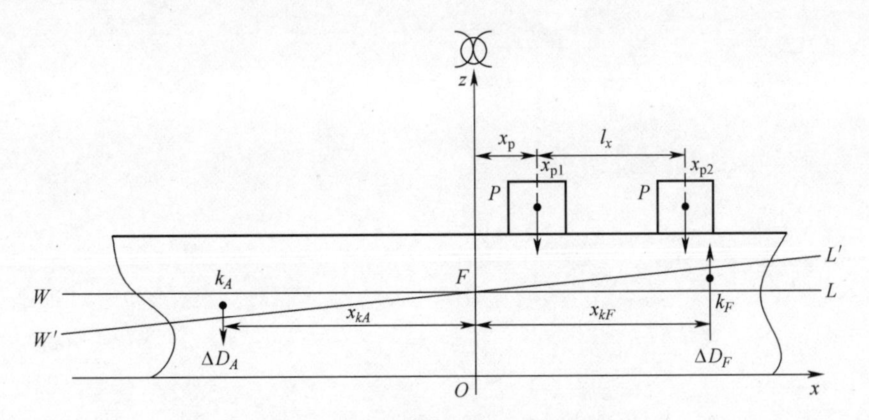

图 3.25 加载对船中部弯矩的影响

漂心 F 距船中的距离 x_f 对船中部弯矩计算的影响甚微,可认为漂心 F 就在船中处。货物移动后的船中弯矩改变量 ΔM_Φ 可以表示为

$$\Delta M_\Phi = \frac{1}{2}P\,l_x + \frac{1}{2}(\Delta D_A \cdot x_{kA} - \Delta D_F \cdot x_{kF})\ (\mathrm{t \cdot m})$$

式中第一项表示由货重量移动产生的船中部弯矩改变量。当 P 向船艏或船艉方向外移时,l_x 取正号;当 P 向船舯方向内移时,l_x 取负号,产生负的弯矩;当 P 穿过船舯移动时,则以 P 的初始位置和最终位置距离船舯的远近来判别 P 是实际向外移还是向内移,此时 $l_x = |x_{p2}| - |x_{p1}|$,式中第二项表示前后半体排水量的改变产生的船舯弯矩改变量。但船总体的排水量 D 保持不变,对于海洋运输货船可认为船体为直壁船舷,且假定船体前后关于船舯对称, $\Delta D_A = \Delta D_F$ 和 $x_{kA} = x_{kF}$,此时第二项可处理为零,略去不计。

最终,货物纵移后船舯弯矩的改变量为

$$\Delta M_{\Phi} = \frac{1}{2}P \cdot l_x \qquad (\mathrm{t \cdot m})$$

式中　l_x——船内货物重心移动的水平距离。

第4章　船体总纵强度计算

4.1　船体总纵弯曲应力的计算方法

在研究船体总纵强度时，把船体视为一条变断面的空心薄壁梁（称为船体梁），应用简单梁的弯曲理论来计算船体总纵弯曲应力 σ，即

$$\sigma = \frac{M}{I}Z \tag{4-1}$$

式中　M——计算剖面的总纵弯矩，中拱时为正；

I——计算剖面对水平中和轴的惯性矩；

Z——所求应力点至水平中和轴的垂直距离向上为正。

式（4-1）通常可化为下列形式：

$$\sigma = \pm\frac{M}{W} \tag{4-2}$$

式中：$W=I/|Z|$ 称为船体剖面模数，是表征船体结构抵抗弯曲变形能力的一种几何特征量，也是衡量船体总纵强度的一个重要标志。

按照式（4-2）计算船体总纵弯曲正应力，以便进行强度校核。但这种方法是不够完善的。首先，没有考虑构件的稳定性；其次，除了考虑船体的总弯曲外，还应该考虑船体所处的复杂受力状态。为了说明这个问题，所以进行下面分析。

船体结构是由许多部件组成的，这些部件各自承担着一定的作用。其中，一些部件是直接承受外力的构件，另一些则承受别的构件传来的力。现以两种典型结构形式的船底板架为例，进行船体结构的受力和传力过程分析。图4.1（a）是典型的横骨架式，图4.1（b）是典型的纵骨架式。

为了讨论方便，假定在船底板架上只作用着水压力。直接承受水压力的构件是外底板，外底板将水压力传给骨架（纵骨、肋板以及船底纵桁等），然后再传到板架的支承周界（横舱壁及舷侧）上去，传力过程如图4.2所示。同样，甲板上的载荷也传给舱壁及舷侧。横舱壁在这些力以及与舷侧相交处的剪力作用下取得平衡。在舷侧上作用着的这些力以及与舱壁相交处的剪力，构成舷侧板架所受的不平衡力，这个力以剪力的形式传给相邻的舷侧板架，它就是总纵弯曲时作用在船体剖面中的剪力。

由于构件相互连接，其作用是很复杂的。以纵骨架式船底板为例，首先外板本身承受水压力将产生弯曲应力，然后将水压力传给纵骨，最后由纵骨传给肋板。纵骨在传递水压力过程中将发生弯曲变形，与纵骨连接的外板部分又将随纵骨弯曲而产生弯曲应力。以此类推，外板中的弯曲应力将包含有板的弯曲应力、纵骨弯曲应力、板架弯曲应力及总纵弯曲应力4种应力成分。这就是船体构件承受多种作用、产生多种应力的工作特点。其变形特征如图 4.3 所示。

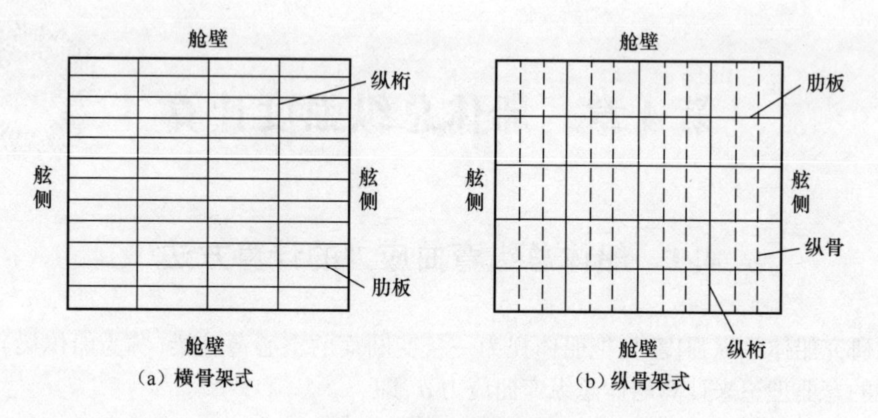

图 4.1 典型的船底板架

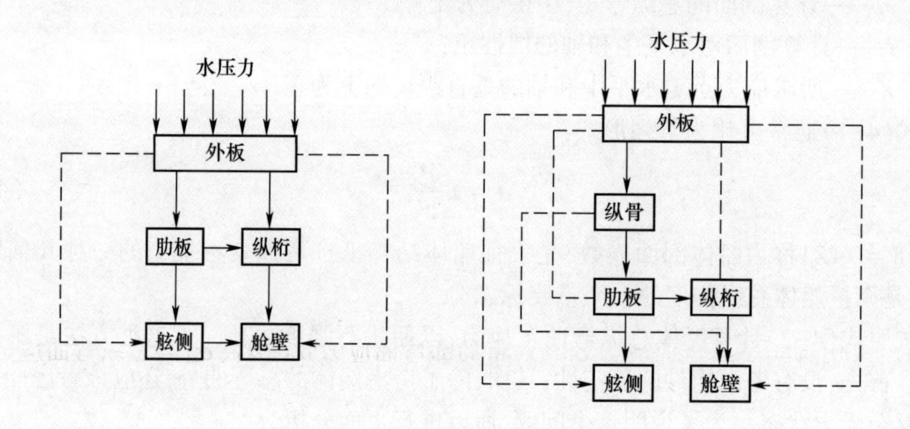

图 4.2 船底板架的传力过程

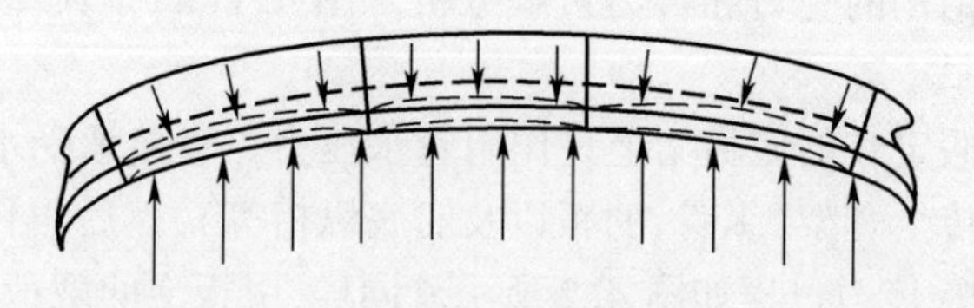

图 4.3 船体构件的弯曲特征

根据上述分析,按照纵向构件在传递载荷过程中所产生的应力种类,把纵向强力构件分为 4 类:

(1) 只承受总纵弯曲的纵向构件称为第一类构件,如不计甲板载荷的上甲板,其应力记为 σ_1。

(2) 同时承受总纵弯曲和板架弯曲的纵向构件称为第二类构件,如船底纵桁,其应力记为 $\sigma_1 + \sigma_2$。

(3) 同时承受总纵弯曲、板架弯曲以及纵骨弯曲的纵向构件,或者承受总纵弯曲、板架弯曲以及板的弯曲(横骨架式)的纵向构件称为第三类构件,如纵骨架式中的纵骨或横骨架式中的船底板,其应力记为 $\sigma_1+\sigma_2+\sigma_3$。

(4) 同时承受总纵弯曲、板架弯曲、纵骨弯曲及板的弯曲的纵向构件称为第四类构件,纵骨架式中的船底外板,其应力记为 $\sigma_1+\sigma_2+\sigma_3+\sigma_4$。

以上各种弯曲,除总纵弯曲外均称为局部弯曲。

由以上分析可知,船体纵向连续构件在总弯曲中所受到的正应力,可以称为总合正应力,记为 $\sigma_{总合}$。它包括总弯曲正应力 σ_1 和局部弯曲正应力 $\sigma_{局部}$。对不同的构件,其 $\sigma_{局部}$ 所包含的应力数目是不同的,所以

$$\sigma_{总合}=\sigma_1+\sigma_{局部}$$

表示任何构件所受到的总合正应力。

在强度计算中,考虑到船体构件承受多种作用,产生多种应力的工作特点,根据上述应力分类法,采用构件中弯曲应力的代数和,即总合正应力来校核船体总纵强度。很明显,这样的合成应力法,仅仅是为了分析方便起见而采用的一种假定性有条件的计算方法,并不确切反映船体构件的真实受力情况。

尽管如此,考虑了构件参加抵抗总纵弯曲的有效程度,以及构件的多重作用特点来校核船体强度,应当说还是比较合理的。

综上所述,现代船体强度理论首先根据式(4-1)计算总纵弯曲应力初始近似值。然后计算局部弯曲应力 σ_2,根据弯曲应力初始值和局部弯曲应力 σ_2,计算薄壁结构的稳定性,并进行失稳折减,求出折减后船体剖面模数 W,由式(4-1)进行总纵弯曲应力的第 2 次近似计算;以此类推,直至失稳修正造成船体剖面模数的误差在某规定要求之内为止,求出真实总纵弯曲应力 σ_1 后,将局部弯曲应力 σ_2、σ_3、σ_4 与总纵弯曲应力 σ_1 叠加,求出船体结构的叠加应力。最后根据船体结构许用应力标准,判断是否满足强度要求。

4.2 船体总纵弯曲应力的第一次近似计算

4.2.1 计算剖面与船体梁有效构件

为了进行总纵强度校验,首先要确定对哪些剖面进行计算。显然,仅需对可能出现最大弯曲应力的剖面进行计算,这些剖面称为危险剖面。危险剖面主要由两个条件确定,即总纵弯曲力矩大而剖面抗弯模数小。由总纵弯曲力矩曲线可知,最大弯矩一般在船舯 0.4 倍船长范围内,所以舯剖面应为计算剖面,一般取此范围内的最弱剖面(含有最大的舱口或其他开口的剖面),如机舱、货舱开口剖面。此外,一般还要对下述强度最弱剖面进行计算:船体骨架形式改变处剖面、上层建筑端部剖面,最大剪应力作用处剖面、主体材料分布变化处剖面,以及由于重力分布特殊可能出现相对大的弯矩值的某些剖面。

在计算剖面中,并非所有纵向布置的构件都能有效地参加抵抗总纵弯曲。因此,在计算剖面确定后,还要确定哪些构件能有效地参加抵抗总纵弯曲变形,即哪些构件可计入船

体梁的计算中。通常,纵向连续并能有效地传递总纵弯曲应力的构件均应计入,习惯上称这些构件为纵向连续构件,如甲板板、外板、内底板、内龙骨、纵桁和纵骨等都是纵向连续构件,计算船体剖面模数时均应计入。

长度较短的纵向构件应视作间断构件,如船楼、甲板室、开口间的甲板等。它们参加总纵弯曲的有效性取决于其长度及与主体的连接情况:

(1) 沿全船长度分布的纵向构件,如外板、纵桁、龙骨腹板等。其纵向连续长度超过型深的,在第一次近似计算时,均可认为是参与总纵弯曲的。不连续的、只分布在很短区域内的构件,则认为是不参与总纵弯曲的。

(2) 长度超过15%船长,且大于本身高度6倍的上层建筑(如果是长甲板室,还应该至少支持在3个横舱壁上),认为能够参与总纵弯曲,但只有中部完全有效地参与总纵弯曲,端部区域则应该扣除一部分构件面积,应扣除的部分为图4.4所示的阴影部分。若计算剖面选在图4.5所示的斜线区域内时,斜线部分的甲板面积应扣除。

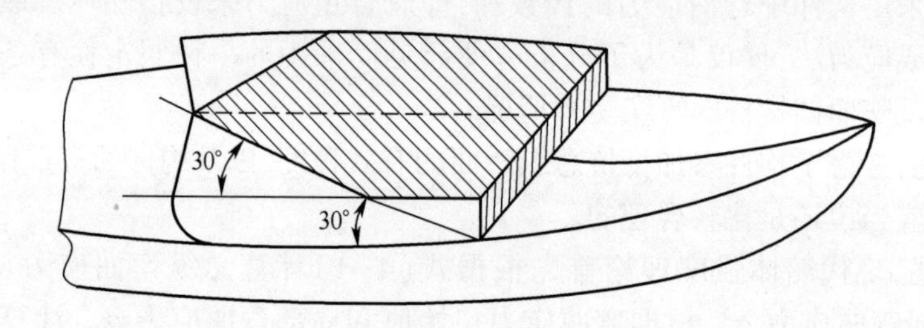

图4.4 不计入船体梁上层建筑端部区域图

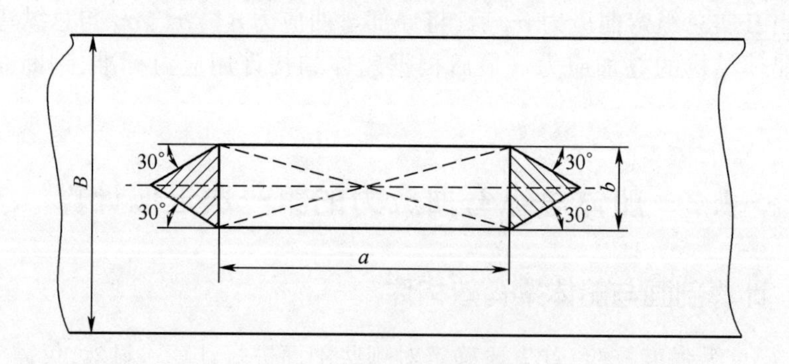

图4.5 甲板的扣减区域

(3) 甲板开口宽度小于20%甲板宽度,在计算时甲板截面面积中可不予扣除。此时的开口只引起局部应力集中,而不改变其他构件上的应力状况。开口引起的应力集中及其加强,作为局部强度问题考虑。

(4) 甲板开口宽度大于20%甲板宽度,若$a/b \geq 2$,则全部扣除开口面积;若$a/b < 2$,这时船体截面要素的计算可按式(4-3)规定的相当甲板截面面积值A_1进行。

$$A_1 = A\left[1 - 0.5\frac{a}{b}\left(1 - \frac{A}{A_0}\right)\right] \tag{4-3}$$

式中 A_1——相当甲板截面面积(cm^2);

A——全面积(cm^2);

A_0——净面积(cm^2);

a——开口长度(m);

b——开口宽度(m)。

在计算构件剖面面积时,除了注意哪些构件不能计入船体梁以外,还应注意哪些构件采用了与船体基本材料不同弹性模量的材料。例如:部分结构采用铝合金的钢质船舶,此时,材料不同的结构部分其弯曲纵向应变相同,但应力大小不同。由于船体上的应力不连续,就不能按相当梁的概念来进行计算。为了使计算仍然能按照相当梁的概念来计算,需要按照等效的原则,在计算时应首先将其换算成相当于基本材料的剖面面积。这个假想的钢构件的面积称为相当面积。若设被换算的构件的剖面面积为 a_i ,其应力为 σ_i ,弹性模量为 E_i ;与其等效的基本材料的相当面积为 a ,应力为 σ ,弹性模量为 E 。因此,根据变形相等且承受同样的力 P ,可得

$$\varepsilon = \frac{\sigma_i}{E_i} = \frac{\sigma}{E} \text{ 或 } \varepsilon = \frac{P}{a_i E_i} = \frac{P}{aE}$$
$$a = a_i \cdot \frac{E_i}{E} \quad \sigma_i = \sigma \frac{E_i}{E} \tag{4-4}$$

在计算时,可认为船体梁仅由一种基本材料构成,而把与基本材料弹性模量 E 不同的构件剖面面积乘以两材料的弹性模量之比 E_i/E ,同时又不改变该构件的形心位置。因此,对薄壁构件,相当于仅对板厚作上述变换,如果是垂直板,其自身惯性矩 i_0 应为

$$i_0 = \frac{a_i \dfrac{E_i}{E} h_i^2}{12} \tag{4-5}$$

式中 h_i ——垂直板的高度。

4.2.2 船体的剖面要素及总纵弯曲应力第一次近似计算

1. 船体剖面要素计算

由于船体结构对称于纵中剖面,一般只需对半个剖面进行剖面要素的计算,具体步骤如下:

首先,画出船体计算剖面图,如图 4.6 所示。

然后,对纵向强力构件进行编号,并注意把所有至中和轴距离相同的构件列为一组进行编号;选取参考轴 $O' - O'$,该轴可选在离基线 0.45~0.50 倍型深处。

最后,利用表 4.1 进行计算,并分别求出各组构件剖面积 A_i (构件的尺寸),其形心位置至参考轴的距离 Z_i (按所选定的符号法则,在参考轴以上的构件 Z_i 取为正的),静矩 A_iZ_i ,惯性矩 $A_iZ_i^2$ 。对于高度较大的垂向构件,如舷侧板等,还要计算其自身惯性矩 $i_0 = A_ih_i^2/12$(h_i 为该构件的垂直高度,这种表达式也适用于倾斜板的剖面)。

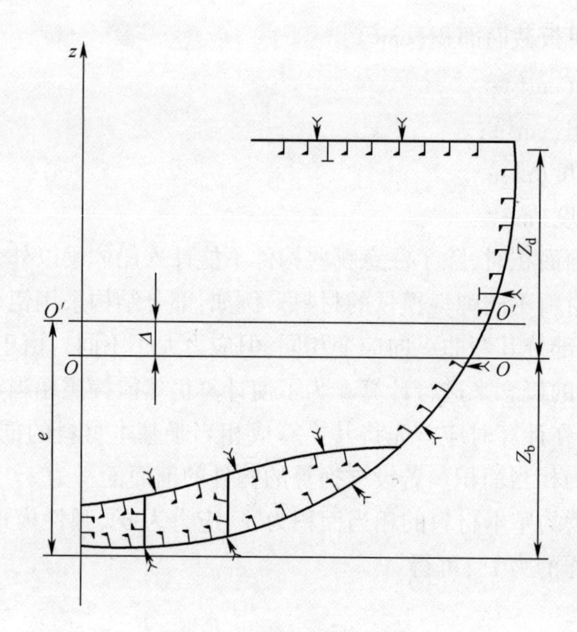

图 4.6 船体计算剖面图

表 4.1 船体剖面要素及应力第一次近似计算

1	2	3	4	5	6	7	8	9	10	11
构件编号	构件名称	构件尺寸/cm	剖面积 A_i/cm²	距参考轴 Z_i/m	静矩 A_iZ_i/(cm²·m)	惯性矩 $A_iZ_i^2$/(cm²·m²)	自身惯性矩 i_0/(cm²·m²)	距中和轴距离 Z_i'/m	弯曲应力	
									中拱/(N/mm²)	中垂/(N/mm²)
1 2 3 ⋮										
∑			A		B	C				

$$
\begin{cases}
\sum A_i = A \\
\sum A_iZ_i = B \\
\sum (A_iZ_i^2 + i_0) = C
\end{cases}
\tag{4-6}
$$

剖面水平中和轴至参考轴的距离为

$$
\Delta = \frac{B}{A}(\mathrm{m}) \tag{4-7}
$$

由移轴定理,剖面对水平中和轴的惯性矩为

$$
I = 2(C - \Delta^2 A) = 2\left(C - \frac{B^2}{A}\right)(\mathrm{cm^2 \cdot m^2}) \tag{4-8}
$$

任意构件至中和轴的距离为

$$Z_i' = Z_i - \Delta = Z_i - \frac{B}{A}(\mathrm{m}) \tag{4-9}$$

2. 第一次总纵弯曲应力近似计算

利用表4.1中第10列和第11列可进行第一次近似总纵弯曲应力计算,构件中的总纵弯曲应力为

$$\sigma_i = \frac{M}{I}Z_i' \times 10(\mathrm{N/mm^2}) \tag{4-10}$$

式中:弯矩M以kN·m计,中拱时为正。按式(4-9)求得的应力σ_i称为总纵弯曲应力第一次近似计算值。

最上层连续甲板和船底是船体剖面中离中和轴最远的构件,构成了船体梁的上下翼板。构成船体梁上翼板的最上层连续甲板通常称为强力甲板。对于船体横剖面,中和轴一般偏低,从中和轴到船体甲板和到船底板的距离不相等。甲板剖面模数和船底剖面模数分别表示为

$$W_{\mathrm{d}} = \frac{I}{Z_{\mathrm{d}}}10^2, W_{\mathrm{b}} = \frac{I}{Z_{\mathrm{b}}}10^2 \tag{4-11}$$

式中 Z_{d}——强力甲板边线至中和轴的垂直距离(m);

Z_{b}——船底平板龙骨上表面至中和轴的垂直距离(m)。

在一艘船舶中,中和轴离船底较近,即$Z_{\mathrm{d}} < Z_{\mathrm{b}}$,因此$W_{\mathrm{d}} < W_{\mathrm{b}}$。所以,有时也称为强力甲板处剖面模数为船体剖面的最小剖面模数。

根据剖面模数的定义,船体梁弯曲时的弯曲应力为

$$\sigma_{\mathrm{d}} = \frac{M}{W_{\mathrm{d}}}, \sigma_{\mathrm{b}} = \frac{M}{W_{\mathrm{b}}} \tag{4-12}$$

式中:第一式和第二式分别为甲板和船底板的弯曲应力。

因为总纵弯矩的最大值一般发生在船舯附近,所以船舯处的剖面模数具有特别重要的意义。船舯剖面模数通常取其甲板剖面模数和船底剖面模数中的小者作为强度校核使用。

4.3 船体总纵弯曲应力逐次近似计算

随着船舶的尺寸和航速的不断增大,人们逐渐认识到梁的弯曲理论还不能充分地反映船体是空心薄壁梁的特点。船舶航行中的结构损坏经验及实船强度试验结果表明,当船体受到的外载荷增大到一定程度时,参加抵抗总纵弯曲的构件并非都能全部有效地工作,特别是一些柔性构件(主要是板材),在受到压缩力作用时发生皱折现象,从而使构件中的应力发生变化,使得与之相连的刚性构件(主要是骨架)中的应力大大提高。所以,无条件地运用梁的弯曲理论求出的计算应力,用来衡量船体强度是不够完善的,存在的问题在于不能如实地反映船体构件的工作效能。因此,对于船体结构的要求,既要保证必要的强度,又要保证必要的稳定性。

4.3.1 构件的稳定性检验

如上面所述,船体构件在总纵弯曲压应力作用下可能丧失其稳定性。为了对失稳构件进行折减,必须首先确定船体外板、甲板板、内底板和作为龙骨、纵桁及其他纵向构件腹板、翼板的所有板、纵向骨材以及板架的临界应力 σ_{cr}。

在确定板的临界应力时,通常不考虑材料不服从胡克定律对稳定性的影响,按相应的理论公式确定的临界应力超过材料屈服极限 σ_s,在计算中取 $\sigma_{cr}=\sigma_s$,则必须考虑不服从胡克定律对稳定性的影响。

1. 板的稳定性计算

通常在计算船体板的稳定性时,认为板自由支持在相应骨架梁所形成的支持周界上。在这样的计算中,忽略了骨架梁的抗扭影响,并产生了某些通常是不大的并偏于安全方面的误差。一般情况下,板的稳定性计算中不考虑材料非线性修正,因此其欧拉应力和临界应力是一致的。下面列出确定钢板临界应力的计算公式。

1)横骨架式板格

甲板板的临界应力按下述公式计算(图 4.7):

$$\sigma_{cr}=19.6\left(\frac{100t}{a}\right)^2\left(1+\frac{a^2}{c^2}\right)^2 (\mathrm{N/mm^2}) \tag{4-13}$$

式中 t——板厚(cm);

a——横梁间距(cm);

c——甲板纵桁间距(cm)。

手工计算时可采用表 4.2 进行计算。

表 4.2 横骨架式板格稳定性计算

构件名称	编号	板短边 a/cm	板长边 c/cm	板厚度 t/cm	$\left(\frac{100t}{a}\right)^2$	$\frac{a}{c}$	$\left(1+\frac{a^2}{c^2}\right)^2$	板的临界应力 σ_{cr}/(N/mm²)
甲板板								
⋮								
外底板								
桁材								

对船底板和内底板,板格的纵边可作为自由支持处理,但板格的横边由于实肋板的刚性较大,应为弹性固定,它对板的临界应力影响较大。实用上可按下述公式计算:

$$\sigma_{cr}=k\times 19.6\left(\frac{100t}{a}\right)^2\left(1+\frac{a^2}{c^2}\right)^2 (\mathrm{N/mm^2}) \tag{4-14}$$

式中 t——板厚(cm);

a——肋距(cm);

c——底纵桁间距(cm);

k——考虑实肋板对板边固定程度的影响系数。

每一挡肋距设一实肋板时 $k=1.5$；每两挡肋距设一实肋板时 $k=1.25$；每三挡肋距设一实肋板时 $k=1.00$。

舷顶列板的厚度较舷侧外板大很多，计算其临界应力时，把它作为三边自由支持、第四边完全自由的板处理（图 4.8）。其临界应力为

$$\sigma_{cr}=19.6\left(\frac{100t}{a}\right)^2\left[1+0.426\left(\frac{a}{b_s}\right)^2-0.143\frac{a}{b_s\left(4+\frac{a^2}{b_s^2}\right)}\right](\mathrm{N/mm^2}) \tag{4-15}$$

式中 t ——板厚（cm）；

b_s ——舷顶列板的宽度（cm）。

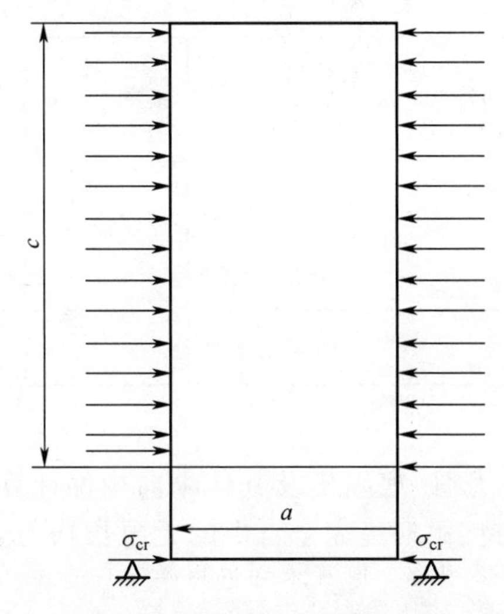

图 4.7 横骨架式甲板板稳定性的计算图形

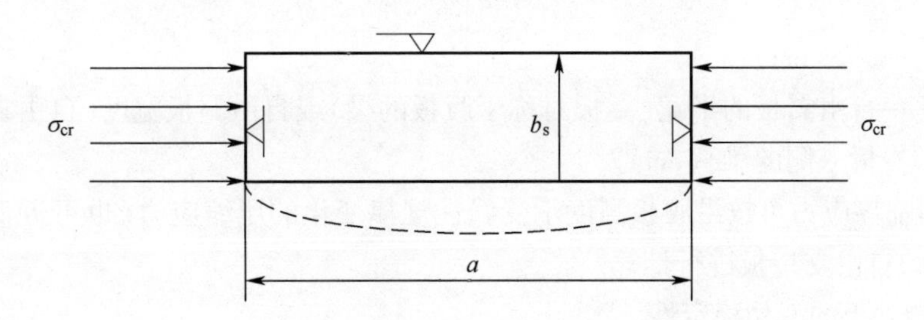

图 4.8 舷顶列板稳定性的计算图形

若甲板边板的厚度大大超过邻近甲板板的厚度，则式（4-15）也可以用来确定甲板边板的临界应力。

舷侧外板的临界应力按下式计算：

$$\sigma_{cr}=19.6\left(\frac{100t}{a}\right)^2(\mathrm{N/mm^2}) \tag{4-16}$$

式中　t——板厚(cm)；

a——肋距(cm)。

2）纵骨架式板格

用纵骨加强的甲板板、船底板等，其临界应力按下式计算(图 4.9)：

$$\sigma_{cr} = 76\left(\frac{100t}{b}\right)^2 \quad (\mathrm{N/mm^2}) \tag{4-17}$$

式中　t——板厚；

b——纵骨间距。

手工计算时可采用表 4.3 进行计算。

表 4.3　纵骨架式板格稳定性计算

构件名称	编号	板短边 b/cm	板长边 a/cm	板厚度 t/cm	$\left(\frac{100t}{b}\right)^2$	板的临界应力 σ_{cr}/(N/mm²)
甲板板						
⋮						
外底板						

3）组合梁面板与腹板

甲板纵桁、舷侧纵桁、龙骨、底纵桁及其他纵向构件计算自由翼板面板临界应力时，把它作为三边自由支持、第四边完全自由的无限长均匀受压矩形板处理，其临界应力为

$$\sigma_{cr} = 8.2\left(\frac{100t}{b_1}\right)^2 \quad (\mathrm{N/mm^2}) \tag{4-18}$$

式中　t——板厚(cm)；

b_1——自由翼板的半宽(翼板对称于腹板的梁)或自由翼板宽度(自由翼板设在腹板一侧的梁)(cm)。

腹板的临界应力可按沿腹板高度承受线性规律变化的压缩应力(也可近似当作均匀压缩压力)的自由支持板进行计算。

4）舷侧外板的剪切稳定性

舷侧外板还承受总纵弯曲剪力的作用，所以还应检验其剪切稳定性。其临界应力一般按纯剪条件下的四周自由支持板计算(图 4.10)。

$$\tau_{cr} = 102\left(\frac{100t}{b}\right)^2 \quad (\mathrm{N/mm^2}) \tag{4-19}$$

式中　t——板厚(mm)；

b——纵骨间距(mm)。

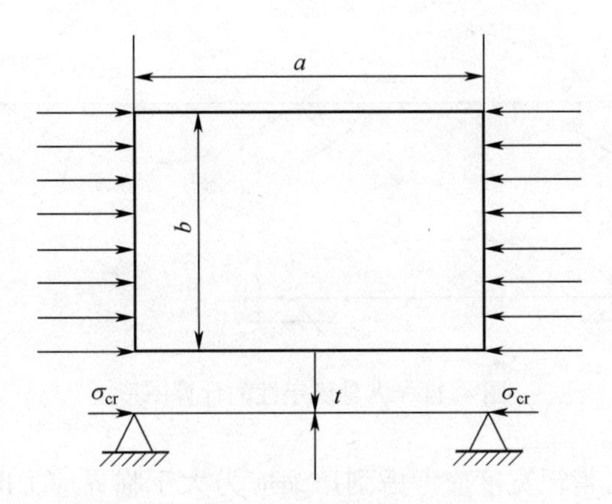

图 4.9 纵骨架式船体板稳定性的计算图形

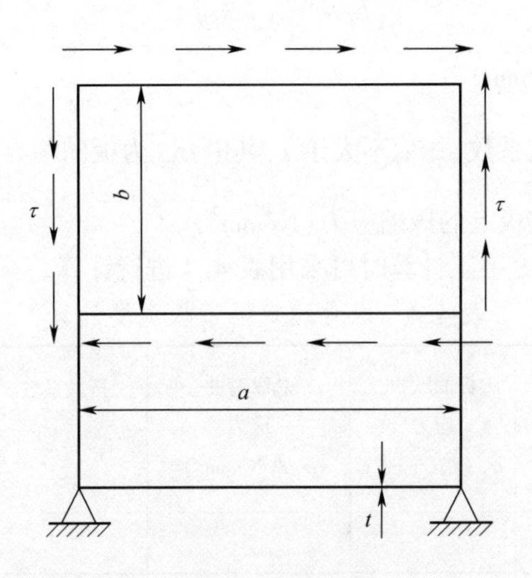

图 4.10 舷侧外板稳定性的计算图形

2. 纵骨架的稳定性计算

在检验纵骨架的稳定性时,将其视为自由支持在相应的横向构件(强横梁、强肋骨、肋板等)上的单跨梁(图 4.11 所示纵骨稳定性的计算图形),其理论欧拉应力为

$$\sigma_{E}=\frac{\pi^{2}Ei}{a^{2}(f+b_{e}t)}\quad(\mathrm{N/mm^{2}})\tag{4-20}$$

式中 i——包括带板的纵骨剖面惯性矩,此时带板宽度按梁弯曲问题带板宽度选取($\mathrm{cm^4}$);

a——横向构件间距(mm);

f——不包括带板的纵骨剖面积($\mathrm{m^2}$);

b_e——稳定性问题的带板宽度(mm);

t——带板厚度(mm);

E——材料弹性模量($\mathrm{N/mm^2}$)。

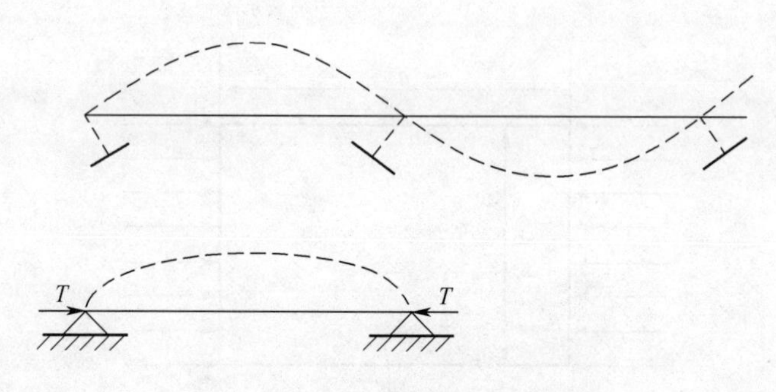

图 4.11 纵骨稳定性的计算图形

计算纵骨稳定性时带板宽度应考虑到压缩应力大于临界应力时作折减。此时,带板的宽度可按下式确定

$$b_e = \frac{b}{2}(1 + \varphi) \tag{4-21}$$

式中 b ——纵骨间距(mm);

$\varphi = \frac{\sigma_{cr}}{\sigma_i}$ ——折减系数,φ 值不大于 1,其中 σ_{cr} 为板的临界应力(N/mm^2),σ_i 为作用在板上的压缩应力(N/mm^2)。

纵骨稳定性带板宽度手工计算时可采用表 4.4 进行计算。

表 4.4 纵骨稳定性带板宽度计算

构件号		纵骨间距 b/mm	板的欧拉应力 σ_E/(N/mm^2)	总纵弯曲应力 σ_i/(N/mm^2)	折减系数 $\varphi = \frac{\sigma_E}{\sigma_i}$	$1+\varphi$	带板宽度 $b_e = \frac{b}{2}(1+\varphi)$/mm
纵骨	板						

按式(4-18)求得的欧拉应力,若超过材料的比例极限,则必须对理论欧拉应力进行修正,以考虑材料不服从胡克定律对稳定性的影响。在造船界常利用图 4.12 所示的曲线进行修正,或者按式(4.22)确定纵骨的临界应力为

$$\begin{cases} \sigma_{cr} = \sigma_E, \sigma_E \leqslant \frac{1}{2}\sigma_s \\ \sigma_{cr} = \sigma_s\left(1 - \frac{\sigma_s}{4\sigma_E}\right), \sigma_E > \frac{1}{2}\sigma_s \end{cases} \tag{4-22}$$

式中 σ_{cr} ——纵骨临界应力(N/mm^2);

σ_s ——材料屈服应力(N/mm^2)。

纵骨稳定性手工计算时可采用表 4.5 所列进行计算。

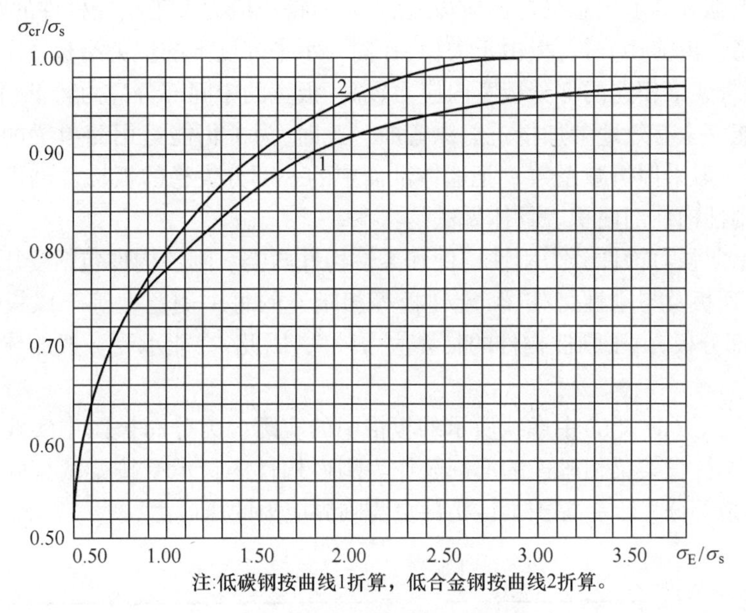

图 4.12 欧拉应力修正曲线

表 4.5 纵骨的稳定性计算

1	2	3	4	5	6	7	8	9	10	11	12	13	14
名称	剖面形状	构件号	尺寸/mm	构件截面积 F/cm²	至参考轴距离 Z/cm	静矩 FZ/cm³	惯性矩 FZ^2/cm⁴	自身惯性矩 i_0/cm⁴	对中和轴惯性矩 $i=C-B^2/A$/cm⁴	$f+b_e t$/cm²	$\frac{\pi^2 E}{a^2}$/(N/mm⁴)	欧拉应力 σ_E/(N/mm²)	临界应力 σ_{cr}/(N/mm²)
甲板纵骨			$\bar{b}\times tf$										
			Σ	A		B	C						
⋮													
外底纵骨													

注：$\bar{b}$ 为弯曲带板宽；b_e 为稳定性带板宽；a 为纵骨跨距；f 为纵骨型材剖面面积。

3. 甲板板架的稳定性计算

对具有甲板纵桁的甲板板架,可利用下述方法进行甲板稳定性计算。首先,将纵桁视为自由支持在横舱壁并被横梁形成的弹性支座支承的受压杆。然后,确定该甲板纵桁的临界应力 σ_{cr_1},并将板架的稳定性用纵桁的稳定性表征。目前,甲板板架稳定性计算多采用有限元法。

4.3.2 船体构件的失稳折减

1. 剖面折减的概念

当船体总纵弯曲时,纵向骨架梁在计算载荷下是不允许丧失稳定性的,如果失稳,该纵骨剖面面积应全部折减掉,因此在船体构件中只需考虑板丧失稳定性后的剖面折减。

第一次近似计算求出总纵弯曲应力之后，若所得压应力大于相应构件的临界应力，表明该构件失稳。由前述分析，板由于失稳，在同一水平高度上的应力沿板宽不再保持均匀分布，与纵向骨架梁相连的部分板宽内应力较高，板宽的中间部分应力较低（图 4.13），说明船体板不能完全有效地参加抵抗总纵弯曲。此时，为了仍能运用简单梁的公式计算总纵弯曲应力，一般采用折减系数 φ 把船体剖面中的一部分失稳的板构件剖面积化为假想的不失稳的刚性构件剖面积。具体做法是：

（1）将纵向强力构件分为刚性构件和柔性构件两类。刚性构件包括受压不失稳的刚性骨架梁、舭列板及与刚性骨架梁、舭列板等相毗连的每一侧宽度等于该板格短边长度 0.25 倍的那部分板，由于刚性构件的临界应力较大，因此，它能承受一般船体总纵弯曲的压应力。

这样，图 4.13(a)、(b) 中虚线所示的板格中的实际应力分布被图中实线所示的形式所代替，即与刚性骨架梁相毗连的那部分作为刚性构件的板承受按梁的公式计算的总纵弯曲应力，其余部分只承受等于柔性构件自身临界应力的压应力。

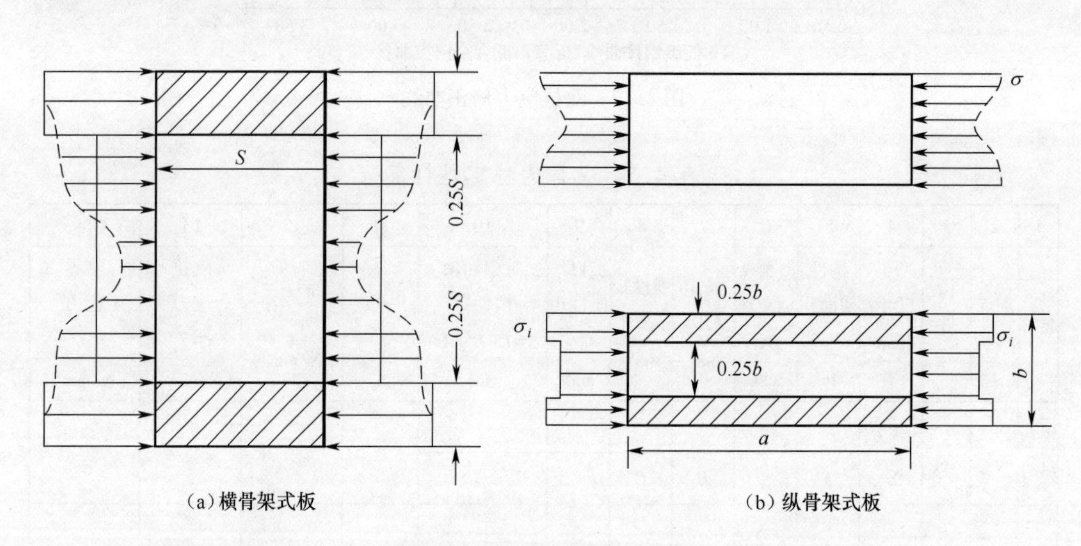

图 4.13　板失稳后的应力分布

（2）将柔性构件用某个虚拟的刚性构件代替，但要保持剖面上承受的压力值不变，即

$$\sigma_{cr} \cdot A = \sigma_i \cdot A' \tag{4-23}$$

式中　A——被代替的柔性构件实际剖面面积（cm^2）；

A'——虚拟的刚性构件剖面面积（cm^2）；

σ_{cr}——板格柔性构件的临界应力（N/mm^2）；

σ_i——刚性构件承受的压应力（N/mm^2）。

由此可得

$$\varphi = \frac{\sigma_{cr}}{\sigma_i} = \frac{A'}{A} \tag{4-24}$$

称为折减系数。这样可用板的临界应力与该板所受到的总纵弯曲应力之比来确定折减系数。由于利用折减系数将柔性构件的剖面面积化为相当的刚性构件的剖面面积，从而保证仍可运用简单梁弯曲公式来计算总纵弯曲应力。

2. 板折减系数的计算公式

在船体总纵强度计算中，已丧失稳定性的板的折减系数通常按下述公式确定。

1）纵骨架式板格

对于只参加抵抗总纵弯曲的构件（如上甲板），则

$$\varphi = \frac{\sigma_{cr}}{\sigma_i}\beta \tag{4-25}$$

式中 σ_{cr}——按式（4-14）确定的板格的临界应力（N/mm^2）；

σ_i——与所计算的板在同一水平线上的刚性构件中的总纵弯曲压应力的绝对值（N/mm^2）；

β——考虑初挠度及横荷重影响的系数，$\beta = 2 - \frac{b}{75t}$，若$\beta>1$，则取$\beta=1$，$b$为纵骨间距（mm）。

折减系数应在$0 \leqslant \varphi \leqslant 1$范围，若$\varphi>1$，则应取$\varphi=1$。

对于同时参加抵抗总纵弯曲及板架弯曲的构件（如船底板、内底板），则

$$\varphi = \frac{\sigma_{cr} \pm \sigma_2}{\sigma_i} \tag{4-26}$$

式中 σ_2——相应构件的板架弯曲应力，并应考虑其正负符号（拉伸为正，压缩为负）（N/mm^2）。

参加抵抗总纵弯曲及板架弯曲的板的折减系数手工计算时可采用表4.6进行计算。

表4.6 失稳后板的折减系数计算

构件名称		构件编号	计算剖面位置	应力/$(N/mm)^2$				折减系数
				临界应力 σ_{cr}	板架弯曲 σ_2	$\sigma_{cr}+\sigma_2$	总弯曲应力 σ_1	$\varphi=\frac{\sigma_{cr}+\sigma_2}{\lvert\sigma_1\rvert}$
中桁材	内底板		船壁处跨中					
	外底板		船壁处跨中					
⋮								

船底板架弯曲应力的计算见4.4节。式（4-26）中的σ_2可取其等于邻近中内龙骨的构件的应力，且不考虑此应力沿板架宽度由龙骨向两舷的变化。具体计算中可能出现两种情况：若σ_2为拉应力，则$\sigma_2>0$，该板格非但不会因板架弯曲应力而失稳，反而提高了它抵抗总纵弯曲压力的能力；若σ_2为压应力，则$\sigma_2<0$，该板因承受板架弯曲应力而降低了它抵抗总纵弯曲压应力的能力，特别是若σ_2超过了板所能承受的最大压应力，则在板架弯曲压应力作用下该板就要进行折减，所以就不再能承受总纵弯曲压应力σ_i了，故该构件的折减系数$\varphi=0$为全部折减掉。

上面计算处理方法是认为同时承受两种应力的构件，先承受板架弯曲应力，剩余的能力再来承受总纵弯曲应力。当然，这只是为了简化计算而采用的一种近似处理问题的方法。

对于承受经常性载荷的下甲板或水面以下的舷侧板,本来也是有总纵弯曲应力和板架弯曲应力同时作用,但因其离中和轴较近,且不如船底结构在保证总纵强度中的重要性大,因此只按承受总纵弯曲压应力看待,即按式(4-25)计算折减系数。

2)横骨架式板格

若计算中不考虑初挠度及横荷载,则

$$\varphi = \frac{\sigma_{cr}}{\sigma_i} \tag{4-27}$$

式中 σ_{cr} ——板格的临界应力(N/mm^2)。

对于横骨架式的舷侧板和纵舱壁板,总纵弯曲应力呈线性分布。为了方便加算,可将其分成若干块,在每块板内用其相应的平均应力作为该板的压应力值。

按上面公式确定的折减系数应在 $0 \leqslant \varphi \leqslant 1$ 范围,若 $\varphi > 1$,则应取 $\varphi = 1$。

从折减系数的计算中可以看到,折减系数的大小与总纵弯曲压应力值有关,而总纵弯曲压应力的大小又与构件的折减系数有关,因此总纵弯曲应力的计算必定是个逐步近似的过程。当然,若总纵弯曲压应力均未超过板的临界应力,则不必进行折减计算,可直接按第一次近似总纵弯曲应力值进行强度校核。

4.3.3 船体总纵弯曲应力第二次及更高次计算

在船体板的稳定性检验后,若有构件失稳,则须按前述相应公式计算折减系数,并进行失稳构件的面积折减。接着,进行总纵弯曲应力的第二次近似计算。

通常,在第二次近似计算时,利用表4.7进行船体剖面要素的修正计算。

表4.7 船体剖面要素的修正计算

构件编号	需折减的构件名称	剖面面积 A_i/cm^2	折减系数 φ_i	$\varphi_i - 1$	(3)×(5) $A_i(\varphi_i - 1)$	距参考轴距离 Z_i/m	静矩 (6)×(7)/($cm^2 \cdot m$)	惯性矩 (7)×(8)/($cm^2 \cdot m^2$)
(1)	(2)	(3)	(4)	(5)	(6)	(7)	(8)	(9)
1 2 ⋮	Ⅱ折减构件 ⋮				ΔA_i ⋮		ΔB_i ⋮	ΔC_i ⋮
	Ⅰ第一次近似计算结果				A		B	C
	$\sum$				A_i		B_i	C_i

表4.7中第(3)列,对折减构件应填入需要进行折减的剖面面积,该值等于板的剖面总面积减去属于刚性构件部分的剖面面积。在填修正计算表4.7时,参考轴仍取为第1次近似计算的参考轴。对折减构件 i 的剖面面积的修正值为

$$\Delta A_i = A_i(\varphi_i - 1) \tag{4-28}$$

式中 A_i ——构件 i 需进行折减的剖面面积(cm^2);

φ_i ——按第一次近似总纵弯曲应力确定的折减系数。

于是所有需折减的构件，其折减面积、折减静矩和折减惯性矩总和分别为

$$\begin{aligned}\Delta A &= \sum A_i(\phi_i - 1)\\ \Delta B &= \sum \Delta A_i Z_i\\ \Delta C &= \sum \Delta A_i Z_i^2\end{aligned} \tag{4-29}$$

折减后剖面总面积、总静矩和总惯性矩为

$$\begin{aligned}A_1 &= A + \Delta A\\ B_1 &= B + \Delta B\\ C_1 &= C + \Delta C\end{aligned} \tag{4-30}$$

修正后的船体剖面中和轴至参考轴的距离为

$$\Delta_1 = \frac{B_1}{A_1}(\mathrm{m}) \tag{4-31}$$

剖面惯性矩为

$$I_1 = 2\left(C_1 - \frac{B_1^2}{A_1}\right) \quad (\mathrm{cm}^2 \cdot \mathrm{m}^2) \tag{4-32}$$

任一构件至中和轴的距离为

$$Z_i' = Z_i - \Delta_1 \quad (\mathrm{m}) \tag{4-33}$$

任一构件第二次近似计算总纵弯曲应力为

$$\sigma_i' = \frac{M}{I_1} Z_i' \times 10 \quad (\mathrm{N/mm^2}) \tag{4-34}$$

如果第二次近似计算的总纵弯曲应力与第一次近似计算值相差不大于5%，则可用第二次近似计算值进行总纵强度校核，否则必须进行第三次近似计算。

第三次近似计算仍可利用表4.7。此时，可以用第二次近似计算的结果 A_1、B_1 和 C_1 作为计算的基础。构件折减系数仍按上述公式确定，但应取第二次近似计算所得的应力作为 σ_i。折减构件的面积修正量为 $\Delta A_i'(\varphi_i' - \varphi_i)$，其中 φ_i'、φ_i 分别为按第二次及第一次近似计算结果确定的折减系数。其余各项计算与第二次近似计算完全一样。

若第三次近似计算的总纵弯曲应力与第二次近似计算值相差仍超过5%，则说明该结构设计不甚合理，应考虑新的设计方案，如设法提高柔性构件的稳定性等。

最后要指出，上述第二次及更高次近似计算均应分别对船舶在中拱状态和中垂状态下进行，因为在不同弯曲状态构件的折减系数是不同的。

4.4 总合应力及强度校核

4.4.1 局部弯曲正应力的计算

为了按照合成应力来校核总纵强度，在总纵弯曲应力确定后，需进行局部弯曲应力计算。局部弯曲正应力包括船底板架弯曲应力 σ_2，船底纵骨弯曲应力 σ_3，和船底板格弯曲应力。除了在总纵弯曲应力 σ_1 的第二次近似计算中，求船底板的折减系数时需求得 σ_2

以外,局部应力的计算主要还为了计算第二类、第三类、第四类构件的总合应力,以便进行总强度校核。

1. 船底板架弯曲应力 σ_2 的计算

船底板架一般作为交叉梁系结构,强度计算中的具体方法如下:

图 4.14 所示为一纵骨架式船底板架,板架宽度 B 取肋板组合剖面中和轴与内底边板相交点之间的距离,板架长度 l 取舱长。

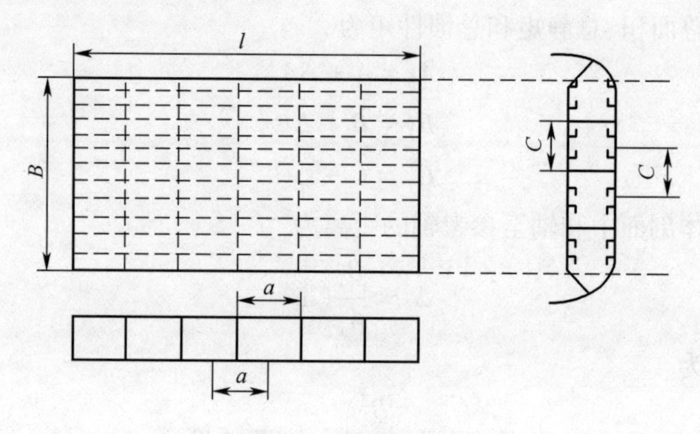

图 4.14　船底板架

桁材组合剖面的带板宽度 C_1,用 $\frac{l}{8} \sim \frac{l}{6}$ 或桁材间距 C,取其小者。在带板宽度内的纵骨包括在计算剖面之内。实肋板组合剖面的带板宽度 a_1,用 $B/6$ 或肋板间距,取其小者。

板架周界的固定条件:当舷侧为横骨架时,可作为自由支持,在横舱壁处作刚性固定。

作用在板架上的载重为船底外板上的水压力和舱内货物之差。在确定作用在船底外板上的水压力时,应注意板架弯曲应力要和总纵弯曲应力进行合成,而且应当是在同一状态下的应力合成,因而水压力的取法应与总纵弯曲应力的计算状态相对应。当校核船体中部剖面在中拱或中垂状态的强度时,静水压力值必须按照船舶在中拱或中垂状态,船底板架在波面下的水深来确定,在舱长范围内可认为是均匀分布的,同时应考虑在计算区域内底板上货物可能产生的最不利反压力。舱内反压力一般也认为是均布的。对于油船,波谷在中时,应考虑舱内满载;波峰在中时,考虑舱内空载。

对于舱长与板架计算宽度之比小于 0.8 的板架,可以不必按板架计算,而是将纵桁当作支持在横舱壁上的单跨梁来处理,采用单跨梁的计算公式,如下:

支座断面弯矩为

$$M_0 = \frac{1}{12}Ql \quad (\mathrm{N \cdot m}) \tag{4-35}$$

跨长中点弯矩为

$$M_n = -\frac{1}{24}Ql \quad (\mathrm{N \cdot m}) \tag{4-36}$$

式中　Q——作用在桁材上的载荷,$Q = qCl(\mathrm{kN})$,其中 q 为载荷集度($\mathrm{kN/m^2}$),C 为纵桁间距(m),l 为纵桁跨度(m)。

桁材的剖面要素按表 4.8 的形式进行计算。

表 4.8 桁材的剖面要素计算表

剖面图	构件编号	尺寸/mm	剖面面积 A_i/cm²	距参考轴距离 Z_i/cm	静矩 A_iZ_i/cm³	惯性矩 $A_iZ_i^2$/cm⁴	自身惯性矩 i_0/cm⁴
t_2, h, 中和轴, e, O_1, O_1, t_1							
	Σ		A		B	C	

取带板中面为参考轴,则中和轴距参考轴/距离为

$$e = B/A \tag{4-37}$$

剖面对中和轴的惯性矩为

$$I = C - Ae^2 \tag{4-38}$$

外底板中面处的剖面模数为

$$W_1 = I/e \tag{4-39}$$

内底板剖面模数为

$$W_2 = I/h_2 \tag{4-40}$$

$$h_2 = h + \frac{t_1}{2} + t_2 - e \tag{4-41}$$

式中 h ——中桁材腹板高(mm);

t_1——外底板厚度(mm);

t_2——内底板厚度(mm)。

为了求纵骨的总合应力,还要计算外底纵骨自由边处的剖面模数,应为

$$W_3 = \frac{I}{h_3} \tag{4-42}$$

$$h_3 = e - \frac{t_1}{2} - h_1 \tag{4-43}$$

式中 h_1——纵骨高度(mm)。

中桁材的弯曲应力 σ_2 为

$$\sigma_2 = \frac{M}{W} \cdot 10^3 \quad (\text{kgf/cm}^2) \tag{4-44}$$

或

$$\sigma_2 = \frac{M}{W} \cdot 10^2 \quad (\text{N/mm}^2) \tag{4-45}$$

中桁材的弯曲应力 σ_2 按表 4.9 所列的形式进行计算。

表 4.9　桁材弯曲应力计算表

构件号	弯矩/(N·m)				剖面模数/(cm^2·m)	应力/(N/mm^2)			
	支座		跨中			支座		跨中	
	波峰	波谷	波峰	波谷		波峰	波谷	波峰	波谷

2. 船底纵骨弯曲应力 σ_3 的计算

船底纵骨的载荷可由船底纵骨在波面下的水深 H 来确定,且认为均布。船底纵骨由肋板支持,由于船底纵骨在结构上以及所承受的载荷对称于肋板的关系,所以可以把纵骨当作两端刚性固定在肋板上的单跨梁来计算,如图 4.15 所示。

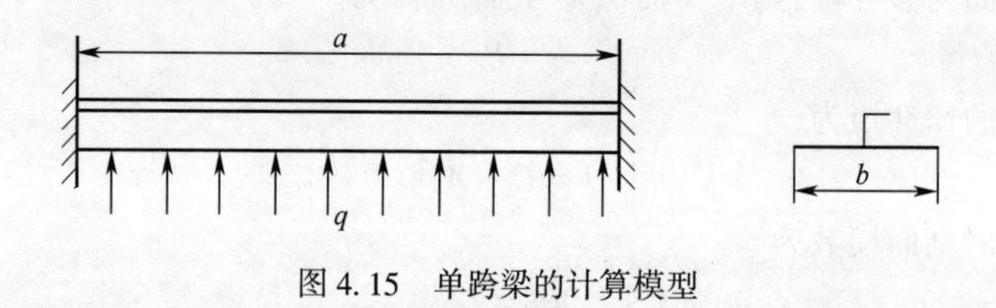

图 4.15　单跨梁的计算模型

其支座断面弯矩和跨长中点弯矩按下式计算:

支座断面弯矩为

$$M_0 = -\frac{qba^2}{12} \quad (\mathrm{N \cdot m}) \tag{4-46}$$

跨长中点弯矩为

$$M_n = \frac{qba^2}{24} \quad (\mathrm{N \cdot m}) \tag{4-47}$$

式中　q ——载荷集度,分别取中拱和中垂时的水压力(kN/m^2);

b ——纵骨间距(mm);

a ——纵骨跨距(m)。

计算纵骨剖面要素时,带板宽度 b_1 为纵骨间距 b 或者跨长的 1/6,取其小者,并按表 4.10所列纵骨剖面要素计算表计算。

表 4.10　纵骨剖面要素计算表

剖面图	构件编号	构件尺寸/mm	剖面面积 A_i /cm^2	距参考轴距离 Z_i /cm	静矩 A_iZ_i /cm^3	惯性矩 $A_iZ_i^2$ /cm^4	自身惯性矩 i_0 /cm^4
	Σ		A		B	C	

一般可取带板中面为参考轴,剖面中和轴与参考轴的距离为

$$e = B/A \tag{4-48}$$

剖面对中和轴的惯性矩为

$$I = C - Ae^2 = C - e \cdot B \tag{4-49}$$

外底板中面剖面模数为

$$W_1 = I/h_1 \tag{4-50}$$

式中 h_1——外底板中面对中和轴的距离，$h_1 = e$(m)。

纵骨自由边处的剖面模数为

$$W_2 = \frac{I}{h_2} \tag{4-51}$$

式中 h_2——纵骨自由边处至中和轴的距离(m)。

纵骨弯曲应力 σ_3 为

$$\sigma_3 = \frac{M}{W} \cdot 10^5 \quad (\text{kgf/cm}^2) \tag{4-52}$$

或

$$\sigma_3 = \frac{M}{W} \cdot 10^4 \quad (\text{N/mm}^2) \tag{4-53}$$

纵骨的弯曲应力 σ_3 的计算可参照中桁材的弯曲应力 σ_2 的计算表格进行。

3. 船底板格弯曲应力 σ_4 的计算

船底板的载荷可取船底板中心到波面最大高度的均布水压。船底板被船底骨架(纵骨和肋板)分成矩形板格,在船底板的外表面作用着均布水压力。由于相邻板格在结构上以及所承受的载荷均对称于支承周界,故船底板格可以当作四周刚性固定的板进行计算,如图4.16所示。

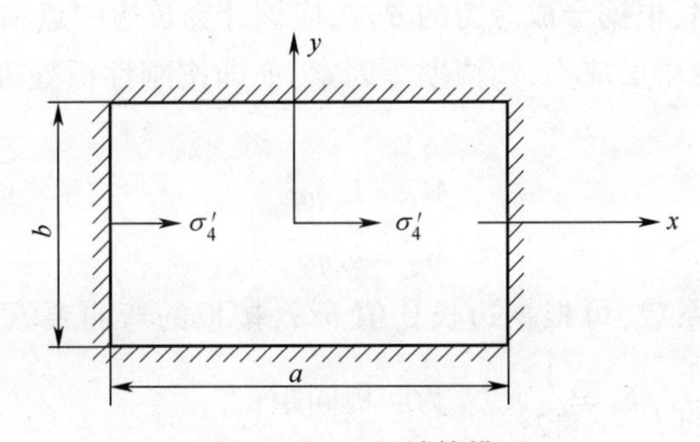

图4.16 σ_4 的计算模型

对于纵骨架式板格,其长边沿船长方向,通常作为刚性板计算。在总纵强度计算中,只计算沿船长方向的最大应力,即板短边中心点和板中心点横剖面内的应力。

板中心点横剖面内的计算弯矩为

$$M_1 = k_2 q b^2 \tag{4-54}$$

板短边中心点横剖面内的计算弯矩为

$$M_2 = k_4 q b^2 \tag{4-55}$$

式中 k_2, k_4——弯矩系数,可根据边长比值 a/b,按板的弯曲要素查得(当 $a/b \geqslant 2$ 时,$k_2 \approx 0.0125$、$k_4 \approx 0.0515$);

q——船舶在中拱或中垂状态时作用在板上的水压力(kN);

b——纵骨间距(mm)。

设船底板格的厚度为 t,则剖面模数为

$$w = \frac{bt^2}{6} = \frac{t^2}{6} \tag{4-56}$$

这是因为考虑筒型弯曲,用单位长度的板条梁弯曲来代替板的弯曲,故 $b=1$。

计算剖面中的最大应力公式为

$$\sigma_4 = \pm \frac{6M}{t^2} \tag{4-57}$$

式中 M——计算剖面上的弯矩,在板中心处,内表面受拉应力,取正号,外表面受压应力,取负号;在短边中点,应力符号正好相反。

于是,在板中心点横剖面上的应力为

$$\sigma_4 = \pm 73.5q \left(\frac{b}{100t}\right)^2 \quad (\mathrm{N/mm^2}) \tag{4-58}$$

此时,板中心处内表面受拉应力,取正号;外表面受压应力,取负号。

在板短边中心点横剖面上的应力为

$$\sigma_4' = \mp 302.8q \left(\frac{b}{100t}\right)^2 \quad (\mathrm{N/mm^2}) \tag{4-59}$$

由于板短边中点处弯曲方向与板中心点处的相反,所以应力符号也相反。此时,板中心处内表面受压应力,取负号;外表面受拉应力,取正号。

对于横骨架式板格,根据合成应力的要求,应该计算长边中点和板中心点横剖面的应力。如果计算中不考虑中面应力、初挠度等因素,亦即按刚性板处理,则上述剖面中的计算弯矩如下;

$$M_1 = k_3 q a^2 \tag{4-60}$$

$$M_2 = k_5 q a^2 \tag{4-61}$$

式中 k_3, k_5——弯矩系数,可根据边长比值 b/a,按板的弯曲要素查得(当 $b/a \geqslant 3$ 时,$k_3 = \frac{1}{24}$,$k_5 = \frac{1}{12}$),b 为肋板间距;

q——船舶在中拱或中垂状态时作用在板上的水压力。

于是,在板中心点横剖面上的应力为

$$\sigma_4 = 0.025\mu q \left(\frac{a}{t}\right)^2 \quad (\mathrm{N/mm^2}) \tag{4-62}$$

在板长边中心点横剖面上的应力为

$$\sigma_4' = \pm 0.05\mu q \left(\frac{a}{t}\right)^2 \quad (\mathrm{N/mm^2}) \tag{4-63}$$

在强度校核计算中,计算板的弯曲应力按表 4.11 所列的形式进行。

表 4.11 板的弯曲应力计算表

构件号	长边 a/cm	短边 b/m	板厚 t/cm	边长比 a/b	$(b/t)^2$	波峰压头 H_h/m	波谷压头 H_s/m	板中心距基线 h/m	计算压头 $H-h$/m		应力/(N/mm²)			
											波峰		波谷	
									波峰	波谷	板中心	短边中点	板中心	短边中点

4.4.2 总合应力的计算

将船体构件中的总纵弯曲应力 σ_1 与局部弯曲应力 σ_2 或 σ_3 或 σ_4 叠加,称为应力合成,而所得的应力称为总合应力(或称为合成应力)。

求总合应力是以一个隔舱为计算对象,计算时,应该对一个隔舱之中可能是最危险应力的剖面,以及该剖面上可能是最危险的应力点处,求出其总合应力之值。

1. 总纵弯曲应力 σ_1

σ_1 沿舱长等高处是相同的,如图 4.17 所示的 σ_1 为中拱时甲板上纤维处的应力。

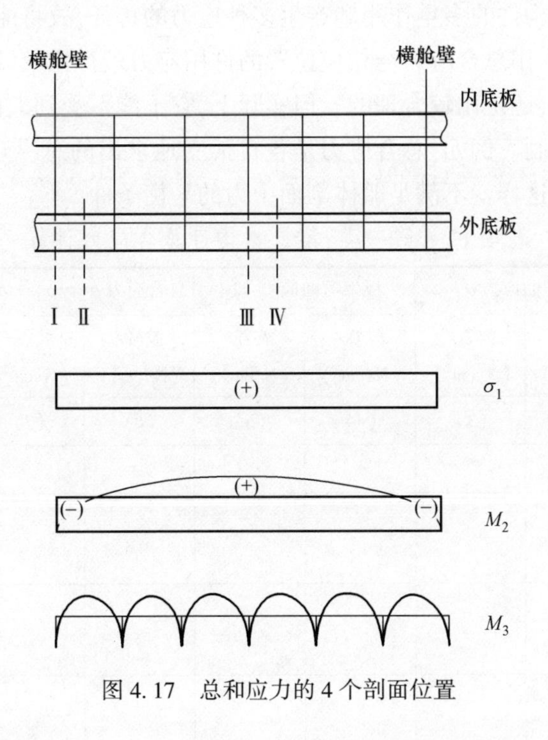

图 4.17 总和应力的 4 个剖面位置

2. 板架弯曲应力 σ_2

考虑到中桁材的剖面沿舱长基本不变,但其弯曲力矩 M_2 沿舱长是变化的。设 M_2 系当单跨梁(两端 $x = 1$)算出,则 M_2 分布如图 4.17 所示。所以,应取计算剖面为舱壁处及跨中,如图 4.17 中的剖面Ⅰ与Ⅳ所示。剖面上计算点则为底上表面及外底中面处。同时

要计算这几点处的 σ_1 以便和 σ_2 叠加。

由于 M_2 在一个肋距之间变化不大,所以可近似认为在边沿肋距和跨中肋距内是相同的。

3. 船底纵骨弯曲应力 σ_3

考虑到船底纵骨剖面沿舱长基本不变,在任意两肋板间纵骨的弯曲力矩 M_3 相同,其分布如图 4.17 所示,故取任一跨纵骨校核均可。但因在舱壁处肋距与舱长中间肋距的 σ_2 不同,故求 $\sigma_{总合}$ 应取边沿肋距及跨中肋距计算。在每跨肋距内计算剖面又为跨中的支座处两个剖面(图 4.17 中的剖面Ⅰ~Ⅳ),则剖面上计算点为上、下纤维,即纵骨自由边与外底板中面处。同样要计算这几点处的 σ_1 与 σ_2,以便和 σ_3 叠加。

4. 船底板格弯曲应力 σ_4

船底外板厚度沿舱长方向可能改变,但通常变化不大,故板的每一跨度弯曲变形可认为相同。考虑到与 σ_3 叠加,所以取计算跨度位置及跨度内计算剖面位置均与纵骨相同,剖面上计算点取在船底板中面之处。同时要计算这几点处的 σ_1, σ_2, σ_3,以便和 σ_4 叠加。因此,应对图 4.17 中的剖面Ⅰ~Ⅳ进行应力合成,以便对可能是最危险的点,求出其总合应力。其中对第一类、第二类构件的总合应力可采用表 4.12 的形式进行计算。

由于考虑到船体构件的多重作用和产生多种应力的特征,故将船体构件分为 4 类,并分别求其总合应力,并用总合应力与相应位置的许用应力进行比较,以判定船体结构的总纵强度。从理论上说,还是比较合理的。但实际上,它不能不受到人们的认识水平和可能的实际处理方法的限制。例如:总合应力是各自孤立地求出的总纵弯曲应力和局部弯曲应力,并取其代数和,这样就不满足船体剖面中力的平衡条件。

表 4.12 第一类、第二类构件总合应力计算

<table>
<tr><th colspan="3" rowspan="2">构件名称、编号及计算位置</th><th colspan="2">总纵弯曲应力 σ_1</th><th colspan="2">板架弯曲应力 σ_2</th><th colspan="2">总合应力 $\sigma = \sigma_1 + \sigma_2$</th><th rowspan="2">许用应力 $[\sigma]$/(N/cm^2)</th></tr>
<tr><th>波峰/(N/cm^2)</th><th>波谷/(N/cm^2)</th><th>波峰/(N/cm^2)</th><th>波谷/(N/cm^2)</th><th>波峰/(N/cm^2)</th><th>波谷/(N/cm^2)</th></tr>
<tr><td colspan="3">(1)</td><td>(2)</td><td>(3)</td><td>(4)</td><td>(5)</td><td>(6)</td><td>(7)</td><td>(8)</td></tr>
<tr><td colspan="3">等值梁上纤维</td><td></td><td></td><td></td><td></td><td></td><td></td><td></td></tr>
<tr><td rowspan="4">中桁材</td><td rowspan="2">内底板</td><td>横舱壁处</td><td></td><td></td><td></td><td></td><td></td><td></td><td></td></tr>
<tr><td>跨度中点</td><td></td><td></td><td></td><td></td><td></td><td></td><td></td></tr>
<tr><td rowspan="2">外底板</td><td>横舱壁处</td><td></td><td></td><td></td><td></td><td></td><td></td><td></td></tr>
<tr><td>跨度中点</td><td></td><td></td><td></td><td></td><td></td><td></td><td></td></tr>
</table>

（续）

<table>
<tr><th colspan="3" rowspan="2">构件名称、编号及计算位置</th><th colspan="2">总纵弯曲应力 σ_1</th><th colspan="2">板架弯曲应力 σ_2</th><th colspan="2">总合应力 $\sigma = \sigma_1 + \sigma_2$</th><th rowspan="2">许用应力 $[\sigma]$/(N/cm²)</th></tr>
<tr><th>波峰/(N/cm²)</th><th>波谷/(N/cm²)</th><th>波峰/(N/cm²)</th><th>波谷/(N/cm²)</th><th>波峰/(N/cm²)</th><th>波谷/(N/cm²)</th></tr>
<tr><td colspan="3">(1)</td><td>(2)</td><td>(3)</td><td>(4)</td><td>(5)</td><td>(6)</td><td>(7)</td><td>(8)</td></tr>
<tr><td rowspan="4">第一旁桁材</td><td rowspan="2">内底板</td><td>横舱壁处</td><td></td><td></td><td></td><td></td><td></td><td></td><td></td></tr>
<tr><td>跨度中点</td><td></td><td></td><td></td><td></td><td></td><td></td><td></td></tr>
<tr><td rowspan="2">外底板</td><td>横舱壁处</td><td></td><td></td><td></td><td></td><td></td><td></td><td></td></tr>
<tr><td>跨度中点</td><td></td><td></td><td></td><td></td><td></td><td></td><td></td></tr>
<tr><td rowspan="4">第二旁桁材</td><td rowspan="2">内底板</td><td>横舱壁处</td><td></td><td></td><td></td><td></td><td></td><td></td><td></td></tr>
<tr><td>跨度中点</td><td></td><td></td><td></td><td></td><td></td><td></td><td></td></tr>
<tr><td rowspan="2">外底板</td><td>横舱壁处</td><td></td><td></td><td></td><td></td><td></td><td></td><td></td></tr>
<tr><td>跨度中点</td><td></td><td></td><td></td><td></td><td></td><td></td><td></td></tr>
</table>

鉴于此，各国造船界一直在不断地寻求改进方法。例如：在1962年苏联颁布的《海船强度标准》中，就取消了第三类和第四类构件应力的合成，只保留了第一类和第二类构件的应力合成，来校核船体总纵强度。近年来，不少国家已用概率方法来研究船体结构强度，以便能用新的概率强度标准来校核船体总纵强度。

4.4.3 许用应力及强度校核

许用应力就是船体结构在设计的各种工况下，各构件所容许的最大应力值。

许用应力值通常小于构件材料破坏时的极限应力值或结构发生危险状态时，材料所对应的极限应力值，以保证结构具有足够的强度储备。

在理论上，材料的极限应力除以安全系数（或称为强度储备系数）得许用应力为

$$[\sigma] = \frac{\sigma_0}{n} \tag{4-64}$$

式中 $[\sigma]$——许用应力（N/mm^2）；

σ_0——极限应力（例如：对钢材可采取其屈服极限 σ_s）（N/mm^2）；

n——安全系数。

实际上,船体结构的许用应力标准是根据舰船设计、建造和营运的经验,用标准计算方法对其进行统计分析,并参照积累的实船静载测量和航行试验结果,根据安全和经济的原则来确定的。

例如:选一批经过长期航行考验,并证明具有足够强度的船,可以称为“可靠船舶”。首先对这些船舶按照静置在标准波浪上的计算方法,求出其总合应力,并称为计算应力。其次对其加以分析整理,定出一个强度标准的平均值,并大致确定其上、下波动幅度,这个统计平均值可以代表实际船舶按标准计算方法所得出的安全、可靠的应力水平。所以,可以先作为确定许用应力的基础,再以若干实船的强度测试结果予以佐证,并参考各类船级协会颁布的建造规范所规定的强度要求,最后在符合安全和经济的原则下,具体制定许用应力的标准值。

显然,用上面的方法决定的许用应力值纯属经验性质,并且与计算方法有关。这就是说,船舶结构设计中所用的许用应力标准是与某一种确定的外力、内力的计算方法相联系。当这种计算方法改变时,也相应的改变许用应力标准。同时可见,用这种许用应力标准来判断船体强度仍是一种比较强度法。

苏联船舶登记局在 1962 年颁布的《海船强度标准》中,关于总纵强度计算,在规定了外力和内力的计算方法与要求之后,又规定了按不同计算应力校核强度时的许用应力标准。其中对总强度的正应力校核有如下标准。

(1) 对于仅按总纵弯曲应力校核强度时,其许用应力为

$$\text{干货船}:[\sigma]=0.50\sigma_s$$

$$\text{油船}:[\sigma]=0.45\sigma_s$$

(2) 对于按总纵弯曲应力和板架弯曲应力合成值校核强度时,其许用应力分别为

$$\text{跨中剖面}\begin{cases}\text{干货船}:[\sigma_1+\sigma_2]=0.65\sigma_s\\ \text{油船}:[\sigma_1+\sigma_2]=0.55\sigma_s\end{cases}$$

$$\text{支座剖面}\begin{cases}\text{干货船}:[\sigma_1+\sigma_2]=1.00\sigma_s\\ \text{油船}:[\sigma_1+\sigma_2]=0.90\sigma_s\end{cases}$$

式中 σ_s——材料屈服极限(N/mm^2);

σ_1——总纵弯曲应力(N/mm^2);

σ_2——板架弯曲应力(N/mm^2)。

确定了总合应力和许用应力之后,就可以对船体总纵弯曲强度进行校核了。用许用应力标准校核强度,就是结构中的最大应力不大于许用应力。例如:在船体总纵强度的正应力校核中,其强度条件就是

$$(\sigma_1)_{max}\leqslant[\sigma_1]$$

$$(\sigma_1+\sigma_2)_{max}\leqslant[\sigma_1+\sigma_2]$$

$$(\sigma_1+\sigma_2+\sigma_3)_{max}\leqslant[\sigma_1+\sigma_2+\sigma_3]$$

$$(\sigma_1+\sigma_2+\sigma_3+\sigma_4)_{max}\leqslant[\sigma_1+\sigma_2+\sigma_3+\sigma_4]$$

应该指出,用许用应力标准来判断船体强度乃是一种比较强度法,它并不代表船体的真正强度。但是它通过与“可靠船舶”相比较,采用不低于“可靠船舶”强度的方法来表征设计船的强度。

近几十年以来，人们在运用，改进许用应力法的同时，也不断提出许用应力法的缺点，如下：

第一，没有考虑计算应力值的随机性，往往是简单地取最大载荷和最差材料性能，得出一个计算应力，然后用许用应力值来衡量强度。然而这个计算应力只代表该应力随机变量的某个应力水平，围绕它有许多实际可能值。所以，这样做是不够的，也不符合实际情况。事实上，满足强度要求，就是要保证结构在使用期内不出现公认的危险状态。从随机的观点看来，不是保证不出现危险状态（也不可能得到保证），而是确保出现危险状态的概率很小，属于小概率事件。

第二，把计算应力和许用应力相比较时，对决定结构强度的所有因素都赋予了一个统一的强度储备系数，即只采用了一个统一的安全系数 n。实际上，从随机性来看，这些因素的性质是互不相同的。例如：在衡量甲板构件的强度时，计算应力中应包括静水应力和波浪应力，而静水应力所具有的随机性比波浪应力的随机性要小得多，二者的超越可能性也是不同的，但都赋予了相同的安全系数 n。所以，许用应力法仅仅在形式上保证各结构在统一的储备系数下具有足够的强度，但实际上不能表征影响结构强度诸因素的变动性和随机性。

因此，船体强度的研究方向，应该是采用概率方法。只有概率方法才能充分揭示作用在船上的随机外力的真实情况以及结构材料在随机载荷作用下的破坏机理。但是，由于许用应力法简单，并且已经过长期应用，大量的资料、规则、规范等均以此法为基础制定，故目前仍采用许用应力法来评定船体强度。

4.5 船体总纵弯曲剪应力的计算

船体总纵弯曲时，在横剖面上除存在弯曲应力外，还由于剪力的作用而产生剪应力。对于像船体这样的薄壁结构，确定剪应力在其剖面上的分布，对合理决定板厚也是十分重要的。总纵弯曲时，最大剪力一般作用在距首尾端约 1/4 船长附近的剖面，因此需要校核这些剖面船体构件承受剪应力的强度和稳定性。

下面研究剖面上剪应力与弯曲应力的平衡关系式。从船体梁微段 dx 中切出外板弧长为 s 的一微块 $dx \cdot s$（图 4.18），其中纵向切口，上端在任选的某一边界原点处，下端在离原点的弧长为 s 处。

此时，在各个切割面上作用着弯曲应力和剪应力，由于板厚很小，认为剪应力顺着板面方向且沿板厚均匀分布。所以，沿船体梁轴向纵向力的平衡方程式为

$$\tau t \mathrm{d}x = \int_0^s \left(\frac{\partial \sigma}{\partial x}\mathrm{d}x\right) \cdot t\mathrm{d}s + \tau_0 t_0 \mathrm{d}x \tag{4-65}$$

式中 τ_0, t_0——原点处纵向剪应力（kN）和板厚（m）；

τ, t——S 弧长计算点纵向剪应力（kN）和板厚（m）；

σ——沿 S 弧长分布的正应力（N/mm^2）。

$$\sigma = \frac{M}{I}z,\ N = \frac{\partial M}{\partial x} \tag{4-66}$$

式中 M, N——剖面弯矩（kN·m）和剪应力（kN）；

I——船体横剖面对水平中和轴的惯性矩(m^4)。

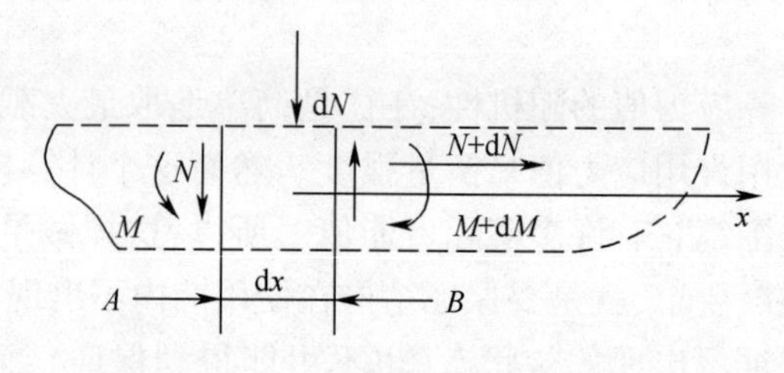

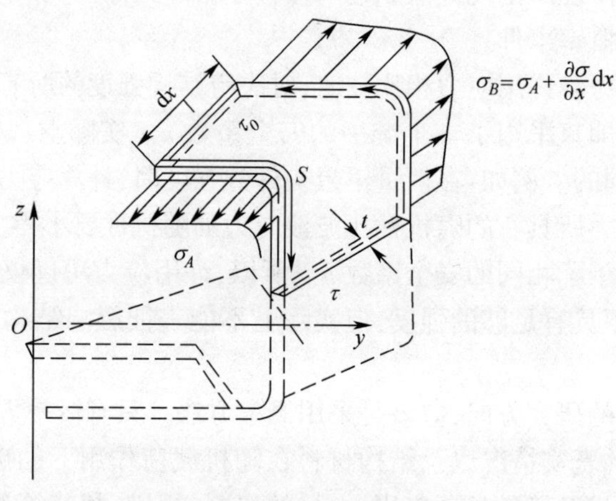

图 4.18 分析剪应力的船体梁微块

将式(4-66)代入式(4-65),得

$$\tau t = \frac{N}{I}\int_0^s zt\mathrm{d}s + \tau_0 t_0 \tag{4-67}$$

乘积 τt,一般称为“剪力流”,并且记为

$$q = \tau t\ ,\ q_0 = \tau_0 t_0 \tag{4-68}$$

积分:

$$m^0(s) = \int_0^s zt\mathrm{d}s \tag{4-69}$$

表示从 $s=0$ 的点(计算弧长 s 的原点)起到所求剪应力点为止的剖面面积对中和轴的静矩(对纵骨架式结构尚应包括纵骨剖面面积的静矩),它是剖面几何要素和沿剖面位置 s 的函数,m^0 上角标“0”表示该面积矩与 $s=0$ 的点有关。

由此,式(4-67)变为

$$q = \frac{Nm^0(s)}{I} + q_0 \tag{4-70}$$

或

$$\tau = \frac{Nm^0(s)}{It} + \tau_0\frac{t_0}{t} \tag{4-71}$$

式中 t——所求剪应力点处的板厚(mm);

t_0——$s=0$ 处的板厚(mm);

q_0——该处的剪流。

因为 N 和 I 对整个剖面来说是常量,且 $N = N_s + N_w$,而 $m^0(s)$ 是剖面几何要素和沿剖面位置 s 的函数,也是完全确定的。因此,剩下的问题就是决定原点处的剪流 q_0。对于有舱口等开口结构(称为开式剖面结构),s 的原点可设在开口处,此时,$\tau_0 = 0$,从而式(4-71)简化为

$$\tau = \frac{Nm^0(s)}{It} \tag{4-72}$$

此时,若将 N/I 视为一个比例因子,剪流 q 的分布面积静矩 $m^0(s)$ 的分布是相同的,只是单位不同。至于剪流 q 的方向,在手工计算时,完全可以由观察决定,因为船体梁腹板上的剪流方向总是与总的剪力 N 的方向相同而被确定为向上或向下。因此,对开式剖面构件,主要是通过沿积分路线计算静矩 $m^0(s)$ 。静矩 $m^0(s)$ 的最大值为积分至船体梁中和轴处,因此最大剪应力 τ_m 也发生在中和轴处,并有

$$\tau_m = \frac{NS_m}{It} \tag{4-73}$$

式中 S_m ——剖面对中和轴的最大静矩(m^3)。

对于有纵舱壁的闭式剖面结构,式(4-73)计算的最大剪应力将有 10%左右的误差,式(4-73)计算值偏小。

4.6 船体挠度的计算

船体在纵向剪力和弯矩的作用下将发生变形,剪力的作用使横剖面上的各纵向构件相对于其左右剖面发生垂向移动,弯矩的作用使横剖面上的各纵向构件相对于中和轴转动。船体纵向变形用纵向挠度表示,纵向挠度由弯曲挠度和剪切挠度叠加而成。船体纵向挠度应加以控制,过大的挠度会影响主机轴系的正常运转及船上升降机的正常使用,甚至可能导致上层建筑因应力集中而破坏。因此,船体纵向挠度也应作为船体总纵强度校核的一个方面给予充分的重视。

船体总纵弯曲时的挠度,可分为弯曲挠度和剪切挠度两部分,即

$$v(x) = v_1(x) + v_2(x) \tag{4-74}$$

式中 $v_1(x)$ ——弯曲挠度;

$v_2(x)$ ——剪切挠度。

1. 弯曲挠度

将原点取在船艉端,x 轴指出船艏方向,z 轴垂直向上,则作用在任意横剖面上的弯矩 $M(x)$(中拱为正)所引起的船体弯曲挠度曲线的曲率 v'',根据梁的理论,有

$$EI(x)v_1'' = -M(x) \tag{4-75}$$

式中 $I(x)$ ——距船艉 x 处的船体梁的剖面惯性矩(m^4);

E——船体材料弹性模量(N/mm^2)。

将式(4-75)进行两次积分,求得船体弯曲挠曲线方程为

$$v_1(x) = -\int_0^x\int_0^x \frac{M(x)}{EI(x)}dxdx + ax + b \tag{4-76}$$

式中 a,b——任意积分常数。

因为通常在计算船体挠曲线时,计算挠度是剖面相对于船舶两端的挠度,故在确定任意常数时可假定两端的挠度等于零,即当 $x=0$ 及 $x=L$ 时,$v=0$,由此得

$$v_1(x)=\frac{1}{E}\left[\frac{x}{L}\int_0^L\int_0^x\frac{M(x)}{I(x)}\mathrm{d}x\mathrm{d}x-\int_0^x\int_0^x\frac{M(x)}{I(x)}\mathrm{d}x\mathrm{d}x\right]\tag{4-77}$$

如图 4.19 所示,式(4-77)的第一项是连接 O、A 两点的直线。而直线$\overline{OA}$与积分曲线 OBA 之间的差值便为船体的挠度 $v_1(x)$ 。

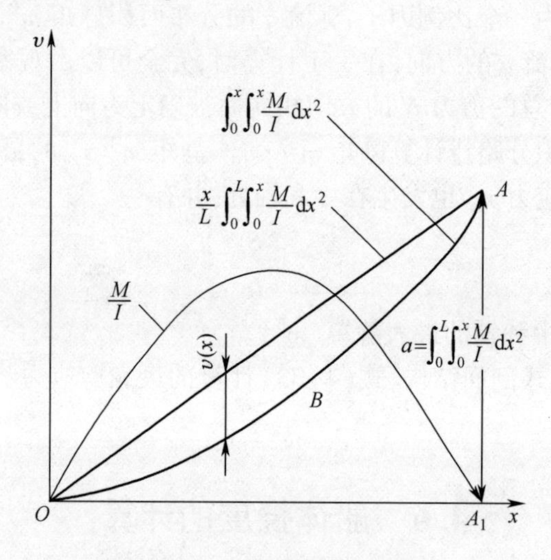

图 4.19 弯曲挠度的计算

式(4-77)的积分即弯曲挠度计算可以用表 4.13 进行计算。为了进行积分,必须具有一定数量的沿船长间距相等的被积函数值。此间距通常取为 1/20 船长,但在某些情况下将船长划分为 10 段就可达到足够的精度。一般可以 5 个典型剖面的惯性矩,画出船体剖面惯性矩变化曲线。

表 4.13 船体梁弯曲挠度计算

1	2	3	4	5	6	7	8	9	10	11	12
理论站号 i	弯矩 M/(kN·m)	惯性矩 I/m^4	$\frac{M}{I}$/(kN/m)	第(4)栏成对和/(kN/m)	第(5)栏自上而下和/(kN/m)	第(6)栏成对和/(kN/m)	第(7)栏自上而下和/(kN/m)	(8)·$\left(\frac{L}{40}\right)^2$/(kN/m)	(9)20·$\frac{i}{20}$/(kN/m)	(10)-(9)/(kN/m)	挠度 $v_1=\frac{(11)}{E}$/m
0 1 ⋮ 19 20											

如果船舯剖面的最大总纵弯矩 $M_{\max}$ 已知,则可采用近似估算法处理。此时,船舯的弯曲挠度为

$$v_{1,\mathrm{m}}=\beta\frac{M_{\max}\cdot L^2}{E\cdot I_{\mathrm{m}}}\tag{4-78}$$

式中 β——计算系数，取值为 0.08~0.10，一般情况下 $\beta=0.088$，但 L/D 大者可取上限值；

E——弹性模数（N/mm^2）；

L——船长（m）；

I_m——船舯处的剖面惯性矩（m^4）；

M_{max}——船舯处的弯矩（kN·m）。

2. 剪切挠度

在船体梁总纵弯曲时，船体剖面还会因剪力的作用而发生上下移动，产生剪切挠度，如图 4.20 所示。剪切挠度方程可根据剪力功与剪切变形能相等的条件求得。

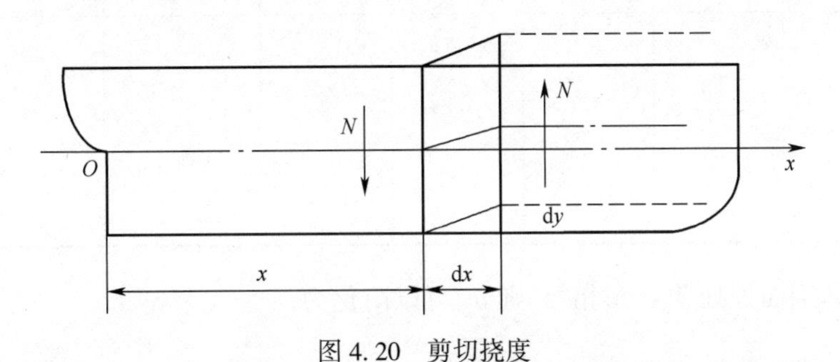

图 4.20 剪切挠度

设距艉端 x 处的微段 dx 上作用着剪力 $N(x)$，由剪力引起的剪切变形为 dv_2，则剪力 $N(x)$ 所做的功等于 $(1/2)N(x)dv_2$。剖面上任一点的剪应力 τ 引起的剪应变 $\gamma=\tau/G$，则剪切变形能等于 $\frac{1}{2}\tau\cdot\gamma=\frac{\tau^2}{2G}$。所以，在 dx 微段内的剪切变形能为

$$\int_A \frac{1}{2}\cdot\frac{\tau^2}{G}dA dx \tag{4-79}$$

式中 A——x 剖面处的船体面积。

由剪力功和剪切变形能相等的条件为

$$\frac{1}{2}N\cdot dv_2=\frac{1}{2G}dx\int_A \tau^2 dA \tag{4-80}$$

剪切挠度为

$$v_2=\int_0^x dv_2=\int_0^x \frac{dx}{NG}\int_A \tau^2 dA \tag{4-81}$$

由于船体横剖面形状及在横剖面上剪应力 τ 的分布比较复杂。实用上采用近似方法，即

$$\tau=N/A_w$$

式中 A_w——船体横剖面承受剪切的相当面积，一般只计及船体垂向构件的剖面面积。

式(4-81)可改写为

$$v_2=\int_0^x \frac{dx}{NG}\int_A \left(\frac{N}{A_w}\right)^2 dA=\frac{1}{G}\int_0^x \frac{N}{A_w}dx \tag{4-82}$$

因为在艏艉端剪切挠度为零，故剪切挠度曲线可表示为

$$v_2 = \frac{1}{G}\left[\int_0^x \frac{N}{A_w}dx - \frac{x}{L}\int_0^L \frac{N}{A_w}dx\right] \tag{4-83}$$

式(4-83)的积分,即剪切挠度计算可用表 4.14 所列数据计算。

表 4.14　船体梁剪切挠度计算

1	2	3	4	5	6	7	8	9	10
理论站号 i	剪应力 N/kN	剪切面积 A_w/cm²	(2)/(3)/(kN/cm²)	第(4)栏成对的和/(kN/cm²)	第(5)栏自上而下的和/(kN/cm²)	(6)·$\frac{\Delta L}{2}$/(kN/cm²)	$(7)_{20}\cdot\frac{i}{20}$/(kN/cm)	(7)−(8)/(kN/cm)	剪切挠度 $v_1=\frac{(11)}{E}$/(m)
0 1 ⋮ 19 20									

假定船体剖面处处 $A_w(x)$ 相等,则 v_2 可以简化为

$$v_2 = \frac{M(x)}{G\cdot A_w} \quad (\text{m}) \tag{4-84}$$

可见,剪切挠度曲线可以近似地用弯矩曲线表示,但其数值是弯矩的 $\frac{1}{G\cdot A_w}$ 倍。一般情况下 $v_2(x)$ 很小,仅为 $v_1(x)$ 的 10%左右。

4.7　船体总纵强度的计算实例

4.7.1　计算依据

本例题为 3.5 节所述集装箱船总纵强度计算的继续。计算剖面取船中附近有大开口的 94#肋位。

1. 参考图纸和计算书

(1) 基本结构图;

(2) 典型横剖面图;

(3) 肋骨型线图;

(4) 弯矩和剪应力计算书。

2. 计算载荷

计算弯矩 M=816010.3kN·m;

计算剪应力 N=22225.9kN。

3. 船体材料

计算剖面的所有构件均采用低碳钢,屈服极限 σ_s = 235.2(N/mm²)。

4. 许用应力

(1) 总纵弯曲许用应力 $[\sigma] = 0.5\sigma_s$。

(2) 总纵弯曲与板架局部合成应力的许用应力:在板架跨中 $[\sigma_1 + \sigma_2] = 0.65\sigma_s$;在横舱壁处 $[\sigma_1 + \sigma_2] = \sigma_s$。

(3) 许用剪应力 $[\tau] = 0.35\sigma_s$。

4.7.2 总纵弯曲正应力的计算

1. 总纵弯曲正应力第一次近似计算

94#肋骨中剖面计算简图,如图4.21所示,与图中编号对应的各强力构件尺寸均填入表4.15中。船体剖面要素及第一次近似总纵弯曲应力的计算在表4.15中完成,在计算中参考轴取在距基线6m处,利用表4.15的所列数据可得。

第一次近似中和轴距参考的距离为

$$\Delta = \frac{-4928.2}{11199.3} = -0.44\text{m}$$

中和轴离基线的距离为5.56m。

船体剖面对水平中和轴的惯性矩为

$$I = 2\left[281106.3 + 7384.0 - \frac{(-4928.2)^2}{11199.3}\right] = 572643.7\ \text{cm}^2 \cdot \text{m}^2$$

剖面上各构件的应力为

$$\sigma_i = \frac{M}{I} Z'_i \times 10 \tag{4-85}$$

式中:$Z'_i = Z_i - \Delta$。

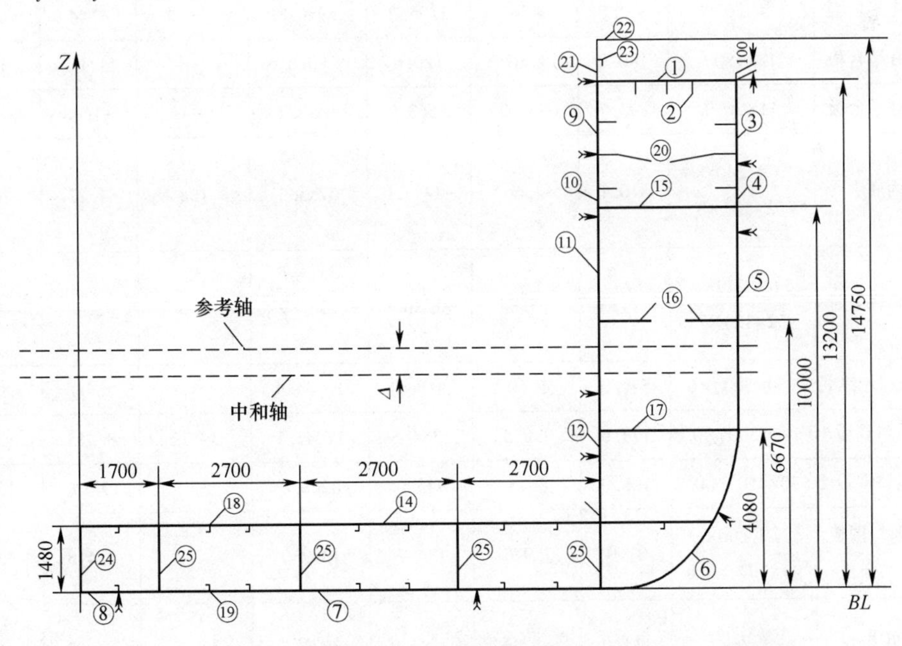

图4.21 中剖面计算简图

2. 临界应力计算

本例仅计算中拱状态,所以下面只列出中和轴以下部分受压板及纵骨的临界应力。

表 4.15 船体的剖面要素

构件编号	构件名称	构件尺寸/mm	构件剖面积 A_i / cm^2	距参考轴距离 Z_i / m	静矩 A_iZ_i / ($cm^2 \cdot m$)	惯性矩 $A_iZ_i^2$ / ($cm^2 \cdot m^2$)	构件自身惯性矩/ ($cm^2 \cdot m^2$)	距中和轴距离 Z_i' /m	总纵弯曲应力 σ / (N/mm^2)
(1)	(2)	(3)	(4)	(5)	(6)	(7)	(8)	(9)	(10)
1	上甲板	24 × 2670	640. 8	7. 2	4613. 8	33219. 1	—	7. 64	108. 9
2	上甲板纵骨	-30×300×3	270. 0	7. 05	1903. 5	13419. 7	2. 03	7. 49	106. 7
3	舷顶列板	24×2000	480. 0	6. 25	3000. 0	18750. 0	160. 0	6. 69	95. 3
4	舷侧板	20×2000	400. 0	4. 25	1700. 0	7225. 0	94. 0	4. 69	66. 8
5	舷侧板	15×7750	1162. 5	-0. 675	-784. 7	529. 7	5818. 6	-0. 235	-3. 35
6	舭列板	17×5400	918. 0	-5. 15	-4727. 7	24347. 7	69. 6	-4. 71	-67. 1
7	船底板	16×6800	1088. 0	-6. 0	-6528. 0	39168. 0	—	-5. 56	-79. 2
8	平板龙骨	0. 5×(18×1780)	160. 2	-6. 0	-961. 2	5767. 2	—	-5. 56	-79. 2
9	纵舱壁板 1	24×1780	427. 2	6. 31	2695. 6	17009. 4	112. 79	6. 75	96. 2
10	纵舱壁板 2	20×1780	356. 0	4. 53	1612. 7	7305. 4	94. 0	4. 97	70. 8
11	纵舱壁板 3	9×4640	417. 6	1. 32	551. 2	727. 6	749. 2	1. 76	25. 1
12	纵舱壁板 4	10×1760	176. 0	-1. 88	-330. 9	622. 1	45. 4	-1. 44	-20. 5
13	纵舱壁板 5	11×1760	193. 6	-3. 64	-704. 7	2565. 1	49. 97	-3. 2	-45. 6
14	内底板	14×12100	1694. 0	-4. 52	-7656. 9	34609. 1	—	-4. 08	-58. 0
15	A 平台板	14×2670	373. 8	4. 00	1495. 2	5980. 8	—	4. 44	63. 3
16	B 平台板	12×1500	180. 0	0. 67	120. 6	80. 8	—	1. 11	15. 8
17	C 平台板	11×2670	293. 7	-1. 92	-563. 9	1082. 7	—	-1. 48	-21. 1
18	内底纵骨	(Γ240× 52×12)×8	310. 1	-4. 667	-1447. 0	6753. 3	1. 8	-4. 227	-60. 2
19	船底纵骨	(Γ240× 52×12)×7	271. 3	-5. 85	-1586. 8	9282. 9	1. 6	-5. 41	-77. 1
20	抗扭箱纵骨	(30×300)×6	540. 0	5. 60	3024. 0	16934. 4	—	6. 04	86. 1
21	舱口围板 1	(14×1500)×0. 8	173. 6	7. 975	1384. 5	11041. 1	34. 72	8. 415	120. 0
22	舱口围板 2	(30×450) ×0. 8	108. 0	8. 75	945. 0	8268. 8	—	9. 19	131. 0
23	舱口围板加强板	(Γ200× 44×10) ×0. 8	21. 9	7. 975	174. 7	1392. 9	—	8. 415	120. 0
24	中桁材	$\frac{1}{2}$ (15×1480)	111. 0	-5. 26	-583. 9	3071. 1	20. 26	-4. 82	-68. 7

（续）

构件编号	构件名称	构件尺寸/mm	构件剖面积 A_i/cm^2	距参考轴距离 Z_i/m	静矩 A_iZ_i/(cm^2·m)	惯性矩 $A_iZ_i^2$/(cm^2·m^2)	构件自身惯性矩/(cm^2·m^2)	距中和轴距离 Z_i'/m	总纵弯曲应力 σ/(N/mm^2)
25	旁桁材	12(1480−580)×4	432.0	−5.26	−2273.3	11952.4	129.8	−4.82	−68.7
	$\sum$	—	11199.3	—	−4928.2	281106.3	7384.0	—	—

纵骨架式板格(四边自由支持)按下式计算：

$$\sigma_{cr} = 76\left(\frac{100t}{b}\right)^2 \quad (\mathrm{N/mm^2}) \tag{4-86}$$

板格临界应力计算如表 4.16 所列。

表 4.16 纵骨架式板格临界应力计算

构件名称	编号	板长边 a/cm	板短边 b/cm	板厚度 t/cm	$\left(\frac{100t}{b}\right)^2$	板的临界应力 σ_{cr}/(N/mm^2)
平板龙骨	8	160	85	1.8	4.484	235.2
船底板	7	160	90	1.6	3.160	235.2
内底板	14	160	90	1.4	2.420	184

横骨架式板格(四边自由支持)按下式计算：

$$s < c, \sigma_{cr} = 19\left(\frac{100t}{s}\right)^2\left(1 + \frac{s^2}{c^2}\right)^2 \quad (\mathrm{N/mm^2}) \tag{4-87}$$

$$s \ll c, \sigma_{cr} = 19\left(\frac{100t}{s}\right)^2 \tag{4-88}$$

板格临界应力计算如表 4.17 所列。

表 4.17 板格临界应力

构件名称	编号	板短边 s/cm	板长边 c/cm	板厚度 t/cm	$\left(\frac{100t}{s}\right)^2$	$\frac{s}{c}$	$\left(1+\frac{s^2}{c^2}\right)^2$	板的临界应力 σ_{cr}/(N/mm^2)
比列板	6	80	204	1.7	4.516	0.392	1.33	114.0
舷侧板下列板	5	80	260	1.5	3.516	0.308	1.20	80.2
纵舱壁列板 4	12	80	176	1.0	1.56	0.455	1.46	43.1
纵舱壁列板 5	13	80	176	1.1	1.89	0.455	1.46	52.4
C 平台板	17	80	267	1.1	1.89	0.30	1.19	42.7
中桁材	24	80	148	1.5	3.516	0.541	1.67	111.5
旁桁材	25	80	148	1.2	2.25	0.541	1.67	71.4

纵骨剖面要素及临界应力计算如表 4.18 所列。其中，理论欧拉应力为

表 4.18 纵骨剖面要素及临界应力

1	2	3	4	5	6	7	8	9	10	11	12
名称	剖面	构件号/#	尺度/mm	构件剖面积F/cm^2	至参考轴距离 Z/cm	静距 FZ/cm^2	惯性矩FZ^2/cm^3	自身惯性矩 i_0/cm^4	对中和轴的惯性矩 $i = C - B^2/A$/cm^4	欧拉应力 σ_E/(N/mm^2)	临界应力 σ_{cr}/(N/mm^2)
内底纵骨	14 18	14 18	875×14 NO. 24a	122. 5 38. 75	−0. 7 14. 7	−85. 8 569. 6	60. 1 8373. 5	2232	9214	4538	232. 2
			—	A = 161. 25	—	B = 483. 8	C = 10665. 6				
外底纵骨	19 7	7 19	900×16 NO. 24a	144 38. 75	−0. 8 14. 7	−115. 2 569. 6	92. 2 8373. 5	— 2232	9568	4157	231. 9
			—	A = 182. 8	—	B = 454. 4	C = 10697. 7				
外底纵骨	19 8	8 19	850×18 NO. 24a	153 38. 75	−0. 9 14. 7	−137. 7 569. 6	123. 9 8373. 5	— 2232	9756	4040	231. 8
			—	A = 191. 75	—	B = 431. 9	C = 10729. 4				

$$\sigma_E = \frac{\pi^2 E i}{a^2(f + b_e t)} \tag{4-89}$$

式中 a——实肋板间距，$a = 160\text{cm}$；

b_e——带板的宽度，取纵骨间距的平均值。

因为 $\sigma_E > \frac{1}{2}\sigma_s$，所以纵骨的临界应力 σ_{cr} 为

$$\sigma_{cr} = \sigma_s \left(1 - \frac{\sigma_s}{4\sigma_E}\right) \tag{4-90}$$

3. 纵骨剖面要素及临界应力船体总纵弯曲应力第二次近似计算

(1) 剖面折减系数计算，如表 4.19 所列。

(2) 总纵弯曲应力第二次近似计算。

由表 4.19 可知，本船在波峰位置时，中桁材及第一旁桁材处内底板(14#构件)发生折减。

船体剖面要素第二次近似计算在表 4.20 中完成。计算时参考轴仍取在离基线 6m 处。

表 4.19 剖面折减系数

构件名称		构件编号/#	计算剖面位置	应力/(N/mm²)				折减系数 $\varphi = \frac{\sigma_{cr} + \sigma_2}{\lvert\sigma_1\rvert}$	$1-\varphi$
				临界应力 σ_{cr}	板架弯曲应力 σ_2	$\sigma_{cr} + \sigma_2$	总弯曲应力 σ_1		
(1)		(2)	(3)	(4)	(5)	(6)	(7)	(8)	(9)
中桁材	内底板	14	舱壁处	184	−168.5	15.5	−58.0	0.267	0.733
			跨中	184	67.7	251.7	−58.0	>1	
	外底板	8	舱壁处	235.2	142.4	377.6	−79.2	>1	—
			跨中	235.2	−57.2	178.0	−79.2	>1	
第一旁桁材	内底板	14	舱壁处	184	−152.4	31.6	−58.0	0.544	0.456
			跨中	184	61.4	245.4	−58.0	>1	
	外底板	7	舱壁处	235.2	138.8	374.0	−79.2	>1	—
			跨中	235.2	−56.0	179.2	−79.2	>1	
第二旁桁材	内底板	14	舱壁处	184	−121.0	63	−58.0	>1	—
			跨中	184	47.0	231.0	−58.0	>1	
	外底板	7	舱壁处	235.2	138.8	345.4	−79.2	>1	—
			跨中	235.2	−56.0	192.4	−79.2	>1	
第三旁桁材	内底板	14	舱壁处	184	−68.4	115.6	−58.0	>1	—
			跨中	184	25.4	209.4	−58.0	>1	
	外底板	7	舱壁处	235.2	62.3	297.5	−79.2	>1	—
			跨中		−23.1	212.1	−79.2	>1	

表 4.20 船体剖面要素第二次近似计算

构件编号	构件名称	构件尺寸/mm	剖面面积 A_i/cm²	φ_i-1	折减剖面积 (4)×(5) A_i/cm²	距参考轴距离 Z/mm	静矩 (6)×(7)/(cm²·m)	惯性矩 (7)×(8)/(cm²·m²)	自身惯性矩 i/(cm²·m²)
(1)	(2)	(3)	(4)	(5)	(6)	(7)	(8)	(9)	(10)
—	Ⅰ第一次近似计算结果	—	—	—	11199.2	-0.44	-4928.2	281106.3	7384.0
14	Ⅱ折减构件内底板	14(850-212.5×2)	59.5	-0.733	-43.6	-4.52	197.1	-890.8	—
14	内底板	14(2200-225×3-212.5×2)	154	-0.456	-70.22	-4.52	317.4	-1434.7	—
—	∑	—	—	—	$A_1=11085$	—	$B_1=-4414$	$C_1=286165$	

由表 4.19 可得第二次近似中和轴距参考轴距离为

$$\Delta_1=\frac{-4414}{11085}\approx-0.39\approx-0.4\,(\mathrm{m})$$

因此,第二次近似中和轴距基线为 5.6m。

各构件离中和轴距离为

$$Z_i'=Z_i-\Delta_i \tag{4-91}$$

剖面惯性矩为

$$I_1=2\left[286165-\frac{(-4414)^2}{11085}\right]=568815\quad(\mathrm{cm^2\cdot m^2})$$

第二次近似计算总纵弯曲应力为

$$\sigma_i=\frac{M}{I_1}Z_i'\times10=\frac{8160103}{568815}=14.34Z_i'\quad(\mathrm{N/mm^2})$$

计算结果如表 4.21 所列。

4. 总纵弯曲和船底板架弯曲合成应力计算

计算结果如表 4.22 所列。

表 4.21 总纵弯曲应力

构件编号	构件距中和轴距离 Z_i'/m	总纵弯曲应力 σ_i/(N/mm²)	许用应力 [σ]/(N/mm²)	构件编号	构件距中和轴距离 Z_i'/m	总纵弯曲应力 σ_i/(N/mm²)	许用应力 (σ)/(N/mm²)
(1)	(2)	(3)	(4)	(1)	(2)	(3)	(4)
1	7.6	108.98	117.6	14	-4.12	-59.1	117.6
2	7.45	106.8	117.6	15	4.40	63.1	117.6
3	6.65	95.4	117.6	16	1.07	15.3	117.6
4	4.65	66.7	117.6	17	-1.52	-21.8	117.6
5	-0.275	-3.9	117.6	18	-4.267	-61.2	117.6
6	-4.75	-68.1	117.6	19	-5.45	-78.2	117.6
7	-5.6	-80.3	117.6	20	6.0	86.0	117.6
8	-5.6	-80.3	117.6	21	8.375	120.1	135.0
9	6.71	96.2	117.6	22	9.15	131.2	135.0
10	4.93	70.7	117.6	23	8.375	120.1	135.0
11	1.72	24.7	117.6	24	-4.86	-69.7	117.6
12	-1.48	-21.2	117.6	25	-4.86	-69.7	117.6
13	-3.24	-46.5	117.6	—	—	—	—

表 4.22 合成应力

构件名称、编号 及计算位置			总纵弯曲应力 σ_1 /(N/mm^2)	板架弯曲应力 σ_2 /(N/mm^2)	合成应力 $\sigma_2+\sigma_1$ /(N/mm^2)	许用应力 $(\sigma_2+\sigma_1)$ /(N/mm^2)
(1)			(2)	(3)	(4)	(5)
中桁材	内底板	横舱壁处	−58.0	−168.5	−226.5	235.2
	14	跨度中点	−58.0	67.7	9.7	152.9
	外底板	横舱壁处	−79.2	142.4	63.2	235.2
	8	跨度中点	−79.2	−57.2	−136.4	152.9
第一旁桁材	内底板	横舱壁处	−58.0	−152.4	−210.4	235.2
	14	跨度中点	−58.0	61.4	3.4	152.9
	外底板	横舱壁处	−79.2	133.8	59.6	235.2
	7	跨度中点	−79.2	−56.0	135.2	152.9
第二旁桁材	内底板	横舱壁处	−58.0	−121.0	−179.0	235.2
	14	跨度中点	−58.0	47.0	−11.0	152.9
	外底板	横舱壁处	−79.2	110.2	31.00	235.2
	7	跨度中点	−79.2	−42.8	122.0	152.9
第三旁桁材	内底板	横舱壁处	−58.0	−68.4	−126.4	235.2
	14	跨度中点	−58.0	25.4	−32.6	152.9
	外底板	横舱壁处	−79.2	62.3	−16.9	235.2
	7	跨度中点	−79.2	−23.1	−102.3	152.9

4.8 船体总纵强度的有限元分析

4.8.1 主尺度

船舶的主尺度，如表 4.23 所列。

表 4.23 主 尺 度

名 称	参 数	尺寸/m
总 长	L_{OA}	81.15
两柱间长	L_{pp}	76.00
型 宽	B	15.00
型 深	D	6.80
设计吃水	T	4.4
方型系数	C_b	0.716

4.8.2 结构型式

本船货舱与艏艉区域均采用横骨架式结构，顶边舱采用纵骨架式结构，双层底、单壳结构。货舱区域肋距为 0.62m，首部肋距为 0.60m。

4.8.3 有限元模型的建立

1. 有限元模型

据中国船级社《散货船结构强度直接计算分析指南》(2003)第 4 章“结构模型”规

定。采用三维有限元模型对散装货船主要构件进行强度直接计算,模型范围为船舯货舱区的 1/2 舱+1 个货舱+1/2 舱,考察对象为中间的 1 个货舱,垂向范围为船体型深。本船有限元模型范围为 15#~112#,如图 4. 22 所示。

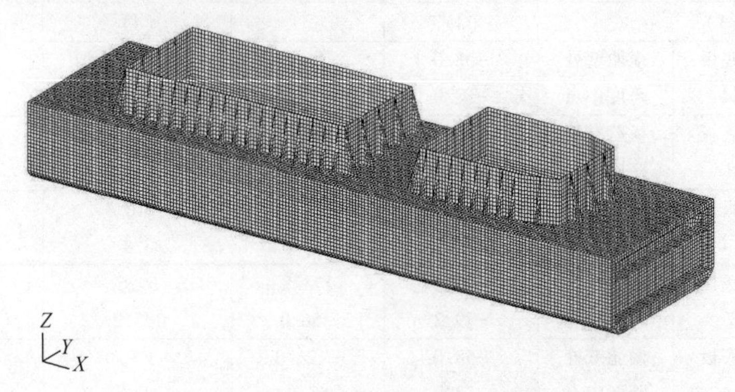

图 4. 22　干货船货舱有限元模型

2. 边界条件

据中国船级社《散货船结构强度直接计算分析指南》(2003)中第 5 章 "边界条件"规定。在 15#剖面(*A* 剖面)和 112#剖面(*B* 剖面)中和轴处分别建立刚性点 *A*、*B*,在刚性点上施加相应约束。舱段模型边界条件如表 4. 24 所列,舱段边界约束如图 4. 23 所示。

表 4. 24　舱段模型边界条件(载荷对称)

位置	线位移约束			角位移约束		
	δx	δy	δz	θx	θy	θz
中纵剖面	—	固定	—	固定	—	固定
A 端面	相关	—	相关	—	相关	相关
B 端面	相关	—	相关	—	相关	相关
刚性点 *A*	固定	固定	固定	固定	弯矩	固定
刚性点 *B*	—	固定	固定	固定	弯矩	固定

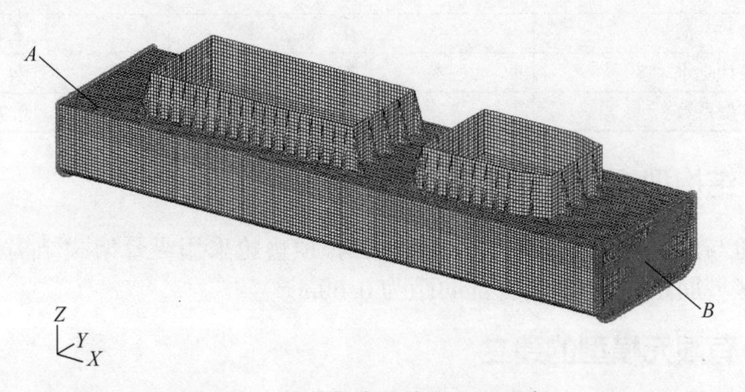

图 4. 23　干货船货舱舱段边界约束

4.8.4 船体总纵强度校核

载荷根据《散货船结构强度直接计算分析指南》(2003)中第3章“设计载荷”规定。本船共有7种装载工况:满载出港(柴油机)、满载到港(柴油机)、满载出港(干货)、满载到港(干货)、压载出港、压载到港和满载出港(柴油机非均匀装载)。

1. 计算工况的确定

计算该船总纵强度需要考虑本船最危险的装载情况下及装运特殊货物时的结构应力。因本船用途主要为装运3台各重220吨的柴油机,兼运一般干货,所以在7种装载工况下,拟选取装运柴油机时的工况及其他各种工况下船舶具有最大弯矩和最大载货量时的工况,作为典型计算状态来考察该船各构件的结构强度,即满载出港(柴油机)、满载出港(柴油机非均匀装载)、满载出港(干货)3种工况。

2. 最大弯矩下——满载出港(柴油机非均匀装载)的计算

该工况下静水弯矩为7种工况下最大,故计算该工况下船舶的总纵弯曲强度,以考察是否满足规范要求。

利用端面弯矩 $M = M_s + M_w$,可得左右端面弯矩分别为48110kN·m和29180kN·m。

图4.24所示为压载出港工况下舷外水压力以及弯矩加载分布图,应力云图如图4.25和图4.26所示。

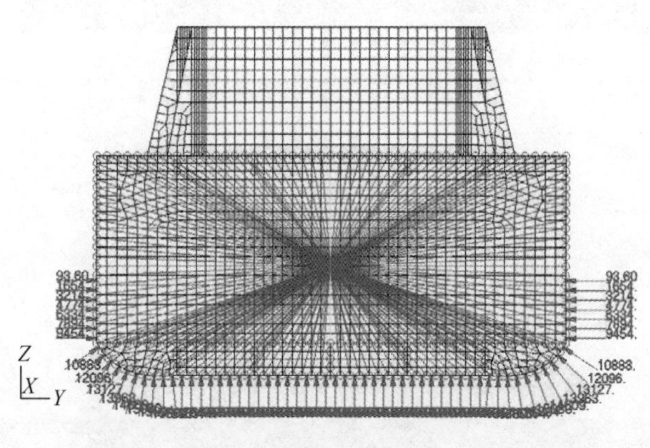

(a)舷外水压力加载

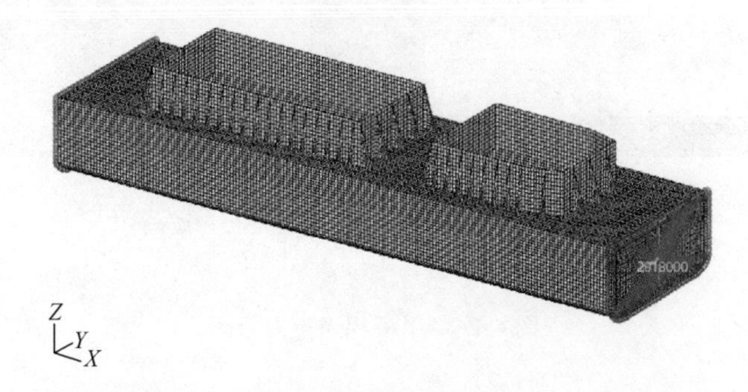

(b)两端弯矩加载

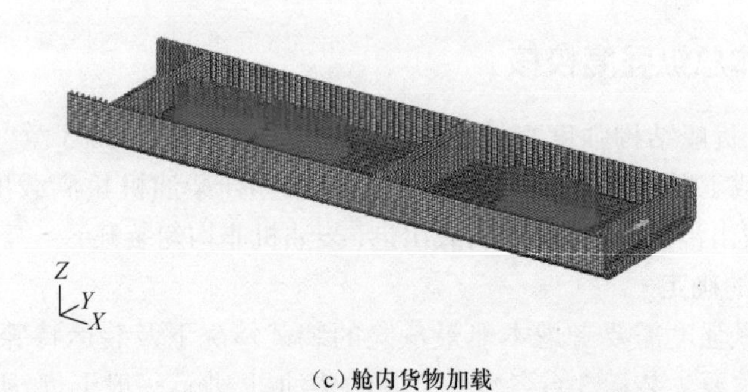

(c)舱内货物加载

图 4.24 舷外水压力以及弯矩加载分布图

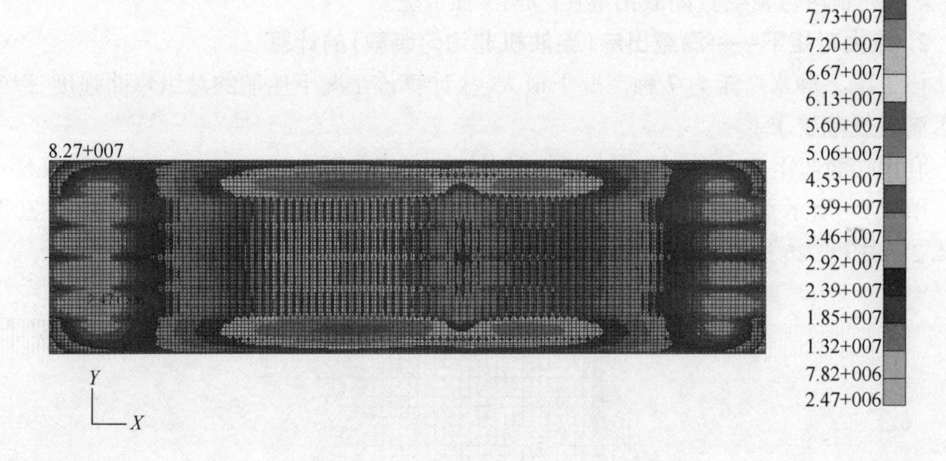

图 4.25 船底板相当应力云图

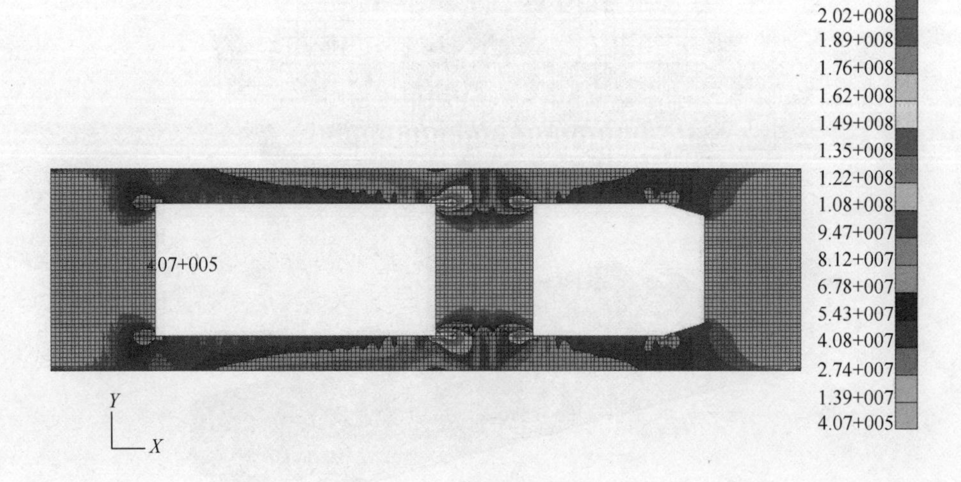

图 4.26 甲板相当应力云图

本节给出了基于有限元的船体总纵强度校核流程:①有限元建模;②载荷的施加,包括总体弯矩和局部载荷;③边界条件的施加。通过实船有限元直接计算,在有最大静水弯矩工况时此干货船结构强度满足《散货船结构强度直接计算分析指南》要求。

专题讨论

超巴拿马型集装箱船,属于 MOL 集团(商船三井)。满载可以运输 8110 个集装箱,2008 年在日本三菱重工长崎船厂建造,同型船还有 6 艘。当时该船已经是一条巨轮,竖起来高度超过埃菲尔铁塔(船长 302m),宽度相当于 3 个篮球场的宽度(船宽 45.6m),吃水接近 5 层楼(吃水 14.1m)。

2013 年 6 月 17 日下午 1 点,MOL COMFORT 号搭载着 7000 多个标准集装箱执行亚欧航线任务,在新加坡前往沙特吉达港的途中,在距离阿曼塞莱拉港 430n mile 处(北纬 12°33′、东经 59°46′附近)突发事故船舶中部出现断裂,海水进入货舱。4h 之后,18 日,MOL COMFORT 号断为两截,如图 4.27 所示,逐渐分别漂离。距离断船事故 10 天之后,27 日,"MOL COMFORT"号船尾部分于北纬 14°26′东经 66°26′附近沉入了印度洋海底,同时沉入海底的还有 1700 个集装箱和 1500t 燃油。其断裂位置来自船舶中部 6#货舱底部对接的双层船壳底板。

图 4.27 船体中部折断

图 4.28 涌浪

涌浪对大船危胁很大,如图 4.28 所示。涌浪会导致船只出现两种情况:一种情况是船头船尾漂浮在水面上,船只中部悬空或者相对而言受浮力较小,如图 4.29(a)所示;还有一种情况正好相反，就是船只中部浮在水面上，但船头船尾悬空，如图 4.29(b)所示。

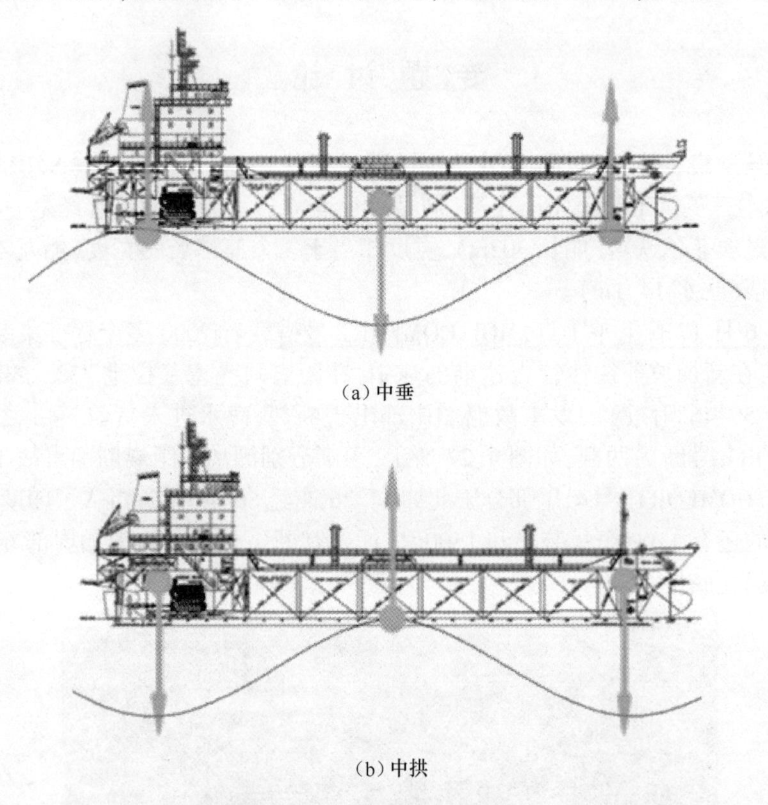

(a) 中垂

(b) 中拱

图 4.29 船体结构上的涌浪

一般来讲，船体结构的断裂往往与两个因素有关：一个是船体自身的强度；另一个是载重受力的情况。实际上这两点对应的就是船体结构材料以及物料堆积情况。

影响船体强度的方面有很多，如船只结构、材质、尺寸等，而一旦船体的强度出现问题，那么船只就非常容易出事故。例如，2017 年，一艘名为“莱昂纳多”号的货船，事发时正停泊在伊斯坦布尔海峡入口的一处锚地，随后突然就断成了两节，如图 4.30 所示。

图 4.30 “莱昂纳多”号货船

结合上述事故，试分析船体断裂的原因。

第5章　船体扭转强度计算

5.1　船体扭转强度计算的必要性

船体在波浪中航行时，受到斜浪和不对称波浪力作用，船体会发生扭转变形。对集装箱船、内河双壳槽型驳船、矿砂船、大开口多用途船、内河分节驳船等甲板具有长大开口的船舶来说，船体的抗扭刚度较弱，从而引起舱口变形或在船体中产生翘曲应力。扭转作为一种整体破坏形式，对于大开口船来说应上升到与总纵弯曲同等的地位，有必要对该类船体进行扭转强度计算。图5.1是某一典型的集装箱船的布置图。

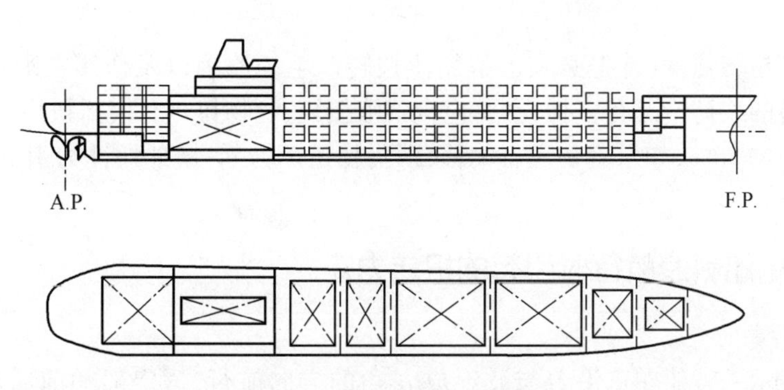

图5.1　某集装箱船的布置图

对于一些大开口船舶，其舱口宽度已达到，甚至超过船宽的80%，舱口长度达到舱壁间距的90%，大大超过普通货船（表5.1）。

表5.1　典型船舶舱口占比

船舶种类	舱口宽/船宽(b/B)	舱口长/舱长(l_H/l_{BH})
普通货船	0.35~0.5	0.43~0.50
集装箱船	0.70~0.85	0.75~0.9
内河槽型船	0.733~0.85	0.84~0.88

根据中国船级社《钢质海船入级规范》，符合下述任一条件的甲板开口可视为大开口船舶：

(1) $b/B_1 \geqslant 0.7$；

(2) $l_H/l_{BH} \geqslant 0.89$；

(3) $b/B_1 > 0.7$ 和 $l_H/l_{BH} > 0.7$。

式中　b——开口宽度，如有几个舱口并列，则 b 代表各开口宽度之和，即 $b=b_1+b_2$；

B_1——在开口长度中点处（包括开口在内的甲板宽度）；

l_H ——舱口长度；

l_{BH} ——每一舱口两端横向甲板条中心线之间的距离。如舱口前或后再无其他舱口时，则 l_{BH} 算到舱壁为止，如图 5.2 所示。

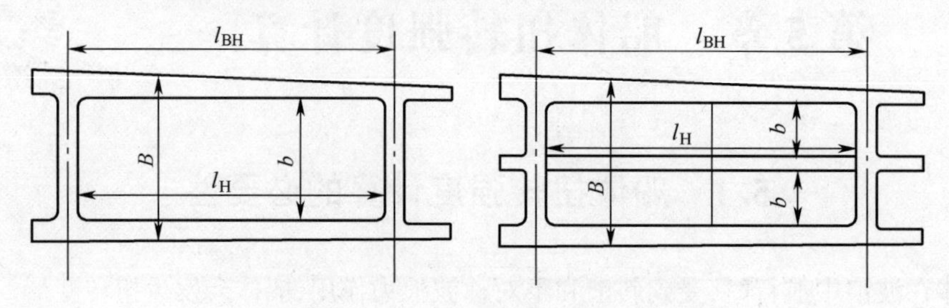

图 5.2　大开口船舶舱口主要参数

5.2　作用在船体上的扭转外力

为了计算扭转强度，首先必须了解船体扭转产生的原因以及作用在船体上的外力。引起船体扭转的载荷情况有多种，主要包含斜浪扭矩、货物扭矩和横摇扭矩三部分。斜浪扭矩占总扭矩的 70%，如果货物没有偏移，则货物扭矩为零，横摇惯性力引起的扭矩占斜浪扭矩的 30%。

5.2.1　船舶斜浪航行时引起的扭转力矩

1. 物理现象

图 5.3 表示一艘船舶正沿着与波浪成 α 角的方向航行，假定船舶前后对称，波长 λ 与船长 L 的关系为 $\lambda = L\cos\alpha$。在某一时刻，船首、尾处于波峰位置，船中处于波谷（图 5.3（a））。

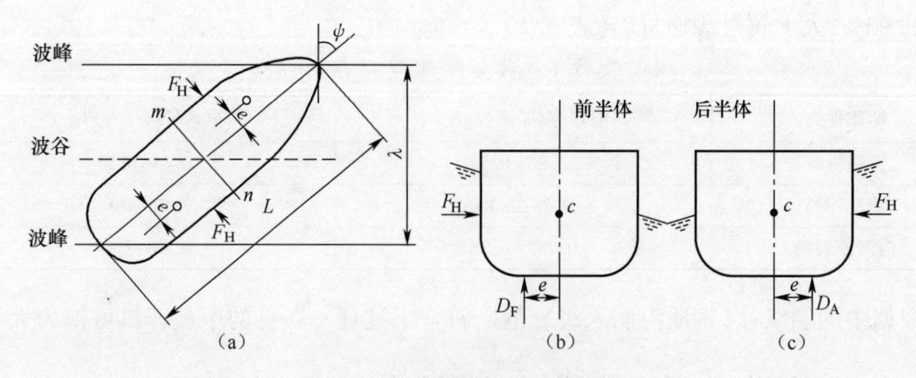

图 5.3　船舶斜浪航行时的扭矩

当船舶在直立状态时，其两舷的吃水是不相同的。船舶前半部左吃水比右舷大（图 5.3(b)）；后半部相反（图 5.3(c)）。在船舶前半部的浮力（排水量的）作用在距船纵中剖面线为 e 处，由左、右两舷吃水差产生的横向力 H 从左舷向右舷作用；后半部相反。

这样,在船中剖面 $m-n$ 处将产生绕船体扭转轴的力矩作用,即扭矩。

对于大开口船舶,其剖面的扭转中心一般在船舶基线以下,偏离剖面形心 G 相当远,除了浮力 V 之外,还必须考虑横向力 H 产生的扭矩。

2. 垂向力引起的扭矩

假如在距尾端为 x 剖面处,取 $\mathrm{d}x$ 微段(图 5.4)。设船体单位长度的重量为 w,单位长度的浮力为 v。在微段剖面上作用的重力为 $w\mathrm{d}x$,浮力为 $v\mathrm{d}z$。重力与浮力间的距离为 e,e 与船体各剖面形状有关,在一般情况下 $w \neq v$,因此在这部分上有 $(w-v)\mathrm{d}x$ 力及 $v \cdot e\mathrm{d}z$ 力矩作用。力和力矩是沿船长方向的分布载荷,船体在分布载荷 $(w-v)$ 作用下产生总纵弯曲力矩 M,在分布力矩 $v \cdot e$ 作用下产生扭矩 T。设单位长度的分布力矩为 c,则

$$c = v \cdot e \tag{5-1}$$

这时,距尾端为 x 的剖面处的扭矩 $T(x)$ 为这个剖面到尾端的全部分布力矩的总和,即

$$T(x) = \int_0^x c\mathrm{d}x = \int_0^x v \cdot e\mathrm{d}x \tag{5-2}$$

船舶艏部和艉部为自由端,因此艏部和艉部扭矩为 0,即

$$T(x) = \int_0^L c\mathrm{d}x = 0 \tag{5-3}$$

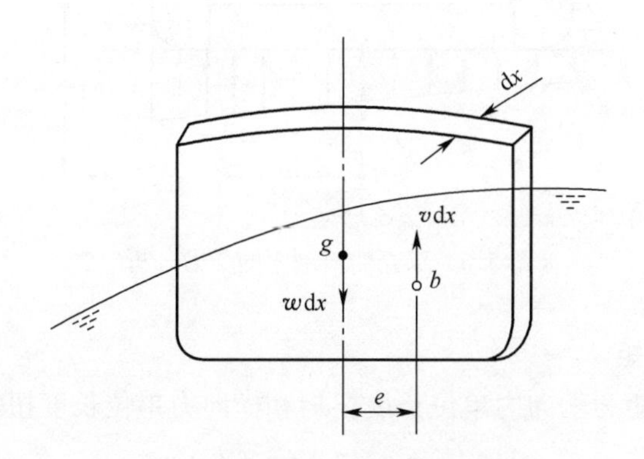

图 5.4　斜浪航行时船体微段的浮力

通过对式(5-2)微分,得

$$c = \frac{\mathrm{d}T}{\mathrm{d}x} \tag{5-4}$$

因此可根据式(5-1)和式(5-2)绘制船舶的扭矩曲线和分布扭矩曲线,如图 5.5 所示。

3. 大开口船舶横向力引起的扭矩

大开口船体剖面的扭心(S)通常在基线以下,偏离形心(G)很远(图 5.6),横向力对扭心的力矩不能忽略。船舶在斜浪中左、右舷吃水不同,其压力差引起横向力。设单位长度的横向力 h 对扭心的力矩为

$$c_h = h \cdot e_1 \tag{5-5}$$

式中　e_1——横向力到扭心的距离。

这时,由横向力引起的扭矩可通过对式(5-5)进行积分获得

$$T_{\mathrm{h}}(x) = \int_{0}^{x} c_{\mathrm{h}} \mathrm{d}x = \int_{0}^{x} h \cdot e_{1} \mathrm{d}x \tag{5-6}$$

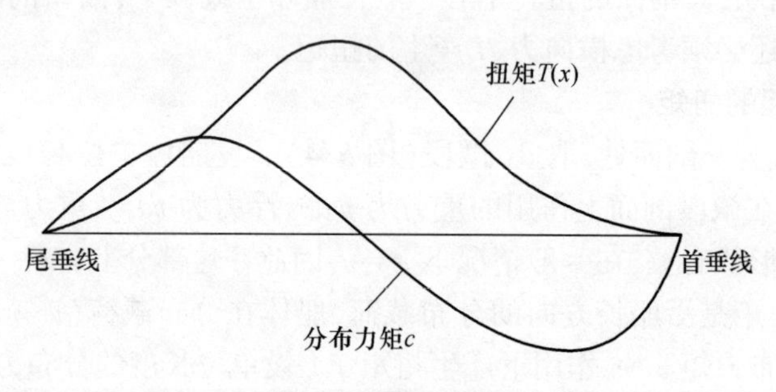

图 5.5 扭矩曲线

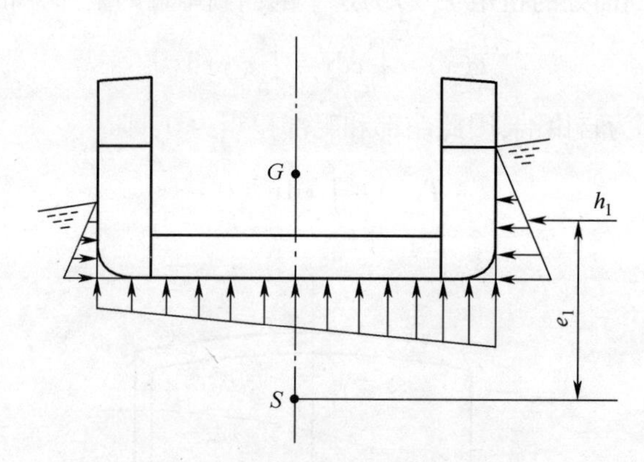

图 5.6 双壳船横剖面的受力分析

4. 斜浪中的总扭矩

单位长度的总扭矩为垂向力单位长度扭矩和横向力单位长度扭矩之和,即

$$c = c_{\mathrm{V}} + c_{\mathrm{H}} = v \cdot e + h \cdot e_{1} \tag{5-7}$$

距离船舶艉端 x 处的总扭矩为垂向力扭矩和横向力扭矩之和,即

$$T(x) = T_{\mathrm{V}}(x) + T_{\mathrm{H}}(x) = \int_{0}^{x} v \cdot e \mathrm{d}x + \int_{0}^{x} h \cdot e_{1} \mathrm{d}x \tag{5-8}$$

5.2.2 船舶倾斜引起的扭转力矩

1. 物理现象和受力特征

船舶在航行过程中,由于风浪作用使船舶发生晃动,由此造成船上货物的移动,导致船体重力不对称,此时船舶会发生倾斜。为便于分析,考虑静水中船舶横倾,此时船舶受力情况如图 5.7 所示。

2. 倾斜引起的扭矩

假设船舶在横倾角 θ 下保持平衡状态,在距艉端 x 剖面处,取 $\mathrm{d}x$ 微段。设船体单位长度倾斜力矩为 k,重量为 ω,单位长度浮力为 v,则微段上的倾斜力矩为 $k\mathrm{d}x$,重力为 $\omega\mathrm{d}x$,通过重心 g,浮力为 $v\mathrm{d}x$,通过浮心 b,重力与浮力相距 e,因此这部分的复原力矩为

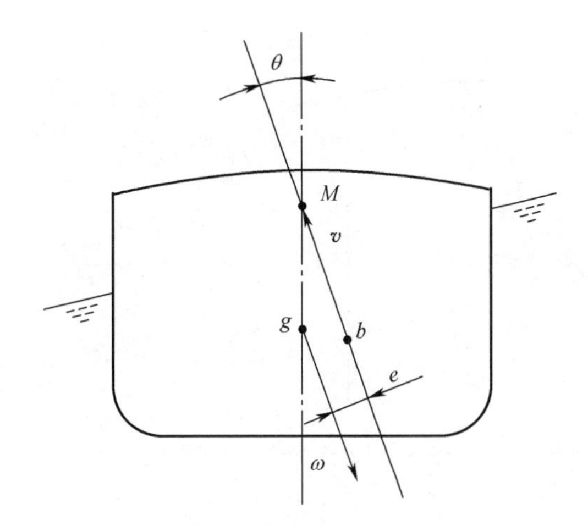

图 5.7　船舶倾斜时的受力

$$c = v \cdot e \tag{5-9}$$

因为任意剖面上,每单位长度的倾斜力矩 k 和复原力矩 c 一般是不相等的,所以产生沿船长方向分布的力矩 $(k - c)$,也是产生扭矩的原因。求出分布扭矩 $(k - c)$ 后,作它的积分曲线便得到船舶倾斜时的扭矩,即

$$T(x) = \int_0^x (k - c)\,\mathrm{d}x \tag{5-10}$$

在船体艏端 $x = L$ 处:

$$T(L) = \int_0^L (k - c)\,\mathrm{d}x = 0 \tag{5-11}$$

倾斜扭矩通常比波浪引起的扭矩要小很多,一般不予计算,只对内河船、驳船和浮吊等有时才需要考虑。

5.2.3　船舶摇摆时引起的扭矩

船舶在波浪中发生垂荡、摇首、纵摇及横摇运动,其中摇首及纵摇实际上可以认为不引起扭矩,垂荡运动对扭矩有某些影响,因为船舶首、尾不是直壁的,斜浪中随吃水增减,这部分的分布力矩发生变化而产生附加扭矩。但是,横摇引起的扭矩更大。因此,通常仅考虑横摇扭矩。

1. 横摇时受力特征

在船体上任取一横剖面,考虑横摇角为 θ 时断面上某一质量 m 的受力情况,如图 5.8 所示。因为船舶绕通过重心 G 的纵轴回转,质量 m 距 G 为 r,m 受到重力为 $m \cdot g$,离心力为 $m \cdot r\left(\dfrac{\mathrm{d}^2\theta}{\mathrm{d}t^2}\right)^2$ 及惯性力为 $-m \cdot r\dfrac{\mathrm{d}^2\theta}{\mathrm{d}t^2}$ 的作用。

2. 横摇引起的扭矩计算

(1) 在这些力的作用下,计算整个断面绕重心 G 的回转力矩,即求这些力在断面上的力矩总和。重力和离心力都是通过重心的,所以它们的回转力矩为零。

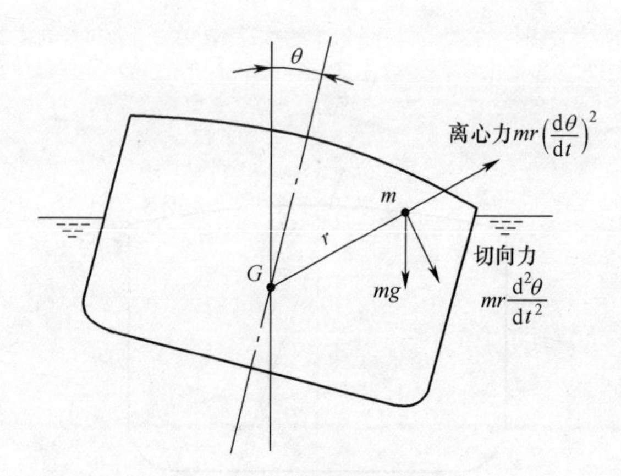

图 5.8　船舶摇摆时的受力

(2) 惯性力引起的力矩：

$$k = -\int_A m \cdot r^2 \frac{d^2\theta}{dt^2} dA = -\frac{d^2\theta}{dt^2}\int_A m \cdot r^2 dA = -i \cdot \frac{d^2\theta}{dt^2} \tag{5-12}$$

式中：$i = \int_A m \cdot r^2 dA$，表示单位长度部分质量绕船舶中心轴的回转惯性矩。

(3) 船舶倾斜产生的复原力矩。由于船舶倾斜 θ 角，所以这部分横剖面由浮力作用产生复原力矩，即

$$c = v \cdot e \tag{5-13}$$

(4)横摇引起的扭矩。在任意剖面上，单位长度的倾斜力矩 k 和复原力矩 c 一般是不相等的，所以产生沿船长方向分布的扭矩 $(k-c)$ 。求出分布扭矩 $(k-c)$ 后，作它的积分曲线便得到船舶横摇时的扭矩，即

$$T(x) = \int_0^x (k-c)dx = -\frac{d^2\theta}{dt^2}\int_0^x i dx - \int_0^x c dx \tag{5-14}$$

由于船艏端和船艉端的封闭性，得

$$T(0) = T(L) = 0 \tag{5-15}$$

因此，扭矩曲线在左右端为零，是封闭的。

5.3　规范给定的波浪扭矩和货物扭矩的计算公式

5.3.1　海船波浪扭矩和货物扭矩公式

通常，在校核大开口集装箱船强度时都采用规范规定的外力和许用应力。

1. 海船波浪扭矩公式

我国《钢质海船入级规范》(2021)对船中剖面处的波浪扭矩规定按下式计算：

$$M_T = 9.81 e^{-0.00295L} \frac{LB^3 C_T}{10000}\left(1.75 + 1.5\frac{\varepsilon}{D}\right) \tag{5-16}$$

式中：$e = 2.7183$；L 为船长；B 为船宽；D 为型深。

$$C_T = 13.2 - 43.4C_W + 78.9C_W^2 \tag{5-17}$$

式中：C_W 为水线面系数，其值应不大于 $0.165+0.95C_b$；ε 为扭转中心在船底以下的距离。

M_T 在两端为0，船中最大，按余弦分布，在离尾端 x 处的扭转为

$$M_T(x)=\frac{M_T}{2}\left(1-\cos\frac{2\pi x}{L}\right) \tag{5-18}$$

2. 海船货物扭矩公式

货物扭矩是集装箱重量横向分布不均、压载不均或燃料等消耗物横向分布不均所引起。我国《钢质海船入级规范》(2021)规定按下式计算：

$$M_{TC}=15.7Bn_Bn_T \tag{5-19}$$

式中 B——船宽(m)；

n_B——在船宽范围内的集装箱行数；

n_T——在船中部货舱内的集装箱层数，不包括甲板上和舱口盖上的集装箱；

M_{TC}——在船两端为零，由两端向船中直线分布。

5.3.2 内河船波浪扭矩和货物扭矩公式

1. 内河船波浪扭矩公式

我国《钢质内河船建造规范》(2016)沿船长任一剖面处的波浪扭矩按下式计算：

$$M_{TC}=a_wK_TK_wK_bC_bLB^3\left(1.75+1.5\frac{Z_s}{D}\right) \tag{5-20}$$

式中 C_b——方形系数，小于0.6取0.6，大于0.85取0.85；

a_w——航区修正系数，A级航区取1.0，B级航区取0.6，C级航区取0.25；

x——任一剖面至尾垂线的距离；

Z_s——船中剖面的扭转中心至船底基线的距离；

K_b——系数，无球鼻艏时取1.0，有球鼻艏时取1.1；

$K_T=\frac{1}{2}\left(1-\cos\frac{2\pi x}{L}\right)$。

系数 K_w 为

$$K_w=\left[(8.1-0.031L)\frac{L}{D}+(0.178L-54.5)\frac{B}{D}+0.0055L^2-2.11L+287.7\right]\times 10^{-4}$$

式中：L 为船长；B 为船宽；D 为型深；d 为吃水。

2. 内河船货物扭矩公式

装载集装箱和积载因数小于等于 $0.45\text{m}^3/\text{t}$ 的颗粒状散货的船舶，尚应计及货物装载不均匀所引起的货物扭矩。船体梁任一剖面的货物扭矩 M_{TC0} 分别按下式计算：

$$\begin{cases}M_{TC}(x)=\dfrac{2M_{TC0}}{L}x & \left(0\leqslant x\leqslant\dfrac{L}{2}\right)\\[2ex] M_{TC}(x)=\dfrac{2M_{TC0}}{L}(L-x) & \left(\dfrac{L}{2}<x\leqslant L\right)\end{cases} \tag{5-21}$$

式中 L——船长(m)；

x——计算剖面至尾垂线的距离(m)；

M_{TC0} ——船舯处的最大货物扭矩,分别按下式计算:

$$\begin{cases} 装载集装箱时:M_{TC0}=15.7Bn_Bn_T \\ 装载颗粒状散货时:M_{TC0}=0.245G_b \end{cases} \tag{5-22}$$

式中 B——船宽(m);

n_B ——在船宽范围内的集装箱行数;

n_T ——在船中部货舱内的集装箱层数;

G_b ——装载货物总重量。

5.4 大开口船舶弯扭组合总纵强度分析

应采用整船结构强度直接计算在弯扭载荷联合作用下评估船体主要构件的总纵强度。计算时可采用如下两种方法:

(1) 有限梁法。船体梁载荷(垂向弯矩、水平弯矩、扭矩)直接施加于整船有限元模型。

(2) 有限元法。波浪载荷直接计算得到的载荷施加于整船有限元模型。

5.4.1 弯扭组合强度校核的有限梁法

1. 有限梁法基本思想和离散原则

应用有限梁法进行大开口船舶扭转强度分析,是先将船体离散为若干分段,每一分段视为等直薄壁梁单元(图5.9),计及垂直和水平两个方向的弯曲及自由扭转与约束扭转特性,建立船体薄壁梁的单元刚度矩阵;然后将各单元组装成一个连续的薄壁梁,采用一维有限元法进行求解。对于大开口范围内设置的甲板条及横向抗扭箱等,作为附属结构计及它们对抗扭的影响。

图5.9 船体离散为阶梯形薄壁梁段

在采用有限梁法进行扭转强度分析时,船体梁沿船长的离散应符合以下规定。

(1) 将船体沿船长方向离散成若干个薄壁梁段。对于船长在80m以下的船舶一般不少于16个梁段,船长在80m及以上的船舶不少于20个梁段。

(2) 梁段的划分应根据船体线型变化情况合理确定,尽量使梁段两端的剖面形状相接近。一般舱口端部区域的梁段应尽可能小些。

(3) 每个船体梁段即对应一个薄壁梁单元。每个梁单元应为等剖面单元,一般取相应梁段中点处的剖面作为梁单元的特征剖面。

(4) 舱口两端必须设置节点,在需要进行强度校核的剖面也必须设置相应节点。

(5) 当横向甲板条的宽度大于等于下式计算所得之值时,横向甲板条区域的船体应作为一个单独的薄壁梁段：$S_0 = 3.3(1 + 0.0015L)$，其中：L 为船长(m)。

2. 集装箱船弯扭应力校核计算实例

某集装箱海船的主尺度和船型参数如下：

按规范对其进行弯扭合成应力校核。其校核剖面应选择如下部位，并且至少7个剖面，即1个机舱前端；1个开口长度前端；5个开口长度内取5个剖面；1个结构突变处。

1）某集装箱海船主尺度和船型参数(表5.2)

表5.2 集装箱船主尺度

主尺度明细					
船长	L	148m	舱口宽度	b	19.66m
船宽	B	25m	舱口长度	l_H	41.6m
型深	D	13.2m	舱壁间距	l_{HB}	45.6m
吃水	d	8m	—	b/B	0.7864
方形系数	C_b	0.6828	—	l_H/l_{BH}	0.912
水线面系数	C_W	0.76	集装箱行数	n_L	7
—	—	—	集装箱层数	n_T	5

2）外力计算

按照我国《钢质海船入级规范》(2021)要求进行。各种装载情况下的静水弯矩，按照第1章讲述的方法进行计算。

(1) 最大静水弯矩为

$$M_{smax} = 4.75 \times 10^5 \quad (kN \cdot m) \tag{5-23}$$

(2) 船中剖面垂向波浪弯矩 M_V 为

$$M_V = 9.81KFL^2B(C_b + 0.7) \times 10^{-2} = 479448.3(kN \cdot m) \tag{5-24}$$

式中

$$\begin{cases} K = 4.47\left(\dfrac{L}{1000} - 0.23\right)^2 + 0.817 = 0.847056 \\ F = 9.4 - 0.95\left(\dfrac{300 - L}{100}\right)^{3/2} = 7.6197 \end{cases}$$

(3) 船中剖面水平波浪弯矩 M_H 为

$$M_H = 0.413L^2B = 0.431 \times 148^2 \times 25 = 236015.6(kN \cdot m) \tag{5-25}$$

在船长两端为零，由两端向船中直线分布。

(4) 船中剖面处的水动力扭矩 M_T 为

$$M_T = 9.81e^{-0.00295L}\frac{LB^3C_T}{10000}\left(1.75 + 1.5\frac{\varepsilon}{D}\right) = 91666.5(kN \cdot m) \tag{5-26}$$

式中：$\varepsilon = 5.9367$（根据薄壁梁剖面特性计算得到），M_T 按规定的余弦分布。

(5) 集装箱船货物扭矩为

$$M_{TC} = 15.7Bn_Bn_T = 13737.5(kN \cdot m) \tag{5-27}$$

M_{TC} 在船长两端为零，由两端向船中直线分布

3）船体薄壁梁剖面集合特性计算

将船体沿船长方向划分成18个节点，17个薄壁梁单元，如图5.10所示。图中No.1，No.2，…No.7为校核剖面位置号。按等直薄壁梁理论计算得到各计算剖面的几何特性参数如表5.3所列。

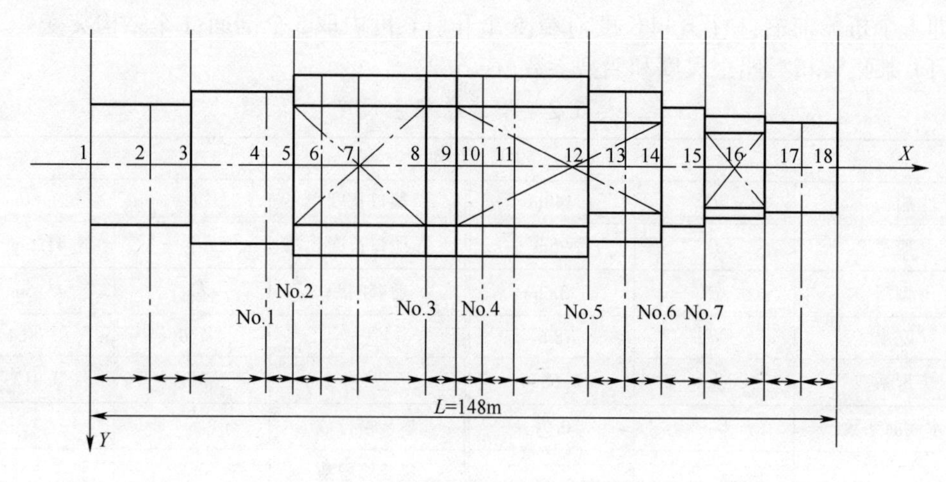

图5.10 船体薄壁梁离散图

表5.3 各计算剖面的几何特性参数

剖面几何特性	校核剖面						
	No. 1	No. 2	No. 3	No. 4	No. 5	No. 6	No. 7
剖面面积 $A\times10^4/\text{cm}^2$	1.1657	2.2243	2.2243	2.2243	2.1018	2.1018	2.4459
形心位置	-6.146	-5.56	-5.56	-5.56	-6.0575	-6.0575	-7.062
扭心位置	-3.136	5.9367	5.9367	5.9367	5.361	5.361	-4.205
水平惯性矩 $I_H\times10^9/\text{cm}^4$	6.266	19.929	19.929	19.929	16.45	16.45	17.558
甲板剖面模数 $W_d\times10^6/\text{cm}^3$	4.5971	7.4988	7.4988	7.4988	7.208	7.208	10.846
船底剖面模数 $W_b\times10^6/\text{cm}^3$	5.276	10.3042	10.3042	10.3042	8.499	8.499	9.426
扇性惯性矩 $I_\omega\times10^{12}/\text{cm}^6$	74.044	5246.4	5246.4	5246.4	2365.0	2365.0	392.7
扭转惯性矩 $I_t\times10^4/\text{cm}^4$	444850	3.402	3.402	3.402	3.191	3.191	955700

4）翘曲应力计算

由船体薄壁梁离散图，按有限梁法计算得到各校核剖面的甲板舱口边处与舭部的翘曲应力如表5.4所列。

表5.4 甲板舱口边处与舭部的翘曲应力

应力	校核剖面						
	No. 1	No. 2	No. 3	No. 4	No. 5	No. 6	No. 7
甲板 $\sigma_1/(\text{N/mm}^2)$	15.24	32.46	8.385	18.22	23.16	53.77	20.44
舭部 $\sigma_2/(\text{N/mm}^2)$	2.94	25.56	6.602	14.34	18.28	42.44	13.75

3. 船体弯扭合成应力校核

应力校核计算见表5.5。表中数值“88”“157”及“137”分别为规定的许用应力值。

应该指出,《钢质海船入级规范》(2021)规定的合成应力实际上是把不同外力状态下的应力叠加在一起,因此是一种名义应力。从比较强度观点,这样处理是可行的,因为《钢质海船入级规范》(2021)规定的许用应力也是按此种假定状态下统计得到的。真实的弯扭组合应力应该是同一载荷状态下计算的应力值。

由表5.5可见,以上各项应力计算结果均小于许用应力值,所以本船满足总强度要求。

表5.5 应力校核计算

计算项目		校核剖面						
		No. 1	No. 2	No. 3	No. 4	No. 5	No. 6	No. 7
静水弯矩 M_s		2.2E5	2.7E5	4.8E5	4.8E5	3.5E5	2.4E5	2.1E5
剖面模数	甲板 W_d	4.6E6	7.5E6	7.5E6	7.5E6	7.2E6	7.2E6	10.8E6
	船底 W_b	5.28E6	10.30E6	10.30E6	10.30E6	8.5E6	8.5E6	9.4E6
静水应力 $\sigma_s = M/W \times 10^3$	甲板 $\sigma_{sd} \leqslant 88$	47.856	35.334	63.343	63.343	48.557	33.99	19.362
	船底 $\sigma_{sb} \leqslant 88$	41.698	25.718	46.098	46.098	41.18	28.83	22.28
垂直波浪弯矩 M_V		2.6E5	2.92E5	4.8E5	4.8E5	4.4E5	3.2E5	2.8E5
波浪合成应力 $\sigma_V = (M_s + M_V)/W \times 10^3$	甲板 $\sigma_{Vd} \leqslant 157$	104.4	74.28	127.28	127.28	109.6	77.69	45.36
	船底 $\sigma_{Vb} \leqslant 157$	90.98	54.056	92.63	92.63	92.95	65.69	52.20
水平波浪弯矩 M_H		0.96E5	1.1E5	2E5	2.36E5	1.7E5	1.16E5	1.05E5
水平惯性矩 I_H		6.27E9	19.93E9	19.93E9	19.93E9	16.5E9	16.5E9	17.6E9
水平应力 $\sigma_H = (0.3bM_H)/I_H \times 10^5$		11.49	4.14	7.53	8.88	7.523	5.288	4.485
斜浪弯矩 $M_s + 0.6M_V$		3.76E5	4.024E5	7.627E5	7.627E5	6.14E5	4.34E5	3.79E5
斜浪合成应力 $\sigma_c = \dfrac{M_s + M_V}{W} \times 10^3 + \sigma_H$	甲板 σ_{cd}	93.28	57.82	109.236	110.506	92.706	65.499	39.445
	船底 σ_{cb}	82.756	43.192	81.545	82.815	79.766	56.352	44.715
翘曲应力	甲板 $\sigma_{\omega d}$	15.24	32.46	8.385	18.22	23.16	53.77	20.44
	船底 $\sigma_{\omega b}$	2.94	25.56	6.602	14.34	18.28	42.44	13.75
弯扭合成应力 $\sigma = \sigma_c + \sigma_\omega$	甲板 $\sigma_d \leqslant 157$	108.52	90.262	117.621	128.806	115.87	119.269	59.885
	船底 $\sigma_b \leqslant 157$	85.696	68.752	88.147	97.235	98.05	98.792	58.465

5.4.2 弯扭组合强度校核的有限元法

根据《钢质海船入级规范》(2023)的规定,可采用有限元法计算弯扭载荷联合作用下船体主要构件的总纵强度。

1. 计算工况

计算工况由静水载荷工况和波浪载荷工况的不同组合组成,通常,集装箱船整船结构强度分析应按照表 5.6 的计算工况进行校核。对于双岛型集装箱船,还应对前岛的前后端处最大扭矩计算工况进行校核。

表 5.6 计算工况

主要载荷控制参数	装载工况		
	均匀满载	正常压载	非均匀装载
最大垂向波浪弯矩	适用	适用	适用
最大水平波浪弯矩	适用	适用	适用
$L/2$ 处最大扭矩	适用	适用	适用
$L/4$ 处最大扭矩	适用	适用	适用
$3L/4$ 处最大扭矩	适用	适用	适用
船首最大垂向加速度	适用	适用	适用
最大横摇角	—	适用	—

2. 有限元模型

整船三维有限元模型应包括主船体范围内的所有纵向受力构件,如甲板结构、舷侧与纵舱壁结构、双层底结构。该模型还应包括横向主要结构如横舱壁、横框架及横向甲板条等。局部支撑构件如肘板等可不计入模型中,肘板的开孔可忽略不计。图 5.11 所示为一典型集装箱的整船有限元模型。

图 5.11 典型集装箱船整船结构有限元模型

1) 单元选取

根据结构的实际受力状态将模型中的各类结构离散为下述单元类型:

(1) 板壳单元(四节点和三节点单元),如甲板、舷侧外板、船底板、内底板、纵舱壁与横舱壁、船底纵桁、肋板、边舱水平桁、横向强框架等。

(2) 梁单元,如桁材、横梁及水密舱壁扶强材等。

(3) 杆单元,如支柱等。

2）网格划分

在船中部区域单元的长宽比应不超过3，其他部位应不超过2。在单元划分时，应避免使用翘曲的四边形单元。

3）边界条件

为消除刚体位移，在船体的相应节点（图5.12）应施加适当的线位移约束。

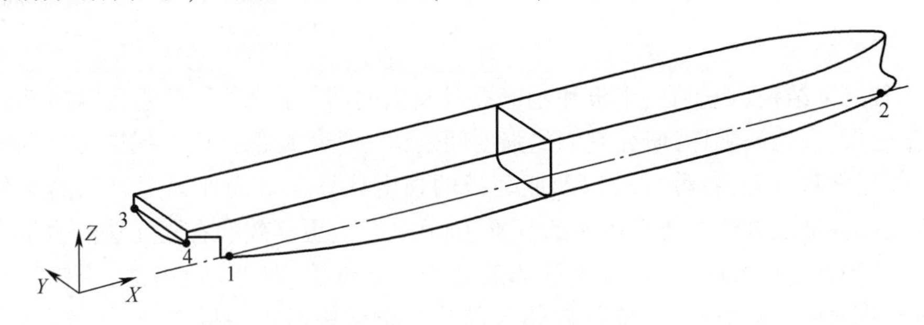

图5.12 边界条件示意图

船底平板龙骨（纵中剖面处）在船尾（图5.12中节点1）处沿横向的线位移约束，即$\delta_y=0$；船首（图5.12中节点2）处，沿纵向、横向和垂向的线位移约束，即$\delta_x=\delta_y=\delta_z=0$；尾封板水平桁材距纵中剖面距离相等的左（节点3）、右（节点4）各一节点处，沿垂向的线位移约束，即$\delta_z=0$。

4）载荷施加

载荷包括船体静载荷和波浪载荷。静载荷包括船体和备品的重力、舷外静水压力、液舱静压力。波浪载荷包括船体和备品的惯性力、海水动压力、液舱动压力。

3. 屈服强度评估

板材（包括桁材腹板）的许用应力为

$$\sigma_e = 220/K$$

式中 K——材料系数。

梁单元取轴向应力，其许用应力为

$$\sigma = 220/K$$

式中 K——材料系数。

专 题 讨 论

1. 对于集装箱船这样具有长大甲板开口的船舶来说，衡量其抗扭性能是结构设计的重点之一。试分析集装箱船的受力特点和结构特征并给出提高集装箱船扭转强度的加强方案。

2. 采用有限元法对船体扭转强度分析时，请详细描述分析的流程，包括计算工况，计算载荷，翘曲应力和应力评估的具体内容。

第 6 章　船体结构局部强度

船体各局部结构，如船底、甲板和舱壁板以及横向肋骨框架等，其还会因局部载荷作用而发生变形、失稳或破坏，研究它们的强度问题称为船体局部强度。局部强度涵盖的内容很多，如板架和框架，各种骨材以及船壳板的强度计算也是局部强度讨论的对象。目前，研究局部强度的方法主要有传统的解析法和更实用、更高效的有限元法。力学模型的建立是与计算方法相关联的，用传统的船舶结构力学方法（解析法、力法、位移法和能量法等）进行局部强度计算时，只能将船体各部分复杂结构简化为板架、刚架、连续梁和板等简单结构来进行计算，并且载荷也只能取比较简单的情况。如果用有限元法进行计算，则可整体解析，不受上述结构分类及载荷的限制。解析法目前虽然有逐步被有限元法代替的趋势，但作为传统的计算方法，其理论性是船舶与海洋工程专业的学生必须掌握的，因为解析法掌握好了，才能更好地利用有限元法进行建模、施加边界条件、加载等。从这个意义上讲，解析法仍然是有限元计算方法的理论基础，两者各有优缺点，应相互支撑，不可偏废。

6.1　局部强度计算的力学模型

在进行局部强度计算时，首先应根据结构受力与变形特点，把实际复杂的结构抽象为可以用力学方法计算的简化模型（称为力学模型或计算模型）；然后对这个力学模型进行内力和应力分析并进行强度校核。

6.1.1　建立计算模型的原则

计算模型仅具有实际结构的一些主要力学特征，并不是把实际结构的各种特征全部反映出来。计算模型的选取也与计算载荷和许用应力的选用有关。内力计算的精度应与外载荷的精度相匹配，如果外力有很大的近似性，就没有必要过分追求内力计算的精确性。

结构模型化是计算的前提和结构分析成败的关键。从强度校核观点，“偏于安全”的简化是允许的，但偏于安全的简化模型往往会使结构材料增加，并不是最科学的计算模型。一般而言，我们追求的是力学上能反映实际结构变形特征而且计算上又不过于复杂的模型。

6.1.2　构件几何尺寸的简化

在进行局部强度计算时，不可能也没有必要对实际结构的各种因素加以考虑。在确定其几何要素（如跨距、宽度、带板尺寸、剖面模数等）时，将结构作一些“理想化”处理。

板架计算时,其长度、宽度取相应的支持构件间距离。例如:船底板架和甲板板架的长度取横舱壁之间的距离,宽度取组成肋骨框架梁中和轴的跨距,或取为船宽。

肋骨刚架计算时,其长度、宽度选取组成肋骨框架梁的中和轴线交点间距离,用中和轴线代替实际构件。不计梁拱及舭部的弯曲,由于肘板和开孔(人孔、减轻孔等)的存在而引起的构件剖面变化也不予考虑,即在内力(弯矩、剪力)计算时把每一构件作为等直梁处理,如图 6.1 所示。但是,在确定骨架剖面的应力时,需考虑肘板的影响,即在计算梁的剖面模数时计入肘板。例如:图 6.1 所示的肋骨刚架底部弯矩值最大,若计算应力时不考虑舭肘板,则最大应力甚至会超过许用应力;如果计入舭肘板,则其应力变小,实际上最大应力出现在肋骨跨距中部。

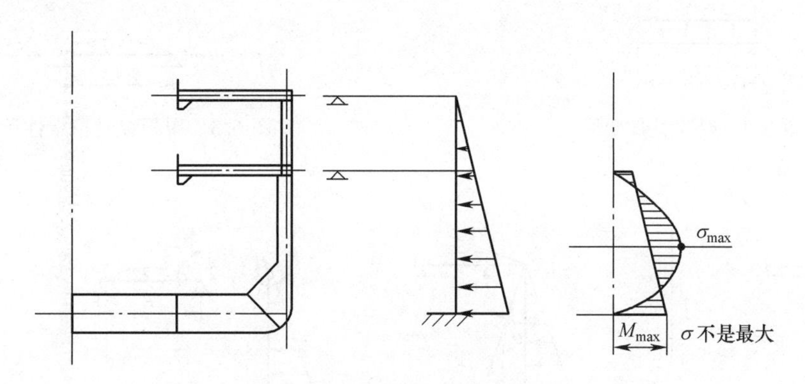

图 6.1 肋骨刚架底部弯矩图

应当指出,对于具有大肘板的船舶结构(如油船、矿砂船等),在计算内力时也应考虑肘板的影响,否则在某些载荷下所得结果可能偏于危险。构件剖面要素计算时应包括带板(附连翼板),关于带板问题将在 6.2 节讨论。

6.1.3 骨架支撑条件的简化

把局部构件或结构从整体结构中分离出来进行局部强度计算,需考虑相邻构件对计算结构的影响——支撑条件或支座。在船体结构计算中,通常有 3 种支座情况:

(1) 自由支持在刚性支座上;

(2) 刚性固定;

(3) 弹性支座或弹性固定。

简化成何种支座,视相邻构件与计算构件间的相对刚度及受力后的变形特点而定。图 6.2 所示的船底纵骨,在船底均布水压力作用下产生弯曲变形。由于实肋板刚度远大于纵骨,可视为纵骨的刚性支座,而且变形是以肋板左右对称,因此计算船底纵骨强度时可按两端刚性固定的单跨梁来进行。如图 6.3 所示的甲板纵骨,在船舶中垂弯曲时受轴向压力作用。纵骨稳定性计算时,根据其变形特点可作为两端自由支持的单跨梁来计算。

计算图 6.4(a)所示的肋骨框架时,由于肋板刚度远大于肋骨,故肋骨下端可视为刚性固定(图 6.4(b));因甲板上无荷重,故又可进一步简化为弹性固定的单跨梁(图 6.4(c))。按船舶结构力学方法,可算出其弹性固定端的转角和柔性系数分别为

$$\theta_2 = \frac{l}{3EI}M_2, \alpha = \frac{l}{3EI} \tag{6-1}$$

式中：I,l 分别为横梁的剖面惯性矩和跨度。

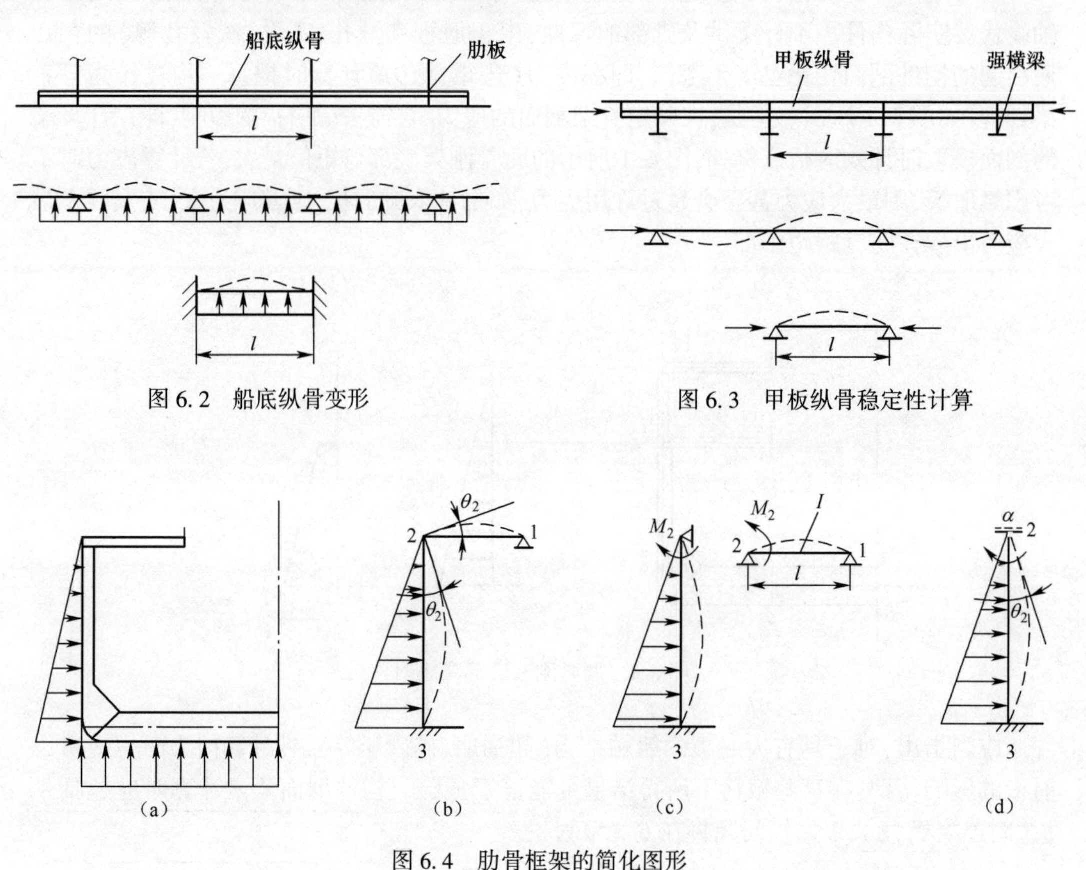

图 6.2　船底纵骨变形

图 6.3　甲板纵骨稳定性计算

图 6.4　肋骨框架的简化图形

一般情况下，当相邻梁的刚度相差在 20 倍以上时，其计算图形可按极限情况简化处理，误差在可接受范围内，如图 6.5 所示。

板架的交叉构件(龙骨、纵桁)在横舱壁处的固定条件取决于相邻板架的刚度、跨度和载荷比。为了精确计算相邻板架的相互影响，必须对它们进行连续板架计算，如图 6.6 所示。

在多数情况下，交叉构件在横舱壁处可以认为是刚性固定的。船底板架在舷侧处的固定情况可通过肋骨刚架计算来确定，但在通常计算中可近似认为自由支持在舷侧，因为肋骨的刚度比肋板小得多。

6.1.4　结构处理模型化

结构处理模型化的任务是尽可能应用简化的模型来计算，以减少工作量。

1. 结构对称性的利用

船体结构一般都是左右对称的，充分利用这个特点可大大减少未知量的数目。如果结构与载荷都是对称的，可取一半结构进行计算，在对称面的各节点加上适当的约束，如

图 6.7(a)所示。

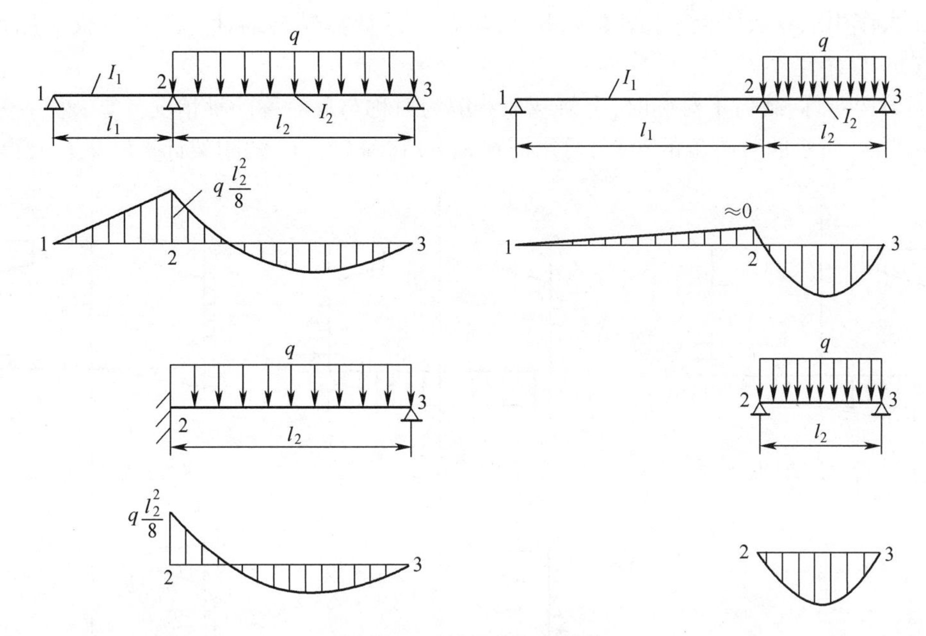

图 6.5 骨架梁支座的简化

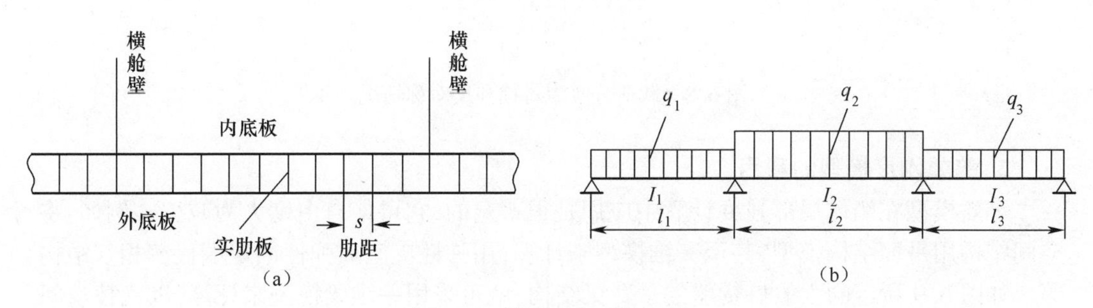

图 6.6 板架固定系数计算

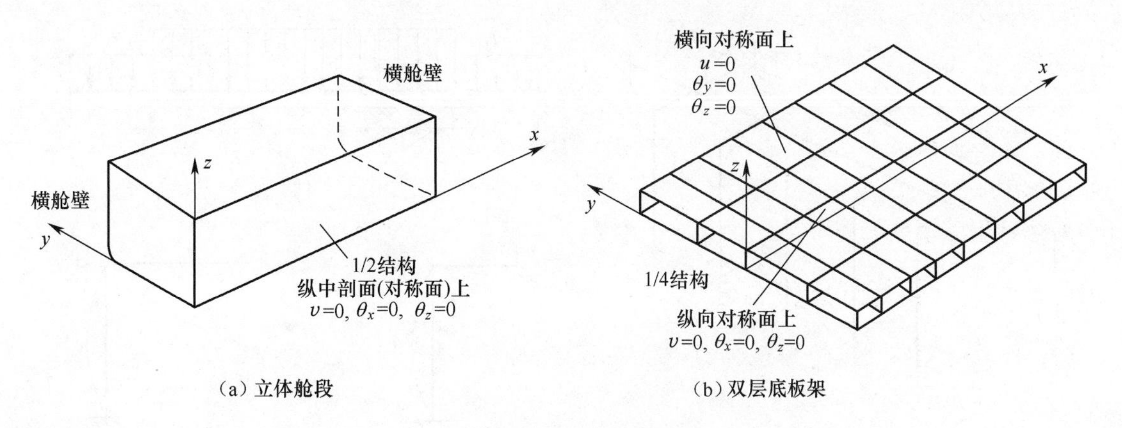

图 6.7 对称性条件的利用

如果结构具有纵、横双重对称性,载荷也对称,则可取 1/4 结构进行计算。例如:受均布水压力作用的双层底板架(图 6.7(b)),取这样的计算模型的计算工作量仅是原计算工作量的 1/16。

当结构对称、载荷不对称时,可将载荷分解为对称与反对称两种情况计算,然后叠加。如图 6.8(a)所示肋骨刚架的弯矩,可用图 6.8(b)和图 6.8(c)两刚架计算结果合成得到。

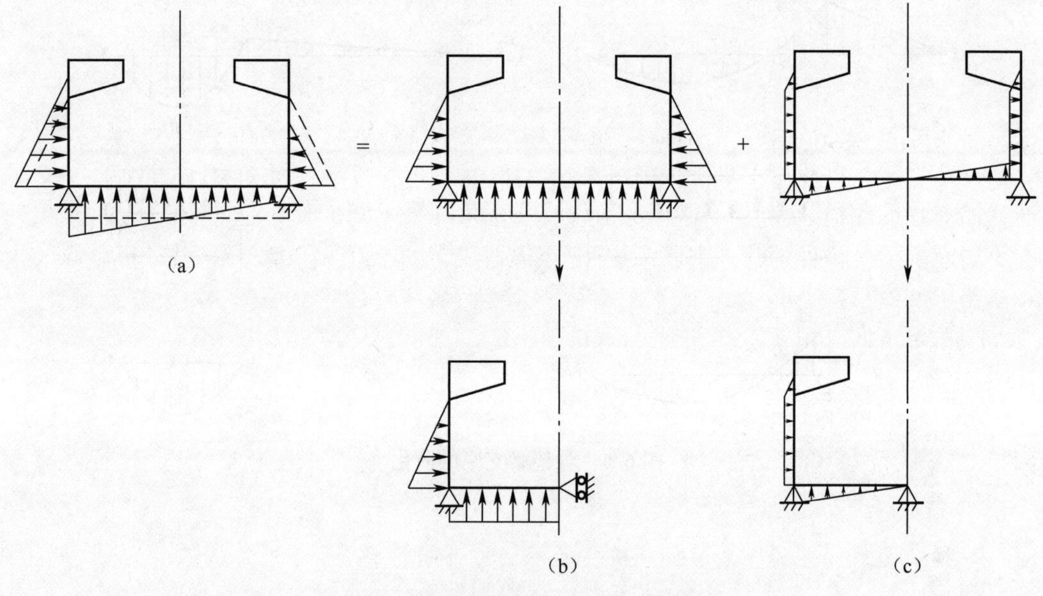

图 6.8 载荷分解为对称和反对称情况

2. 等效刚度模型的利用

等效模型在船体局部强度计算中应用是很普遍的,它可使自由度大为减少。例如:将空间结构用平面结构模型,甚至一维模型来计算;用弹性支座或弹性固定端代替相邻结构等。如图 6.9 所示的大舱口货船的悬臂梁结构,就可采用一维梁模型来计算,以代替空间刚架计算。

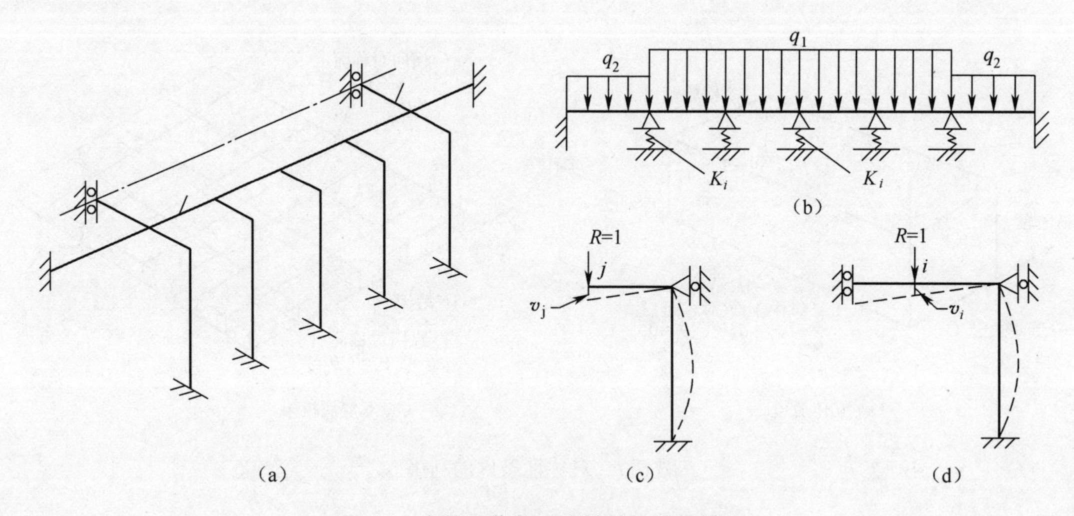

图 6.9 大舱口货船悬臂梁结构计算模型

将悬臂梁简化为支持甲板纵桁的弹性支座(图6.9(b)),其刚度可由图6.9(c)所示。舱口围板处的弹性支座刚度由图6.9(d)所示刚架计算得到。

6.1.5 载荷模型化

载荷对结构计算起决定性作用。由于船舶实际受载的复杂性和可变性,因此载荷的估算有一定近似性。载荷模型化的目的是选择船舶在营运中可能遇到的较危险的和经常性的荷重情况,并且能用有限参数来描述实际载荷。

由于是在线弹性范围内进行强度校核,因此在复杂载荷作用时可以应用叠加原理,即将载荷分解为简单情况分别计算,然后将应力进行叠加。

局部强度计算载荷主要有货物重量和水压力,一般不计结构自重影响,这是解析方法计算局部强度的缺陷,利用有限元数值仿真技术可充分考虑自身重量的影响,计算结果则会更为准确。各构件的计算水压头按照《钢质海船入级规范》(2021)第2篇“船体”的各相关规定选取。

货物重量通常用水头高度来表达,即

$$h = \frac{H_1}{1.35}(\mathrm{m}) \tag{6-2}$$

式中:h 为水头高;H_1 为货舱载货高度。

水压力可用两种载荷情况来考虑,如下:

一种情况是船舶静置于波浪上的静水压力作为计算载荷,这时的水头高度为

$$h = d + \frac{h_B}{2}(\mathrm{m}) \tag{6-3}$$

式中:d 为载重吃水;h_B 为计算波高。

另一种情况是船舶在波浪中摇摆时,船舶倾斜的同时还受到波浪冲击的动力作用。这时舷侧浸水至甲板边线,所以静水压力可认为是型深 D(图6.10(a)),即

$$h = D \tag{6-4}$$

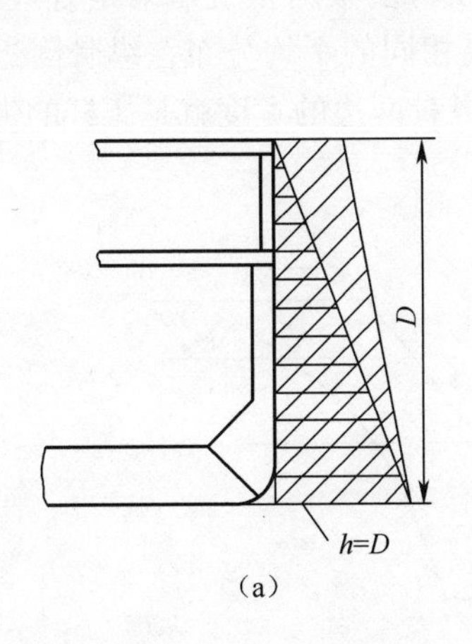

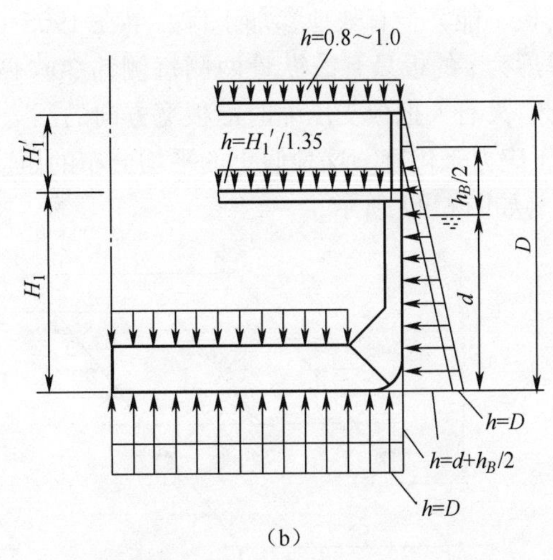

图6.10 计算载荷

关于波浪冲击问题,有人提出按梯形规律变化的荷重来处理,如图 6.10(a)中斜线部分。也有人认为,波浪冲击影响不在载荷里考虑,而用适当降低许用应力的办法来解决。这时,计算载荷仍取 $h = D$,按三角形分布,计算简便一些。

将水头高度乘以水的密度便得到单位面积上的水压力为

$$q = \rho g \tag{6-5}$$

作用在船底板架上的计算荷重由货物重量与水压力之差来确定。危险载荷并非发生在满载吃水工况,需找出各种装载情况下的压力差的最大值。

图 6.10 给出了船体结构上所受水压力的示意图,具体数值及计算方法参考内河或海船规范。

6.2 船体骨架的带板

船体结构中绝大多数骨架都是焊接在钢板上的,当骨架受力发生变形时,与它连接的板也一起参加抵抗变形。因此,为估算骨架的承载能力,也应当把一定宽度的板计算在骨架剖面中,即作为它的组成部分来计算骨架梁的剖面积、惯性矩和剖面模数等几何要素,这部分板称为带板或附连翼板。

应当把多宽的板计算到和它相连的骨材剖面中呢?这是船体强度中一个重要而复杂的问题,至今尚未很好地解决。各国船级社的规范对带板宽度都有相应的规定,但他们规定的宽度并不相同,而且在规范修订中又不断改变。此外,在造船界有相当多的人混乱地应用“稳定性带板”和“强度带板”宽度的概念。实际上,它们在力学意义上是两个不同的概念,在具体数值上也常常相差很大。因此,有必要对带板宽度进行一些讨论,以便对“带板”有一个比较明确的理解和正确选用。

由于骨架的受力情况不同,因此带板宽度有两种完全不同的定义和数值,即压杆的(稳定性)带板宽度 W_e 和梁的(弯曲)带板宽度 b_e。

受拉伸的板和骨架,全部剖面都能有效地工作,但受压时,由于板与骨架的稳定性差别很大,板不能完全有效地参加工作。早在 1905 年就有人做过实验,发现在纵骨间距较大时,厚度为 t 的板只有沿纵骨两侧每侧约 $30t$(两侧共 $60t$)的板对抵抗压缩是有效的。其后不久,又有人把板受压缩时沿板宽方向的压力用效果相同的平均分布在纵骨附近的假想的压应力来代替。这种假想的平均分布的压应力沿纵骨两边的宽度就是压杆的带板宽度 W_e,如图 6.11 所示。

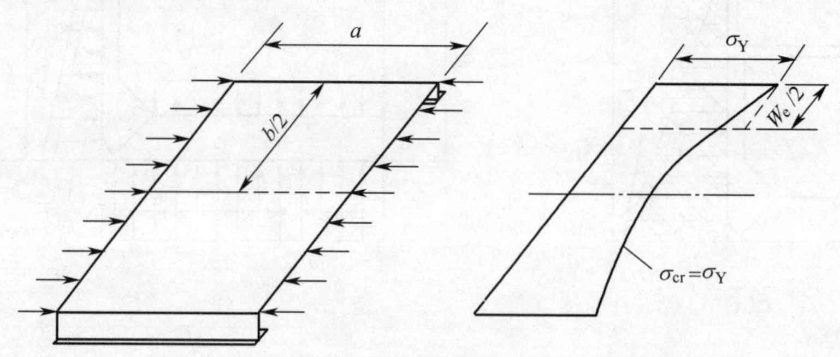

图 6.11 稳定性带板宽度

长为 a、宽为 b，筒形弯曲刚度为 D 的矩形板格的临界压缩荷重为

$$P_{cr}=\frac{\pi^2 D}{b^2}\left(\frac{1}{m}\frac{a}{b}+m\frac{b}{a}\right)=k\frac{\pi^2 D}{b^2} \tag{6-6}$$

式中：m 为纵向半波数；k 的最小值 $k_{min}=4$。

若令有效宽度内的压应力达到板格的临界应力 σ_{cr} 和板的屈服极限 σ_Y，则

$$\sigma_Y=\sigma_{cr}=\frac{4\pi^2 D}{W_e^2(1\cdot t)}=\frac{4\pi^2 Et^2}{12(1-\mu^2)W_e^2} \tag{6-7}$$

于是，可得压杆的稳定性带板宽度为

$$W_e=\sqrt{\frac{4\pi^2 E}{12(1-\mu^2)}\frac{1}{\sigma_Y}}\cdot t \tag{6-8}$$

对于普通碳素钢，$E=2.06\times10^{11}\text{N/m}^2$，$\sigma_Y=2.35\times10^8\text{N/m}^2$，则

$$W_e=\sqrt{\frac{4\times3.1416^2\times2.06\times10^7}{12(1-0.3^2)\times23520}}\cdot t=56.27t \tag{6-9}$$

实用上取 $60t$，基本符合实验结果。这个有效宽度与船舶结构力学中的板格受压时不折减部分（$\varphi=1$）的宽度（在纵骨架两边各为板格短边长度的1/4）意义不一样，按上述定义，在宽度 W_e 之外的板是完全不承受压缩力的，而在折减系数 $\varphi=1$ 以外的板，虽经过折减却还有一定的承受能力。因此，是同一目的的两种计算方法，W_e 代表受压板格可能的最大有效宽度。

弯曲带板宽度 b_e 就是把面板宽度 b 中的弯曲应力化成腹板上面的面板中的应力时所需要的面板宽度（图6.12）。从表面上看，这和稳定性带板宽度 W_e 似乎一样，但实际意义并不相同。计算 W_e 时所用的应力 σ_Y 是材料的屈服极限，而计算 b_e 时所用的应力 σ_x 是骨架弯曲时其带板（厚度为 t）中 x 方向（骨架方向）的正应力。把 σ_x 沿 y 方向（横向）从零积分到 $b/2$ 就得到轴向力 x 的一半，由于左右对称，所以再乘以2即得到轴向力 x。弯曲带板的宽度 b_e 的定义为

$$b_e=\frac{x}{\sigma_{max}t}=\frac{2\int_0^{b/2}\sigma_x \mathrm{d}y\cdot t}{\sigma_{max}t}=\frac{2\int_0^{b/2}\sigma_x \mathrm{d}y}{\sigma_{max}} \tag{6-10}$$

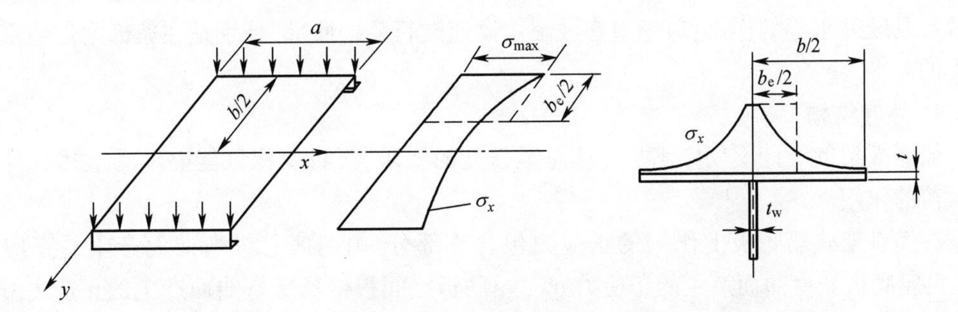

图6.12 弯曲带板宽度

由式(6-10)可见,带板宽度 b_e 的意义:把本来较宽(宽度为 b)而压力分布不均匀的附连翼板,用一块宽度较小(宽为 b_e)而应力等于腹板边缘处的最大弯曲应力 σ_{max} 的带板来代替。这样替换以后的实际效果不变,而计算含带板的骨架的剖面模数时概念明确、计算方便。

式(6-10)形式简单,但实际计算却比较困难,因为应力分布与许多因素有关,而且要找出一个能完全满足各种边界条件的应力函数也很困难。为了计算简便,各船级社规范中给出了一些简化的近似计算式。

中国船级社《钢质海船入级规范》(2021)第2篇"船体"规定:安装在平板上的主要构件带板的有效面积为

$$A = 10fbt_p(\mathrm{cm}^2) \tag{6-11}$$

式中:$f = 0.3\,(l/b)^{2/3}$,但不大于1;b 为主要构件支撑面积平均宽度(m);l 为主要构件的长度(m);t_p 为带板的平均厚度(mm)。

中国船级社《钢质内河船舶建造规范》(2016)(以下简称:《内河规范》)规定:普通骨材的带板宽度取骨材间距;主要构件带板宽度取主要构件跨距的1/6,即 $b_e/l = 1/6$,但不大于负荷平均宽度,也不小于普通骨材间距。若骨材仅一侧有带板时,则带板宽度取上述规定的50%。

此外,英国劳氏船级社(LR)、俄罗斯船舶登记局(RS)等规定,按 b_e/l 的比值确定带板宽度;法国船级社(BV)、挪威-德国劳氏船级社(DNV-GL)等规定,计算带板时要考虑相邻构件的影响,这样就把支座弯矩的变化也包括进去了,在理论上更合理,但计算要麻烦一些。

应当指出,规范规定的带板是强度带板即弯曲带板,不能把它应用于稳定性带板计算中,这一点需要特别注意。

6.3 典型船体结构的局部强度计算

本节将介绍构成船体的一些主要结构(如船底、甲板、舷侧及舱壁等)的局部强度问题,并按照传统的船舶结构力学方法建立计算模型。

6.3.1 船底结构强度计算

船底是船体梁的下缘,受到很大的总纵弯曲应力;此外还承受着机器重量、货物重量、压载水及舷外水等的作用;对一些在波浪中高速航行船的底部,特别是在艏部附近还受到很大的冲击力。

1. 外底结构

船底板架的设计不仅应满足船体总纵强度的要求,而且要保证能够承受上述各种局部载荷的作用。

在横骨架式船底板上作用的正应力包含三部分:由船底总纵弯曲而产生的正应力 σ_1;由船底板架弯曲而产生的正应力 σ_2;由肋板之间板格局部弯曲而产生的正应力 σ_3。因为合成应力由上述3种应力所组成,所以横骨架式船底板属于第三类构件。

在纵骨架式船底板上作用的正应力包含4部分：由船底总纵弯曲产生的正应力 σ_1；由船底板架弯曲而产生的正应力 σ_2；由肋板之间的纵骨弯曲产生的正应力 σ_3；在纵骨和肋板之间板格弯曲产生的正应力 σ_4。因为合成应力是由上述4种应力组成的，所以纵骨架式船底板属于第4类构件。

横骨架式主要校核外底板的强度与稳定性；纵骨架式除了外底板外，还需校核纵骨的强度与稳定性。

1）纵骨的强度

根据纵骨与相连肋板的相对刚度，可将其简化为两端刚性固定的计算模型，则纵骨的强度必须满足：

$$\sigma = \frac{pba^2}{12W} \leqslant [\sigma] \tag{6-12}$$

式中 p——作用在船底上与一般压载、重货均匀满载和轻货均匀满载对应的单位面积上的计算压力（N/mm^2）；

a——肋板间距（mm）；

b——纵骨间距（mm）；

W——包括带板的纵骨最小剖面模数（mm^3）。

2）外底板的强度

纵骨架式外底板的弯曲应力可按下式计算：

$$\sigma = \frac{6k_2pb^2}{t^2} \leqslant [\sigma] \tag{6-13}$$

式中 p——作用于底板上的计算压力（N/mm^2）；

t——外底板厚度（mm）；

b——纵骨间距（mm）；

k_2——数值系数，按图6.13查得。

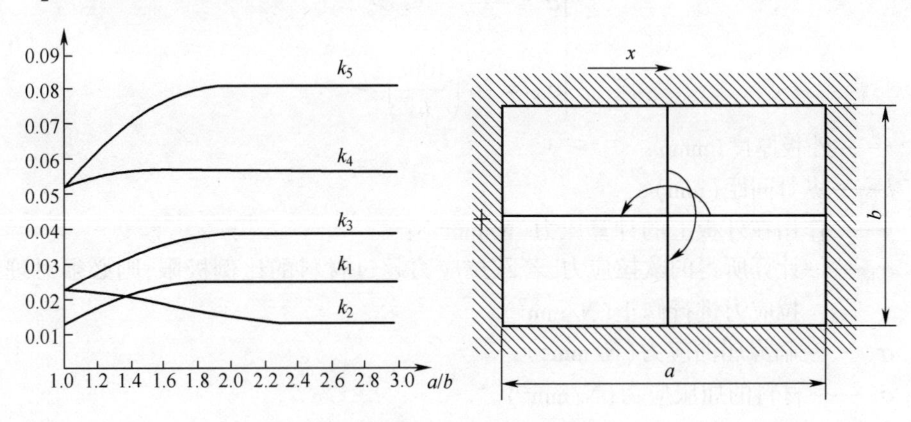

图6.13 船底板计算模型

横骨架式外底板的弯曲应力可按下式计算：

$$\sigma = \frac{6k_3pa^2}{t^2} \leqslant [\sigma] \tag{6-14}$$

式中　p——作用于底板上的计算压力（N/mm^2）；

t——外底板厚度（mm）；

a——肋板间距（mm）；

k_3——数值系数，按图 6.13 所示，查得。

3）纵骨的稳定性

纵骨稳定性条件可以写成为

$$\begin{cases} \sigma = \dfrac{pba^2}{12W} \leqslant \sigma_{cr} \\ \sigma_E = \dfrac{\pi^2 Ei}{a^2(f + b_e t)} \end{cases} \tag{6-15}$$

式中　t——外板厚度（mm）；

f——纵骨剖面积（mm^2）；

b_e——带板的宽度（mm）；

σ_E——计算所得的欧拉应力，若欧拉应力超过材料的比例极限，则必须对理论欧拉应力进行修正（N/mm^2）；

σ_{cr}——临界屈曲应力（N/mm^2）；

σ_s——材料的屈服应力（N/mm^2）。

为了不使纵骨过高，影响双层底的内部空间，可考虑在纵骨跨中安装垂直支撑，这时纵骨剖面尺寸可相应地减小一些。一般干货船的机、炉舱中的肋板间距，为保证船底有较大的刚性，规范规定至少每两个肋位上装设实肋板，其余区域里的实肋板间距不超过 3.5m。

4）板的稳定性

纵骨架式外底板的稳定性为

$$\begin{cases} \sigma = \dfrac{6k_2 pb^2}{t^2} \leqslant \sigma_{cr} \\ \sigma_E = 76\left(\dfrac{100t}{b}\right)^2 \end{cases} \tag{6-16}$$

式中　t——外板厚度（mm）；

b——纵骨间距（mm）；

p——作用在外板上的计算压力（N/mm^2）；

σ_E——计算所得的欧拉应力，若欧拉应力超过材料的比例极限，则必须对理论欧拉应力进行修正（N/mm^2）；

σ_{cr}——临界屈曲应力（N/mm^2）；

σ_s——材料的屈服应力（N/mm^2）。

横骨架式外底板的稳定性为

$$\begin{cases} \sigma = \dfrac{6k_3 pa^2}{t^2} \leqslant \sigma_{cr} \\ \sigma_E = 19.6\left(\dfrac{100t}{a}\right)^2 \end{cases} \tag{6-17}$$

式中 t——外板厚度(mm);

a——肋板间距(mm);

p——作用在外板上的计算压力(N/mm^2);

σ_E——计算所得的欧拉应力,若欧拉应力超过材料的比例极限,则必须对理论欧拉应力进行修正(N/mm^2);

σ_{cr}——临界屈曲应力(N/mm^2);

σ_s——材料的屈服应力(N/mm^2)。

2. 内底结构

船体内底虽然也参加船体总纵弯曲,但是因为其离中和轴较近,所以比外底受力小,并且也不经常承受很大的静水压力,只是外底破损时要求它不致破坏。另外,内底不受波浪冲击,搁浅破坏的可能性也小。因此,内底强度要求比外底相对较低。

由于结构布置的关系,内底纵骨的跨距(肋板间距)应和外底一样。内底板应保证在计算载荷作用下的稳定性,纵骨应保证在极限弯矩作用下的稳定性,并且还要保证海损载荷条件下的强度。内底结构强度的稳定性计算方法与外底结构一样,计算载荷一般取偶然性载荷。

6.3.2 甲板板架强度计算

上甲板是船体梁的上翼板,对保证船体总纵强度起重要作用。下甲板主要承受货物重量,首先应保证其局部强度。无论哪一层甲板均要承受均布的横向载荷。对于上层露天甲板如不用来载货的话,则认为承受的是波浪打上甲板堆积起来水的重量。

露天甲板的计算压头应符合表 6.1 所列甲板板架计算压头的规定,对于船长小于 90 m 的船舶,可适当减小艏艉端区域主要构件的计算压头,但应不小于相同位置次要构件的计算压头。对于其他甲板的计算压头规范中有规定。

表 6.1 甲板板架计算压头

	甲板名称	位置	主要构件	次要构建	设计货物载荷/kPa
最小构件尺寸	露天甲板	0.075L 以前	h_0+3	$1.5h_0$	8.5
		0.075L~0.15L	h_0+2	$1.25h_0$	8.5
		0.15L 以后	h_0	h_0	8.5
规定货物载荷	露天甲板	0.075L 以前	$0.49p+h_0-1.2$	$0.49p+h_0-1.2$	$P(\geqslant 8.5)$
		0.075L~0.15L	$0.37p+h_0-1.2$	$0.37p+h_0-1.2$	$P(\geqslant 8.5)$
		0.15L 以后	$0.14p+h_0-1.2$	$0.14p+h_0-1.2$	$P(\geqslant 8.5)$

表 6.1 所列甲板板架计算压头中,h_0 应不小于按下式计算所得之值,且应不小于 1.2m,也不必大于 1.5m。

$$h_0 = 1.20 + \frac{2}{1000}\left(\frac{100 + 3L}{D - d} - 150\right)(\mathrm{m}) \tag{6-18}$$

式中 L——计算船长(m);

D——型深(m);

d——吃水(m)。

1. 横骨架式甲板板架

甲板板架承受总纵弯曲和横向载荷的双重作用,虽然这两种作用不一定会重叠,但一个板架应该具有承担这两种作用的能力。

对于具有大开口的甲板板架,自舱口纵围壁到舷边甲板连续部分是承力的主要部分,根据结构和受力特点,可以取这部分为代表进行板架分析,认为横梁是弹性固定在甲板纵桁和舷侧上,如图 6.14 所示。

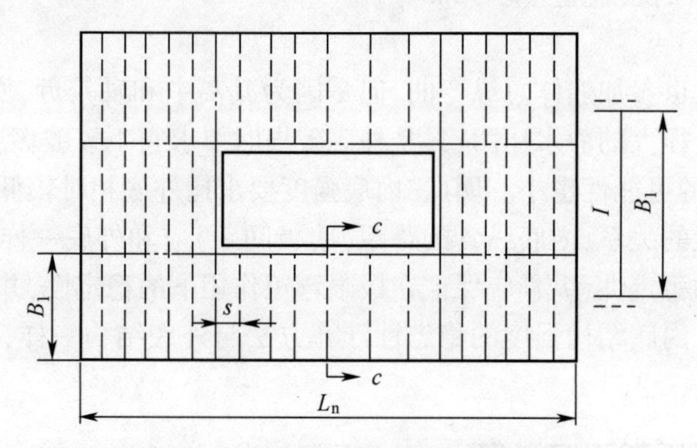

图 6.14 横骨架式甲板横梁计算模型

因为甲板是横骨架式的,横向骨架较密,而这个局部板架的长度远大于自身的宽度,所以根据这些特点,可以把板架整体强度、稳定性条件化为甲板横梁的强度和稳定性条件。如果取横梁端部固定系数 $k=0.3$,则跨中计算弯矩为

$$M_{中}=\frac{psB_1^2}{10} \tag{6-19}$$

式中 p——甲板上的计算压头(N/mm²);

s——横梁间距(mm);

B_1——横梁跨度(舱口围板至舷边距离)(mm)。

1) 横梁的强度

横梁必须满足

$$\sigma=\frac{psB_1^2}{10W}\leqslant[\sigma] \tag{6-20}$$

式中:对于普通结构钢 $[\sigma]=176\text{MPa}$,对于高强度钢还应考虑材料系数的影响。

2) 甲板板的强度条件

甲板板的强度条件为

$$\sigma=\frac{6k_3pa^2}{t^2}\leqslant[\sigma] \tag{6-21}$$

式中 p——作用于甲板板上的计算压头(N/mm²);

a——横梁间距(mm);

k_3——数值系数,按图 6.13 查得;对于普通结构钢沿船长方向 $[\sigma]=110\text{MPa}$,对于高强度钢还应考虑材料系数的影响。

3）横梁的稳定性

$$\begin{cases}\sigma = \dfrac{psB_1^2}{10W} \leqslant \sigma_{cr} \\ \sigma_E = \dfrac{\pi^2 Ei}{a^2(f + b_e t)}\end{cases} \tag{6-22}$$

式中 t——甲板板厚度(mm)；

f——横梁剖面积(mm)；

a——横梁间距(mm)；

b_e——带板的宽度(mm)；

σ_E——计算所得的欧拉应力,若欧拉应力超过材料的比例极限,则必须对理论欧拉应力进行修正(N/mm²)；

σ_{cr}——临界屈曲应力(N/mm²)；

σ_s——材料的屈服应力(N/mm²)；

4）甲板板的稳定性

$$\begin{cases}\sigma = \dfrac{6k_3pa^2}{t^2} \leqslant \sigma_{cr} \\ \sigma_E = 19.6\left(\dfrac{100t}{a}\right)^2\end{cases} \tag{6-23}$$

式中 t——甲板板厚度(mm)；

a——横梁间距(mm)；

p——作用于甲板板上的计算压头(N/mm²)；

t——甲板厚度(mm)；

σ_E——计算所得的欧拉应力,若欧拉应力超过材料的比例极限,则必须对理论欧拉应力进行修正(N/mm²)；

σ_{cr}——临界屈曲应力(N/mm²)；

σ_s——材料的屈服应力(N/mm²)。

2. 纵骨架式甲板板架

纵骨架式甲板板架的分析,包括甲板板格、甲板纵骨和甲板板架的强度与稳定性分析,如图6.15所示。

1）纵骨的强度条件

$$\sigma = \frac{pba^2}{12W} \leqslant [\sigma] \tag{6-24}$$

式中 对于普通结构钢[σ]=176MPa,对于高强度钢还应考虑材料系数的影响；

W——包括带板的纵骨的最小剖面模数(mm³)；

f——纵骨剖面积(mm²)；

t——板的厚度(mm)。

2）甲板板的强度条件

甲板板的强度条件应满足

$$\sigma = \frac{6k_2pb^2}{t^2} \leqslant [\sigma] \tag{6-25}$$

式中　p——作用于甲板板上的计算压力(N/mm^2)；

b——纵骨间距(mm)；

k——数值系数，按图 6.13 查得；对于普通结构钢沿船长方向 $[\sigma]$ = 110MPa，对于高强度钢还应考虑材料系数的影响。

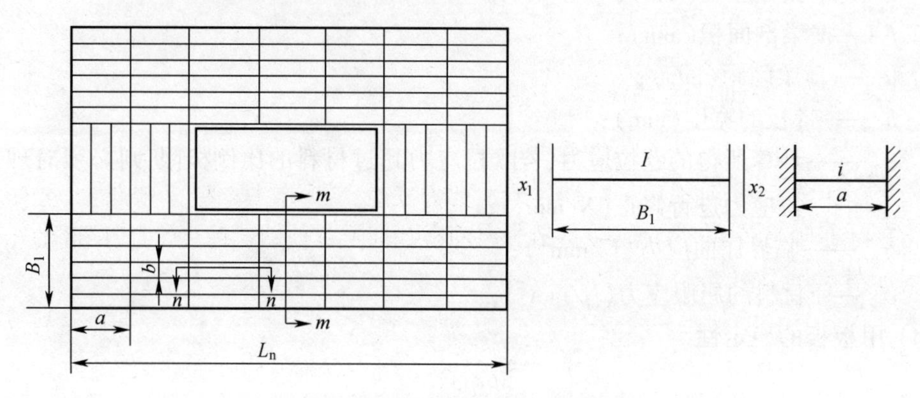

图 6.15　纵骨架式甲板板架计算模型

3）纵骨的稳定性

因为甲板板架载荷远比船底载荷小，所以甲板板格设计条件可以从稳定性条件出发，将纵骨的稳定性条件写出来：

$$\begin{cases} \sigma = \dfrac{pba^2}{12W} \leqslant \sigma_{cr} \\ \sigma_E = \dfrac{\pi^2 Ei}{a^2(f + b_e t)} \end{cases} \tag{6-26}$$

式中　t——甲板板厚度(mm)；

f——纵骨剖面积(mm^2)；

b——纵骨间距(mm)；

a——纵骨跨距(mm)；

b_e——带板的宽度(mm)；

σ_E——计算所得的欧拉应力，若欧拉应力超过材料的比例极限，则必须对理论欧拉应力进行修正(N/mm^2)；

σ_{cr}——临界屈曲应力(N/mm^2)。

σ_s——材料的屈服应力(N/mm^2)。

4）甲板板的稳定性

$$\begin{cases} \sigma = \dfrac{6k_2pb^2}{t^2} \leqslant \sigma_{cr} \\ \sigma_E = 76\left(\dfrac{100t}{b}\right)^2 \end{cases} \tag{6-27}$$

式中 t——甲板板厚度(mm);

b——纵骨间距(mm);

p——作用在甲板板上的计算压力($\mathrm{N/mm^2}$);

σ_E——计算所得的欧拉应力,若欧拉应力超过材料的比例极限,则必须对理论欧拉应力进行修正($\mathrm{N/mm^2}$);

σ_{cr}——临界屈曲应力($\mathrm{N/mm^2}$);

σ_s——材料的屈服应力($\mathrm{N/mm^2}$);

6.3.3 舷侧结构强度计算

舷侧结构是船体梁的腹板,在总纵弯曲时,除承受拉、压的法向应力外,还承受较大的剪切应力。由前面所学知识可知,船体最大剪力发生在距艏、艉约 1/4 船长处,船侧板架还经常性地受到舷外水压力作用,包括波浪冲击载荷及其他动载荷,航行于冰区的船舶还应考虑冰载荷作用。

舷侧板架从它的功能和受力特点看,采用横骨架式为宜。因为横骨架式舷侧板架对建造工艺、扩大舱容及防碰撞和传递垂向作用力等都是有利的。对于一般货船多采用在舱壁之间设置数根强肋骨和一根舷侧纵桁的交替肋骨制的横骨架式舷侧板架。图 6.16 是具有 3 根强肋骨和 1 根舷侧纵桁的板架计算示意图,其舷侧纵桁可归结为弹性基础梁,承受荷重 $q=\dfrac{\beta}{\gamma}\dfrac{Q}{s}$ 及 3 个集中力 P_1、P_2、P_3 作用。其中 β 与 γ 为肋骨的影响系数,假如肋骨两端为刚性固定,则 $\gamma=\dfrac{1}{192}$,$\beta=\dfrac{1}{384}$。力 P_1 和 P_2 的数值为

$$\begin{cases}P_1=k_1Q\\P_2=k_2Q\end{cases}\tag{6-28}$$

式中:k_1,k_2 为系数,具有 3 根强肋骨和 1 根舷侧纵桁的舷侧板架系数($L_n=16s$,$V_1=V_2=1$)由表 6.2 查得,其中 μ 为弹性基础梁的系数,其值为

$$\mu=\sqrt[4]{\frac{i}{64\gamma}\frac{L_n}{s}\left(\frac{L_n}{l}\right)^3\frac{j}{J_1}}\tag{6-29}$$

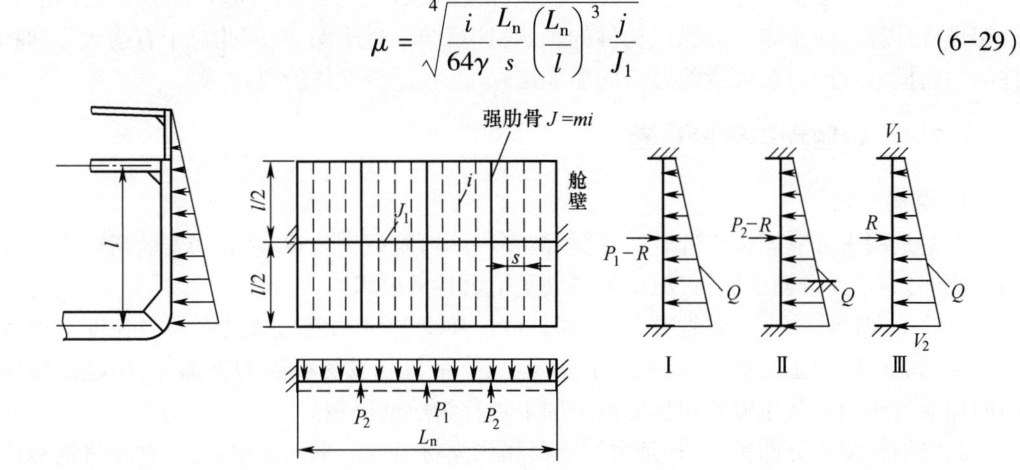

图 6.16 弦侧板架计算模型示例

表 6.2 舷侧板架系数

μ	$m=3$		$m=5$		$m=11$		$m=21$	
	$k_1=\frac{P_1}{Q_1}$	$k_2=\frac{P_2}{Q}$	k_1	k_2	k_1	k_2	k_1	k_2
1.00	0.14	0.06	0.26	0.15	0.57	0.32	0.94	0.53
1.25	0.27	0.16	0.50	0.28	0.96	0.55	1.38	0.82
1.50	0.42	0.24	0.74	0.42	1.26	0.75	1.67	1.02
1.75	0.54	0.32	0.69	0.54	1.42	0.91	1.75	1.20
2.00	0.63	0.39	1.00	0.63	1.51	1.03	1.77	1.33
2.25	0.68	0.44	1.05	0.70	1.53	1.10	1.77	1.39
2.50	0.71	0.48	1.07	0.76	1.52	1.19	1.73	1.49
2.75	0.72	0.52	1.07	0.81	1.49	1.24	1.70	1.52
4.00	0.72	0.55	1.06	0.85	1.48	1.28	1.70	1.55
4.50	0.69	0.59	1.01	0.89	1.42	1.31	1.62	1.54

注：当 $m\to\infty$，P_1、$P_2\to1.9$；Q 为一根肋骨上的荷重。

强肋骨Ⅰ、Ⅱ与舷侧纵桁交点处的挠度为

$$\begin{cases} \nu_1=\gamma\dfrac{P_1l^3}{(m-1)EI} \\ \nu_2=\gamma\dfrac{P_2l^3}{(m-1)EI} \end{cases} \tag{6-30}$$

肋骨Ⅲ按承受的荷重 Q 和反力 R 来计算。R 由下式确定

$$R=\frac{\beta}{\gamma}Q-\frac{P_1}{m-1} \tag{6-31}$$

强肋骨按承受的荷重 Q 及反力 P_1-R(中间强肋骨)和 P_2-R(旁边强肋骨)来计算。

肋骨也是保证横强度的主要构件。在横强度校核时，通常取货舱中间开口区的肋骨框架进行计算。由于未考虑纵向构件的影响，计算结果过于保守，因此对于有强大纵向构件的油船横强度或有长大货舱开口的船舶横强度，宜进行立体舱段计算。

6.3.4 舱壁板架强度计算

1. 结构型式

舱壁是用来分隔船体内部空间，把船体隔成单独舱室供装货、载客和安装机电设备等用。此外，为了保证安全航行，舱壁还要满足抗沉性的要求。

按舱壁在船体内部的布置方向，可划分成横舱壁和纵舱壁。对具有相当强度并保持水密性的舱壁称为主舱壁，主舱壁除了作为船底、甲板和舷侧板架的支承外，还起到船体横向加强的作用。与主舱壁相接的最上层甲板称为舱壁甲板。

舱壁结构型式分两种：一种是由舱壁板和扶强材组成的平面舱壁；另一种是将钢板压成槽形的槽形舱壁。

平面舱壁上的扶强材一般是沿着跨度最短的方向布置的。但有时考虑到甲板和船底

竖向作用力的传递,在甲板和船底都是纵骨架式时,即使是垂直方向的尺度大于水平方向的尺度,扶强材仍沿着垂直方向布置。为了减少扶强材的跨度,可沿着横方向设置水平加强桁材,有时为了加强水平桁材,设置垂直加强桁材。这种由水平桁和竖桁加强的舱壁板架,实际上就是带有交叉构件的平面舱壁板架。在油船结构中,这种板架较多。

作用在舱壁上的载荷,有横向载荷和作用在舱壁平面内的力。保证破舱后船舶不沉性的主舱壁,作用在上面的载荷,应是量至舱壁甲板的水柱高度,载荷沿着高度方向线性分布并呈三角形或梯形分布。

对于液体舱壁,计算载荷取该舱隔壁是空舱时,该舱装液货所产生的静水压力应考虑作用于舱壁平面内的力,如船在坞中或下水时由船底板架传来的坞墩反力或下水支反力,这些力应根据船舶下水或进坞的计算资料确定。

2. 平面舱壁强度计算

平面舱壁承受横载荷时的强度计算,可以归结为舱壁扶强材的强度计算和舱壁板的强度计算。

单甲板舱壁扶强材可视为单跨梁进行计算,多层甲板舱壁扶强材,如各层甲板的舱壁上下对齐,垂直布置的扶强材上下连接应视为连续梁进行计算。其端部固定情况,如船底和甲板均为横骨架式,扶强材在甲板和船底处是用肘板连接到横梁和肋板上,扶强材下端可视为刚性固定,上端可视为弹性固定。如甲板和船底均非横骨架式,则扶强材末端作为弹性固定。

1) 扶强材的强度条件

当平面舱壁扶强材作为单跨梁进行计算时,在船底处可认为是刚性固定的,上端是弹性固定,下端削斜者,两端都是弹性固定,如图 6.17、图 6.18 所示。舱壁骨架的许用弯曲应力,可取为 $176\mathrm{N/mm^2}$,对于高强度钢还应考虑材料系数的影响。

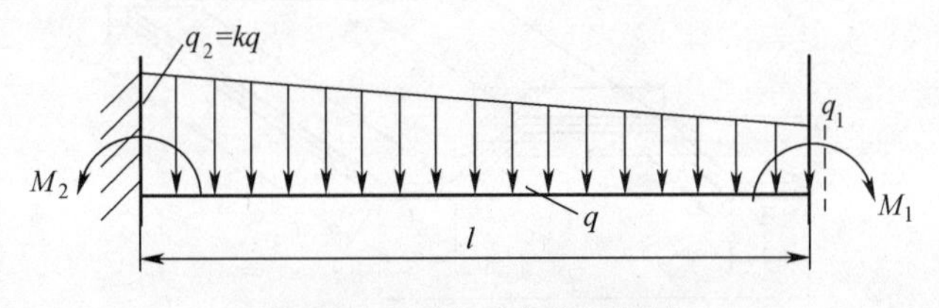

图 6.17 两端固支的扶强材

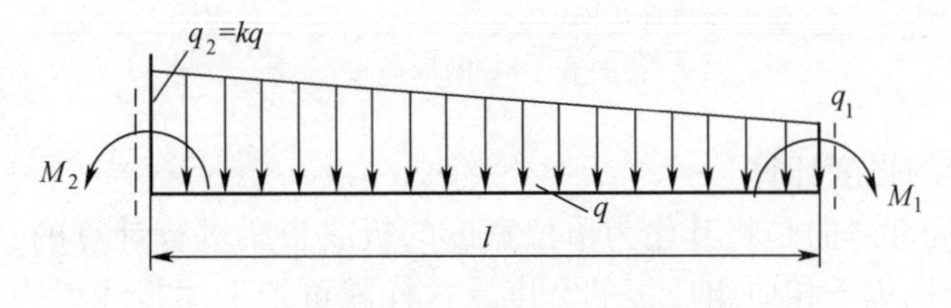

图 6.18 两端弹性支持的扶强材

2) 舱壁板的强度条件

由扶强材支持的舱壁板,由于结构和载荷的对称性,变形呈筒形,故舱壁板可按端点固定的筒形弯曲计算。如果板条梁的跨度 b 与板的厚度 t 的比值不大于 60~70,则板可视为绝对刚性板，计算时不考虑平面应力的影响。

跨中应力可按下式计算：

$$\sigma = \frac{6k_2pb^2}{t^2} \leqslant [\sigma] \tag{6-32}$$

式中 t——舱壁板厚度(mm)；

b——扶强材间距(mm)；

p——作用在舱壁上的计算力(N/mm^2)；

$[\sigma]$——许用弯曲应力，$[\sigma]=145MPa$，对于高强度钢还应考虑材料系数的影响。

3. 槽形舱壁强度计算

槽形舱壁结构型式在简化工艺和减轻结构重量等方面效果显著，近年来在大型散装货船和液货船上采用得较多。

1）皱折舱壁的几何要素

皱折舱壁的几何要素如图 6.19 所示。

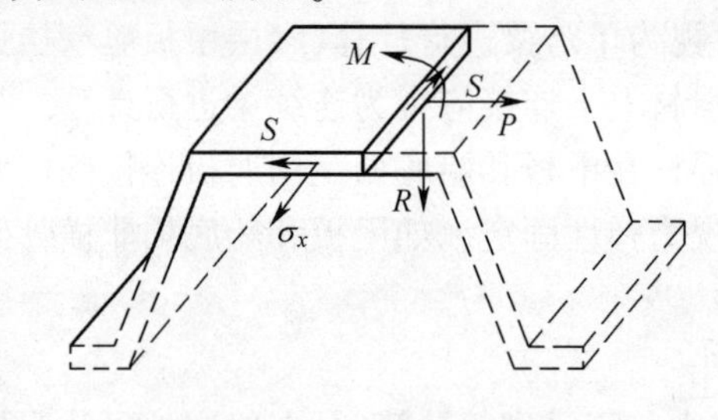

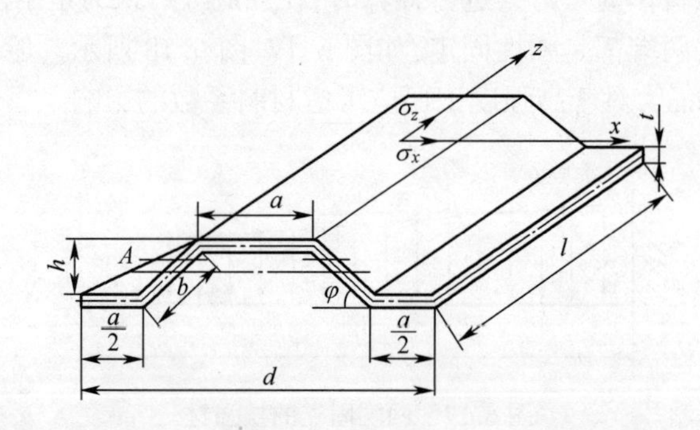

d——波条宽度(未展开)(mm)；h——波条高度(mm)；d_1——波条展开宽度(mm)；a——波条翼板宽度(mm)；φ——波条腹板与断面水平线的夹角(rad)；b——波条腹板长度(mm)。

图 6.19 槽形舱壁

2）皱折舱壁的强度计算

槽形舱壁的局部弯曲是将其化为单位宽度的折线板梁进行计算的，在节点处是刚性支座，每个跨度分别等于相应组成板的宽度。这样就可把上述折线梁当作支持在刚性支座上的连续梁进行计算，如图 6.20 所示。槽形舱壁的许用弯曲应力，可取为 $[\sigma]=145N/mm^2$，对于高强度钢还应考虑材料系数的影响。

6.3.5 计算实例

试校核一化学品船船舯区域甲板板架中板与纵骨的强度和稳定性。已知船长 $L=$

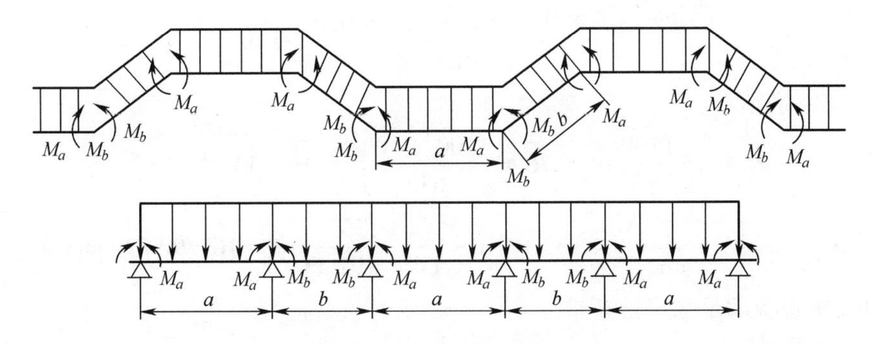

图 6.20 槽形舱壁的计算模型

108m、型宽 $B=18$m、型深 $D=8.9$m、设计吃水 $d=6.8$m，该化学品船甲板板架为纵骨架式，板格长边长度 $a=2.8$m，短边长度 $b=0.63$m，板厚 $t=10$mm，纵骨尺寸为 HP220×44×10，钢材的弹性模量 $E=2\times10^5\ \mathrm{N/mm^2}$，对于钢结构板，沿船长方向 $[\sigma]=110$MPa、船宽方向 $[\sigma]=145$MPa，对于纵骨，普通结构钢 $[\sigma]=176$MPa。

1. 强度校核。

1）计算压头

根据《钢质海船入级建造规范》(2021) 规定，露天甲板的设计货物载荷 $p_0=8.5$kPa，构件上所受压力水头高度 h_0 应不小于按下式计算所得之值，且应不小于 1.2m，也不必大于 1.5m：

$$h_0 = 1.2 + \frac{2}{1000}\left(\frac{100+3L}{D-d} - 150\right)$$
$$= 1.2 + \frac{2}{1000}\left(\frac{100+3\times108}{8.9-6.8} - 150\right)$$
$$= 1.3\mathrm{m}$$

所以，甲板上单位面积的压力为

$$p = 1.3 \times 10.25 = 13.325(\mathrm{kN/m^2}) \approx 14(\mathrm{kPa})$$

2）计算甲板板工作应力

$$\sigma_{\max} = \frac{6k_2pb^2}{t^2} = \frac{6\times0.019\times0.014\times630^2}{10^2} \approx 6.34\ (\mathrm{N/mm^2}) < [\sigma] = 110(\mathrm{MPa})$$

所以，甲板板满足强度要求。

3）计算甲板纵骨工作应力

甲板纵骨尺寸为 HP220×44×10，查表计算得：纵骨剖面模数 $W=236065\mathrm{mm^3}$，纵骨剖面 $f=2749\mathrm{mm^2}$；对中和轴的惯性矩 $I=42368560\mathrm{mm^4}$，则

$$\sigma = \frac{pba^2}{12W} = \frac{0.014\times630\times2800^2}{12\times236065} = 24.41\ (\mathrm{N/mm^2}) < [\sigma] = 176(\mathrm{MPa})$$

所以，甲板纵骨满足强度要求。

2. 稳定性校核

1）甲板板

（1）工作应力：

$$\sigma_{\max} = \frac{6k_2pb^2}{t^2} = \frac{6 \times 0.019 \times 0.014 \times 630^2}{10^2} \approx 6.34\ (\text{N/mm}^2)$$

（2）临界载荷：

$$\sigma_{\text{E}} = 76\left(\frac{100t}{b}\right)^2 = 76 \times \left(\frac{100 \times 10}{630}\right)^2 = 191.50\ (\text{N/mm}^2)$$

$$\sigma_{\text{cr}} = \sigma_{\text{s}}\left(1 - \frac{\sigma_{\text{s}}}{4\sigma_{\text{E}}}\right)^2 = 235 \times \left[1 - \frac{235}{(4 \times 191.50)}\right] = 162.90\ (\text{N/mm}^2)$$

所以，甲板板满足稳定性要求。

2）甲板纵骨

（1）工作应力：

$$\sigma = \frac{pba^2}{12W} = \frac{0.014 \times 630 \times 2800^2}{12 \times 236065} = 24.41\ (\text{N/mm}^2)$$

（2）临界载荷：

$$\sigma_{\text{E}} = \frac{\pi^2 Ei}{a^2(f + b_{\text{e}}t)} = \frac{3.14^2 \times 630 \times 42368560}{2800^2 \times (2794 + 630 \times 10)} = 1177.65\ (\text{N/mm}^2)$$

$$\sigma_{\text{cr}} = \sigma_{\text{s}}\left(1 - \frac{\sigma_{\text{s}}}{4\sigma_{\text{E}}}\right)^2 = 235 \times \left[1 - \frac{235}{4 \times 1177.65}\right] = 223.28\ (\text{N/mm}^2)$$

所以，甲板纵骨满足稳定性要求。

6.4 局部强度计算的有限元法

随着计算机技术的快速发展，利用有限元法进行船舶局部强度的计算变得准确、简便、快捷，可以省去利用解析法而必须进行大量繁琐的推导运算。但必须指出的是，有限元数值仿真技术仅是一种计算手段，其本质及核心知识仍然是结构力学所述的经典力学理论。

利用有限元法进行局部强度计算的船体结构从理论上来讲可以是任何一种局部结构，舱段、横向肋骨框架、某层舱壁结构、一段甲板结构、一段船底结构，乃至某个连接部位，都可以用有限元的方法进行计算。有限元法计算的主要步骤：建立有限元模型，赋予材料属性，施加合理的边界条件，量化该局部结构所受载荷并科学施加于有限元模型上，运算并输出所需结果。

本节以某散货船舱段的局部强度计算为例，说明利用有限元进行局部强度计算的方法。

6.4.1 有限元模型

由于本船为内河船舶，根据中国船级社《钢质内河船舶建造规范》(2016)及《钢质内河船舶建造规范修改通报》(2019)：第 1 篇第 8 章附录 I 大舱口船局部强度直接计算 I. 2. 1 直接计算模型范围应符合下述规定。

（1）纵向：一般取整个货舱区的纵向范围；

（2）横向：取整个船宽；

(3) 垂向:取整个型深。

有限元的单元选取可分为壳单元——甲板、舷侧外板、船底板、纵舱壁和横舱壁、船底纵桁腹板、船底肋板腹板等;梁单元——横梁、纵骨及舱壁扶强材等;杆单元——桁材的面板等。

取直角坐标系,坐标原点位于船体中心线处,X 轴沿船长指向船首为正,Y 轴沿船宽指向左舷为正,Z 轴沿型深向上为正。有限元模型单位:长度为米(m),力为牛顿(N)。模型材料:弹性模量 $E = 2.06 \times 10^{11}$ Pa,泊松比 0.3,密度 7850kg/m^3。有限元模型如图 6.21 及图 6.22 所示。

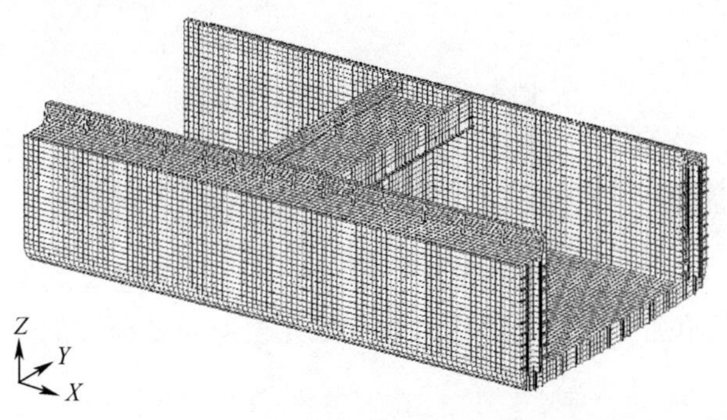

图 6.21 集散两用货船舱段有限元模型

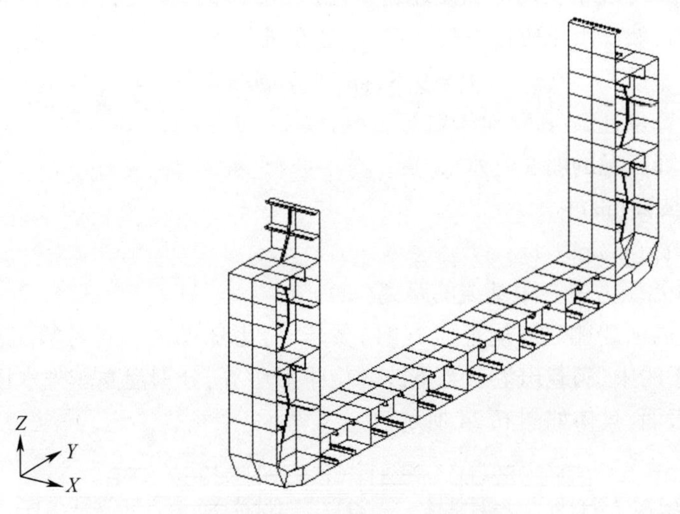

图 6.22 横向肋骨框架有限元模型

6.4.2 边界条件

边界条件按照《钢质内河船舶建造规范修改通报》(2019)中第 1 篇第 8 章附录 I 大舱口船局部强度直接计算 I. 3. 1:

在模型一端面所有节点上施加 $\boldsymbol{u}_x = \boldsymbol{u}_y = \boldsymbol{u}_z = \mathbf{0}$ 的约束,在另一端面所有节点上施加 $\boldsymbol{u}_y = \boldsymbol{u}_z = \mathbf{0}$ 的约束;在一舷所有实肋板的端部节点上施加 $\boldsymbol{u}_y = \boldsymbol{u}_z = \mathbf{0}$ 的约束,在另一舷所有实肋板的端部节点上施加 $\boldsymbol{u}_z = \mathbf{0}$ 的约束;若模型中包含横舱壁时,在横舱壁与船底板交线两端的节点上施加 $\boldsymbol{u}_z = \mathbf{0}$ 的约束。边界条件施加如图 6.23 所示。

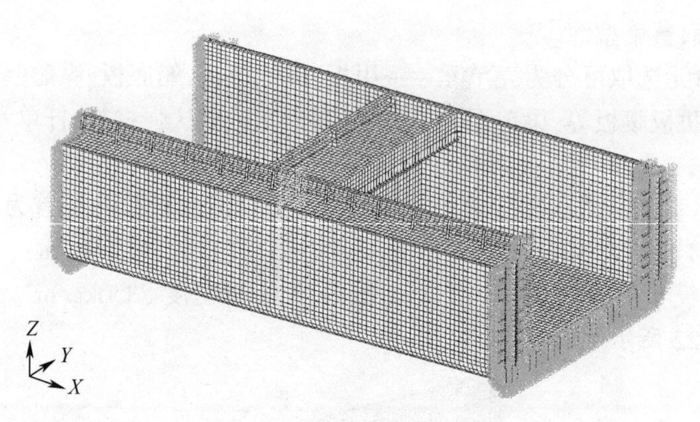

图 6.23　舱段边界约束施加

6.4.3　载荷施加

该舱段所承受载荷根据中国船级社《钢质内河船舶建造规范修改通报》(2019)中1.9.7.6的要求进行施加。校核局部构件时有限元模型需要施加的载荷包括舷外水压载荷、货物重量等。

1. 舷外水压载荷

按照中国船级社《钢质内河船舶建造规范》(2021)的要求：舷外水压应考虑受到静水压力和波浪压力，舷外水压应按下式计算，施加在外板上：

$$P = 9.81(h - z)\text{kN/m}^2$$

式中　h——计算水柱高(m)，对于航行工况，取 $h = d \pm r$；

d——计算工况的船舶吃水(m)；

r——半波高(m)；

D——型深(m)；

z——单元压力中心距基线的距离(m)。

根据《钢质内河船舶建造规范》(2021)要求，考虑船舶的多种计算工况，如满载出港状态下波谷位于船中，满载出港状态下波峰位于船中等，分别建立舷外水压力分布函数并施加于船体外表面，具体如图6.24所示。

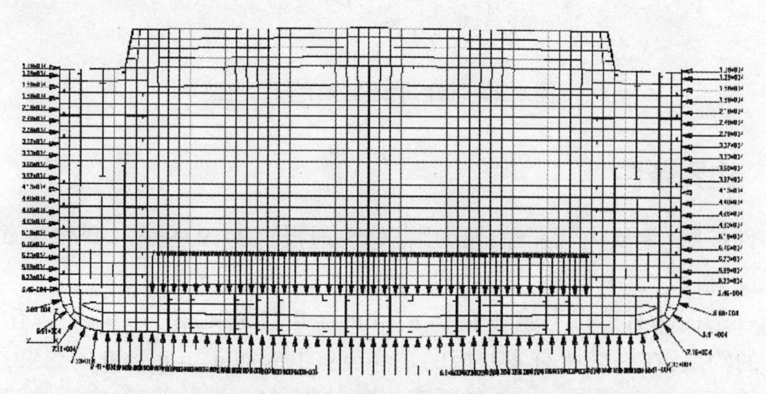

图 6.24　满载出港状态下波谷位于船中的舷外水压力分布

2. 货物载荷

图 6. 25 为货物在货舱内分布施加示意图,具体施加方式需按照《钢质内河船舶建造规范》(2021)相关规定进行。

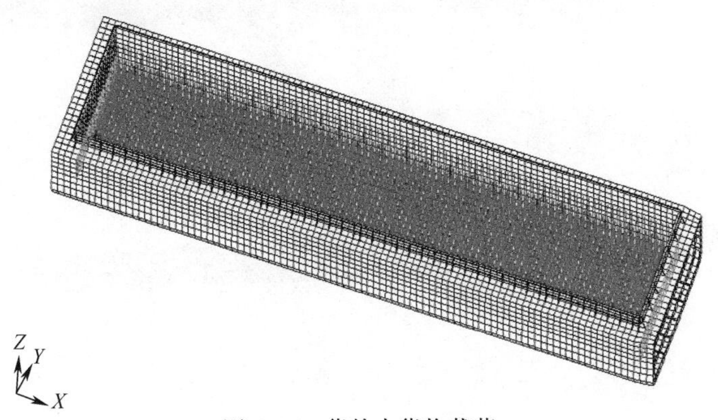

图 6. 25　货舱内货物载荷

6.4.4　计算结果

根据实际需要输出计算结果,一般就静载作用下的结构强度评估而言,需要输出应力、变形量、应变等结果,将所得结果与该种材料的许用值进行比较,计算结果小于许用值,则说明结构强度满足要求,否则,需要加强或改进结构后再行计算。从理论上讲,利用有限元计算船体结构强度可以输出所建模型的任意结构的计算结果,而省去大量的结构简化及理论计算的过程,这是有限元法相比于解析方法的优势。从说明问题的角度,本节只给出了舱段整体结构、甲板结构以及横舱壁结构的应力云图,如图 6. 26~图 6. 28 所示。

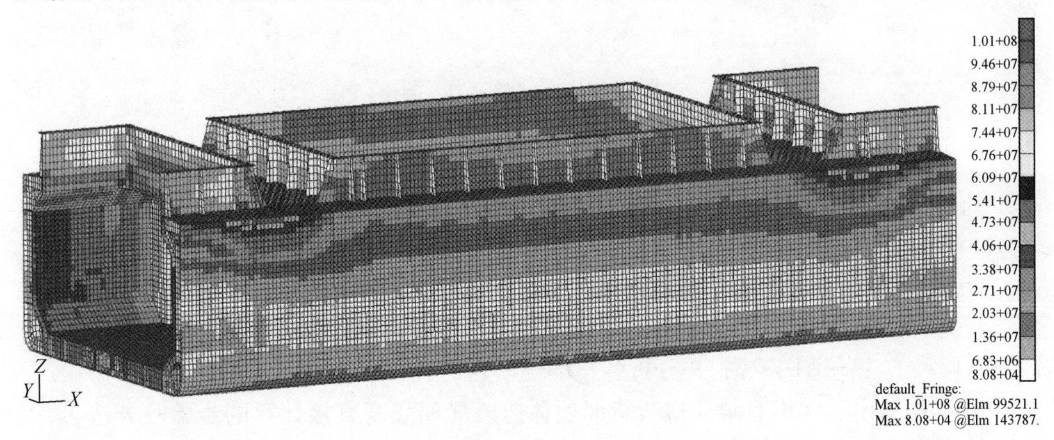

图 6. 26　舱段整体应力云图

有限元直接计算法不但可以获得准确的应力值,而且可以直观地了解最大应力发生的部位。从计算结果可以看出,整个舱段的最大应力为 96. 7MPa,发生在上甲板的舱口角隅部位,横舱壁的最大应力 35. 8MPa,发生在与纵舱壁相交的位置。该船局部应力均小于许用应力,故局部强度满足《钢质内河船舶建造规范》(2021)要求。

图 6.27　甲板应力云图

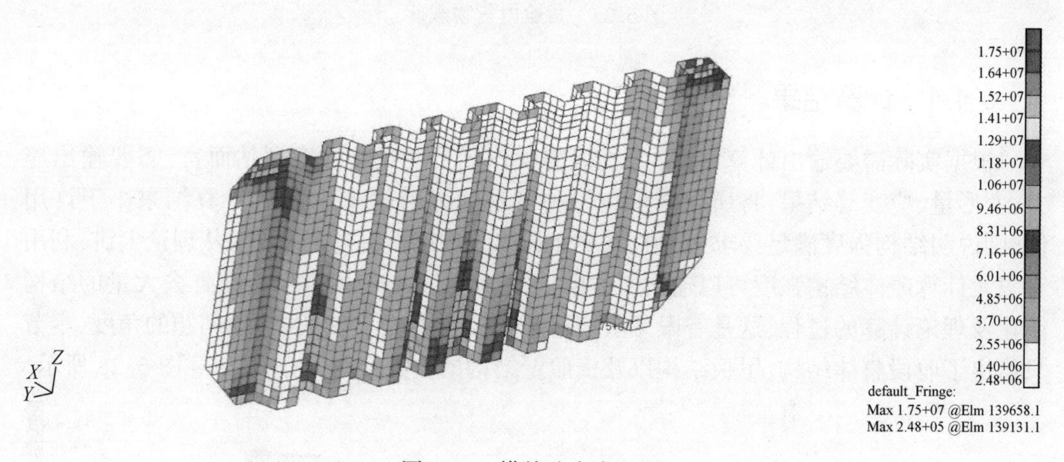

图 6.28　横舱壁应力云图

专 题 讨 论

1. 船体局部强度计算方法主要基于结构力学的解析法及有限元直接计算法两种,请简述这两种方法的适用范围,并分析各自的优缺点。

2. 本章给出了利用有限元进行货船船体舱段局部强度直接计算的步骤及方法,请以起重船为例,讨论工程船舶进行局部强度计算时如何确定建立的模型范围、计算载荷、约束条件、计算工况等。

第 7 章　船体结构的其他强度问题

7.1　船体结构极限强度

7.1.1　总体结构的极限状态

船体总纵强度是 3 个强度指标中最基本的一项,其中船体达到极限状态时(ultimate limit state)的总纵强度称为船体梁的总纵极限强度。它能真实地反映一般船舶抵抗外力的最大能力,一般通过剖面的极限弯矩来体现,如图 7.1 所示。

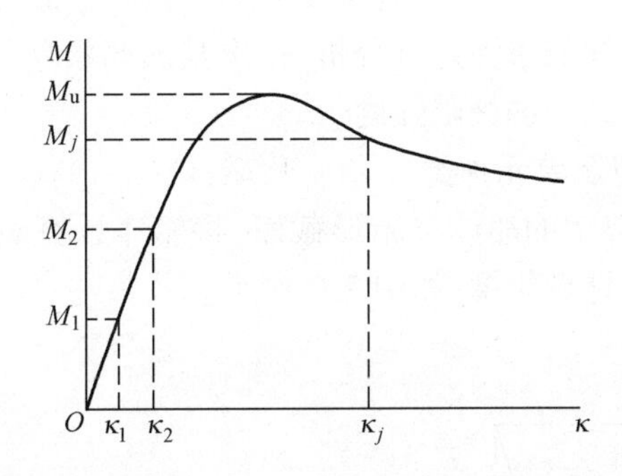

图 7.1　弯矩-曲率曲线

船舶与海洋工程结构极限强度的计算是结构理性设计的最后一部分,也是最复杂、要求最多的计算部分。船体模块是一种包含许多构件的三维结构,它的崩溃形式包括塑性变形和构件屈曲的多种组合,所以对整个船体模块进行增量有限元分析计算是获得船体模块极限强度的最精确的一种方法。但是,对于目前的计算工具来说这种方法所要求的计算量庞大,计算费用太高,因此就产生了一直沿用至今的主流计算极限强度的逐步破坏法,它既能达到足够的计算精度又大大简化了计算量。

船舶与海洋工程总体结构的极限状态就是总体结构的崩溃,结构崩溃本质上是总体刚度和承载能力的丧失。在船舶与海洋工程结构中,许多构件需承受很大的弯矩,随着外力的增大,某些构件可能会由于屈服或屈曲发生破坏,这些连续的破坏会引起总体弹性弯曲刚度(弯矩-曲率曲线的斜率)的减小。然而,该斜率并不会立即变成零,因为剖面上的其他构件还可以进一步承载,包括已经破坏的构件转嫁过来的载荷和破坏构件应该承担的进一步的载荷。随着更多破坏的发生,结构的刚度逐渐损失,其曲率急剧增加,最终发生崩溃,考虑到构件的几何和材料非线性的影响,结构极限载荷的精确值只能通过增量法或逐步破坏法计算出完整的弯矩-曲率曲线而得出。通过采用一系列载荷增量,更新结构模型,同时结合构件的破坏情况,得到结构的极限强度值。

关于船体梁总纵极限强度校核的要求已于 2006 年被明确写入共同结构规范中(JTP-CSR 和 JBP-CSR),针对油船和散货船两大主力船型,并有向其他船型发展的趋势。当前国内内河航运业发展较快,内河船舶尺度越来越大,其总纵极限强度应该受到关注。

7.1.2 逐步破坏分析法

强度理论设计过程中,可将船体视为受弯曲和扭转变形的梁(简称为船体梁)。强度分析是研究船体梁在变形过程中极限状态和极限承载能力的过程。船体梁的实际设计过程中,为了对截面进行纵向极限弯矩的预测,需要计算船体主要构件如加筋板的极限状态。在达到极限状态过程中,经历线弹性阶段、破坏阶段和破坏后 3 个阶段。破坏的形式有多种,如加筋板屈曲/屈服失效、整体板架失效和多种形式的组合失效。弹塑性大变形分析是得到加筋板及船体梁极限状态的精确方法,但由于计算量大且复杂,因此在初步设计阶段并不推荐使用该方法。

船舶与海洋工程结构的崩溃是一个极其复杂的过程,要想为这种结构提供完整而精确的极限分析方法几乎是不可能,因此有必要采用简化和近似的方法进行分析,对船舶与海洋工程结构主要构件加筋板单元进行分析,得出其加筋板单元的应力-应变曲线,然后通过逐步破坏法计算整体结构的极限强度。

1. 断面的离散化模型及单元种类

在极限强度计算时,典型的船体梁箱形截面,将船体计算断面(通常是船舯断面)划分成由单元组成的离散化计算模型,如图 7.2 所示。

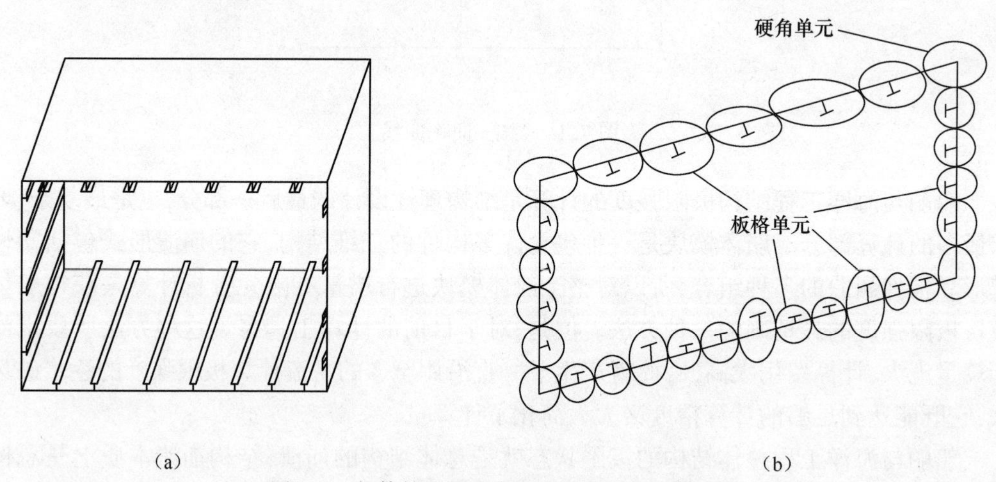

图 7.2 船体箱型梁及断面的离散化计算模型

船体断面有两种单元,即板格单元和硬角单元。板格单元,即一根加强筋连同其带板。考虑到船体结构中可能出现的加强筋非等间距布置及板厚的变化,板格单元的带板由左右两部分不同厚度的板组成,其典型断面如图 7.2 所示。硬角单元,即不可能发生屈曲的构件,如舭部、甲板与舷侧的连接处、高腹板板材的腹板与船体板的连接处等均可用硬角单元模拟。硬角单元由若干相交的板组成,在某些情况下还包括相交处的加强材,其典型断面如图 7.2 所示。图 7.3 所示为典型的部分船体断面单元的划分和单元类型的选择。

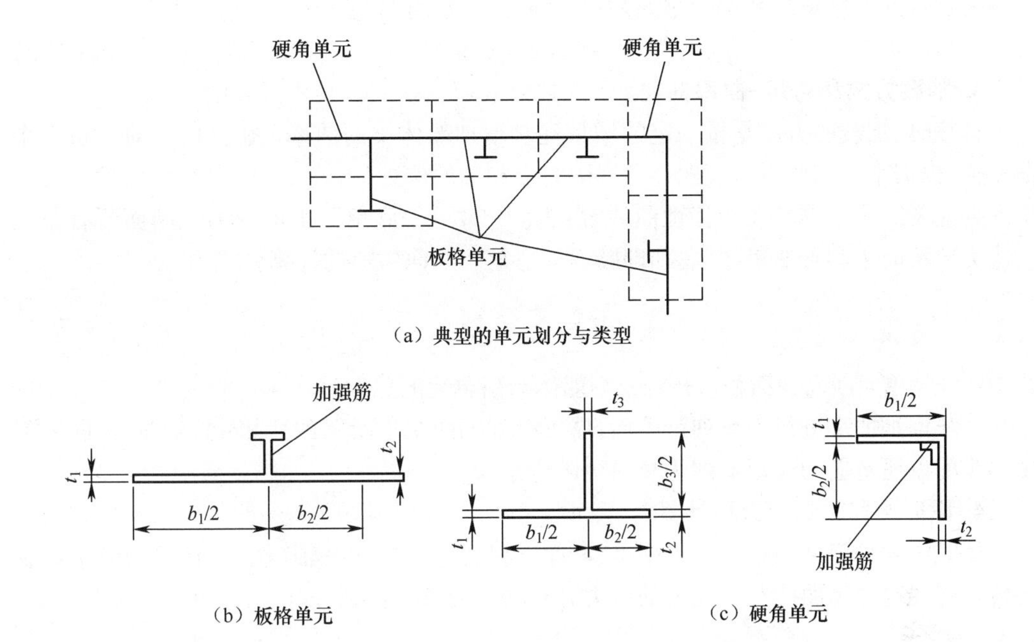

图 7.3 典型单元的断面

2. 平断面假设及单元的平均应变和平均应力

计算中采用平断面假设,即受弯前为平面的船体断面,加载后仍然保持为平面,断面上的应变为线性分布。当断面离散化后的单元高度与断面高度相比足够小时,单元断面上的平均应变可取其形心处的值均匀分布,如图 7.4 所示。

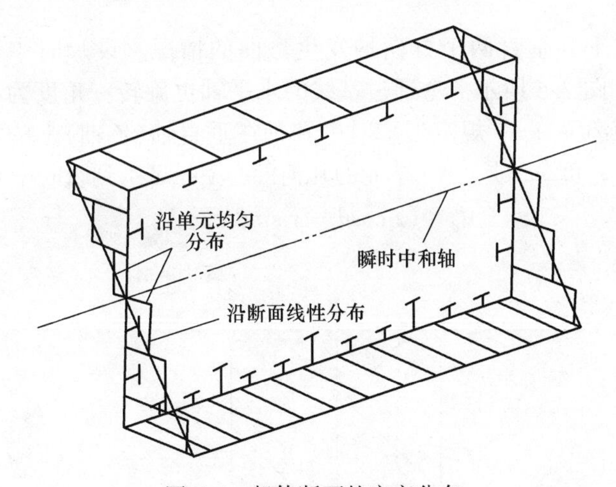

图 7.4 船体断面的应变分布

根据以上假设,任一单元的平均应变为

$$\varepsilon_i = y_i \kappa \tag{7-1}$$

式中 κ ——船体梁的曲率;

y_i ——单元形心至瞬时中和轴的距离。

根据单元的平均应变得到单元的平均应力,一般可写为

$$\sigma_i = \sigma_i(\varepsilon_i) \tag{7-2}$$

3. 加载方式和弯矩-曲率曲线

计算时,加载的方法是按一定的增量逐步增加船体梁的曲率(图 7.1)。对于每一个曲率值,根据平断面假设以及船体断面瞬时中和轴的位置,由式(7-1)可得到断面上每一单元的应变。再根据单元的特性曲线,由式(7-2)可得到单元上的应力。断面所有单元的应力对瞬时中和轴取矩,其总和即断面的弯矩。断面弯矩的计算公式为

$$M = \sum_{i=1}^{n} \sigma_i A_i y_i \tag{7-3}$$

式中:A_i 为单元断面的面积(m^2);n 为船体断面单元的总数。

逐步增加曲率进行一系列计算后,就可得到如图 7.1 所示的弯矩-曲率曲线,曲线斜率为零的点所对应的弯矩值即为总纵极限弯矩 M_u。

4. 瞬时中和轴的定义和计算

瞬时中和轴定义为在一定曲率下,断面上应变为零的水平轴(图 7-4)。瞬时中和轴的位置可通过令断面所有单元上的应力总和为零的条件得到,即

$$P = \sum_{i=1}^{n} \sigma_i A_i = 0 \tag{7-4}$$

式中:$\sigma_i = \sigma_i(\varepsilon_i)$ 为第 i 单元的平均应力,由单元特性曲线得到(N/mm^2);A_i 为第 i 单元的面积(m^2)。

由于一方面单元的应力与应变有关,另一方面单元应变又和瞬时中和轴的位置有关,而且单元的应力-应变关系又不能用显式表示,因此瞬时中和轴的位置必须用搜索、试探或迭代的方法确定。

考虑船体在水平和垂直两个方向均发生弯曲的情况。设瞬时中和轴与水平轴(y 轴)的夹角为 θ,如图 7.5 所示。令通过基线的水平轴也旋转一角度为 θ,并设中和轴距旋转后的水平轴距离为 d_n。规定当瞬时中和轴在垂直轴(Z 轴)上的截距为正时 d_n 为正,截距为负时 d_n 为负。于是,第 i 单元的几何形心 (y_i, Z_i) 到瞬时中和轴的距离为

$$d_i = (z_i\cos\theta - y_i\sin\theta) - d_n \tag{7-5}$$

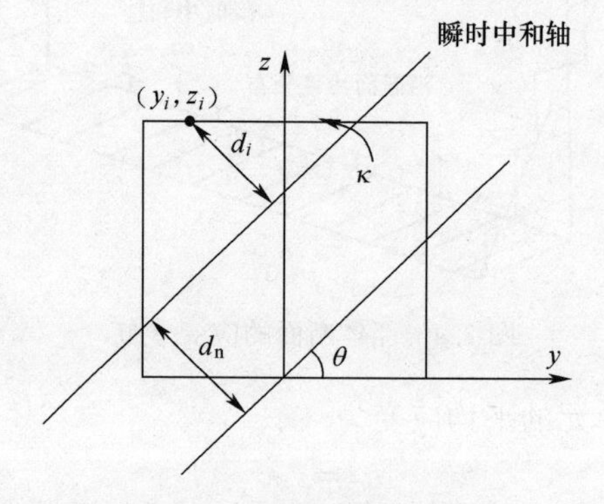

图 7.5 瞬时中和轴的位置

对于给定的曲率 κ,第 i 单元的几何形心处的应变为

$$\varepsilon_i = \kappa d_i = \kappa[(z_i\cos\theta - y_i\sin\theta) - d_n] \tag{7-6}$$

根据单元特性曲线得到单元的平均应力 $\sigma_i(\varepsilon_i)$ 后，代入式(7-4)可得到在给定 θ 和 κ 时关于未知数 d_n 的非线性方程式；用割线法求解后可得到 d_n，从而确定瞬时中和轴的位置。

5. 逐步破坏法计算流程

逐步破坏法首先对船舶与海洋工程等箱型梁结构的主要承载构件加筋板单元进行分析，确定加筋板单元的应力-应变曲线，然后对船体梁横断面分步加载，直至破坏。对应每一增量载荷步，计算所有单元的应力应变状态，通过叠加得到整个船体中剖面的弯矩-曲率曲线，进而确定总体的极限强度。

总纵极限弯矩 M_u 的获得是通过计算船体梁的临界分段的弯矩-曲率关系得到，需要进行两次完整的计算：一次是中拱情况(Hog)计算；另一次是中垂情况(Sag)的计算。下面就是逐步破坏法计算极限弯矩的计算流程，如下：

(1) 划分单元，将船体梁离散成若干加筋板单元和硬角单元。

(2) 确定所有单元的应力-应变关系。

(3) 选取船体梁初始曲率(第一个加筋板单元刚发生破坏)，令 $\kappa=\kappa_0$，认为瞬时弹性中和轴即为有效面弹性中和轴，初始曲率 κ_0 为

$$\kappa_0 = \min_{i=1}^{n}\left\{\frac{(\varepsilon_{ult})_i}{y_i}, \frac{\varepsilon_y}{y_i}\right\} \tag{7-7}$$

式中：$(\varepsilon_{ult})_i$ 为第 i 个加筋板单元受压时达到的极限应变，与极限应力 σ_{ult} 相对应；ε_y 为受拉单元的屈服应变；y_i 为第 i 个加筋板单元与有效弹性中和轴间的距离。

(4) 先计算当前每个单元相应的应变 $\varepsilon_{xi}=\kappa\cdot y_i$，其中：$y_i$ 为瞬时弹性中和轴到第 i 个单元的垂直距离。再由流程(2)单元的应力-应变关系结果确定每个单元的当前应力 σ_{xi}。

(5) 建立整体断面的力平衡方程，确定当前中和轴的准确位置，从而更新 y_i，ε_{xi} 和 σ_{xi}。

(6) 叠加所有单元对瞬时中和轴的弯矩得到当前应变下断面的总弯矩。

(7) 将当前曲率计算的总体弯矩与前一次的弯矩值比较，判断是否达到极限弯矩值，如果弯矩-曲率关系曲线的斜率为零或变号，则计算结束，得到极限弯矩 M_u；否则，返回到第(4)步，按初始曲率的10%($\kappa=\kappa_0+0.1\kappa_0$)逐步增加，重新计算。

7.1.3 加筋板单元的应力-应变曲线

船舶与海洋工程结构物由大量加筋板组成的箱型梁结构，加筋板是指加强筋及其带板所组成的构件。在整个船体结构中，各类加强筋就占到船体结构钢料的30%，在抵抗载荷作用时起着关键作用。对于现在大部分海船而言，都是纵骨架式结构，沿纵向设置加强筋的加筋板格是船体结构的重要承载构件，它的极限强度及排列方式直接决定着整个船体结构的抗弯能力。

船舶与海洋工程等箱型梁结构中加强筋大多由轧制型钢，T型钢或折边钢板等制成，并与焊接的船体钢板形成加筋板单元，共同抵抗弯曲。加筋板单元在设计时应符合下列要求：①具有足够的强度、刚度和稳定性；②应尽可能符合生产与工艺方面的要求，如制造

简单、施工质量高;③满足特殊结构与营运使用的要求,例如:为保证货舱容积而对型材剖面高度的限制,因腐蚀磨损而对最小板厚的要求等;④剖面内材料分布合理,使结构重量最轻。

1. 加筋板单元的崩溃模式

船体通常由在纵横两个相互垂直的方向设置有加强筋的板架结构组成,如甲板板架、船底板架、舷侧板架等。通常,板架中的横向加强筋(框架)较强而数量较少(间距较大),纵向加强筋则较弱而数量较多(间距较小)。典型的板架结构如图 7.6 所示。

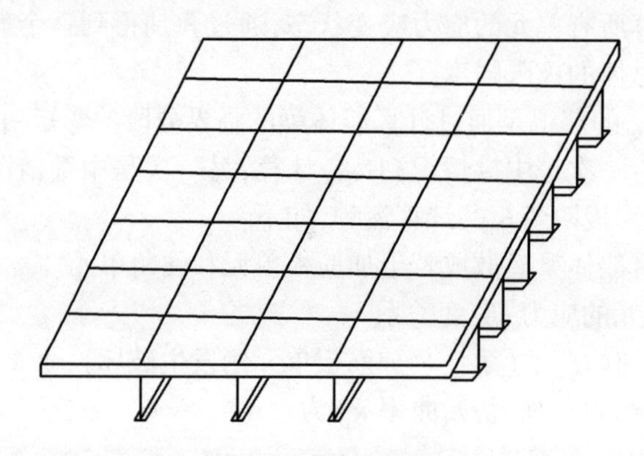

图 7.6　板架结构

船舶与海洋工程等箱型梁结构中的加筋板单元主要受到 3 种基本载荷的作用:①引起加筋板反向弯曲的侧向载荷;②引起加筋板单元正向弯曲的侧向载荷;③轴向载荷。上述的每种基本载荷都可能导致加筋板单元产生一种或多种可能的崩溃,加筋板单元主要有 4 种崩溃模式,如图 7.7 所示。

1) 崩溃模式Ⅰ:带板压缩失效

带板压缩失效是由于带板所受载荷超过了其所能承受的最大载荷,同时带板面内刚度的丧失导致加筋板单元的破坏,这时加强筋还处于线弹性阶段。这种失效模式,通常是由于加筋板单元具有高强度的加强筋,但是相连的带板却具有较低的屈服极限值造成的。

2) 崩溃模式Ⅱ:加强筋弯曲失效

加强筋弯曲失效是由于分段间加筋板单元的加强筋屈服而刚度丧失,从而加速了与其相连的带板也产生屈服和屈曲现象。随着轴向应力逐渐增大,加强筋在整个跨距中点处首先达到峰值,当加强筋的总应力略微超过加强筋的屈服应力时,加强筋单元立即发生失效。这种失效模式,有时是由于加强筋的变形和建造中的残余应力所引起。另外,如果加筋板单元太过细长或框架间跨距太大都容易发生分段间加强筋弯曲失效。

3) 崩滞模式Ⅲ:加强筋侧向扭转失效

加强筋侧向扭转失效是由于加强筋的抗扭刚度过小引起的,如果加筋板设计不合理,在受压时,如果加强筋高度大于它的跨距,加强筋就很容易发生侧向扭转失效。在设计时,为了保证不发生此种加强筋的侧向扭转失效,只需确保单元的屈服应力大于其弹性扭转屈曲应力。

4) 崩溃模式Ⅳ:总体板格破坏失效

总体板格破坏失效包括横向构件(横梁、横骨等)和纵向加强筋同时弯曲破坏,从而导致总体板格发生破坏。通常上层建筑中的一些弱的板格单元会发生总体板格破坏。在现在的规范设计当中，通常横梁等构件设计得足够强，不会先于局部构件发生屈曲破坏。

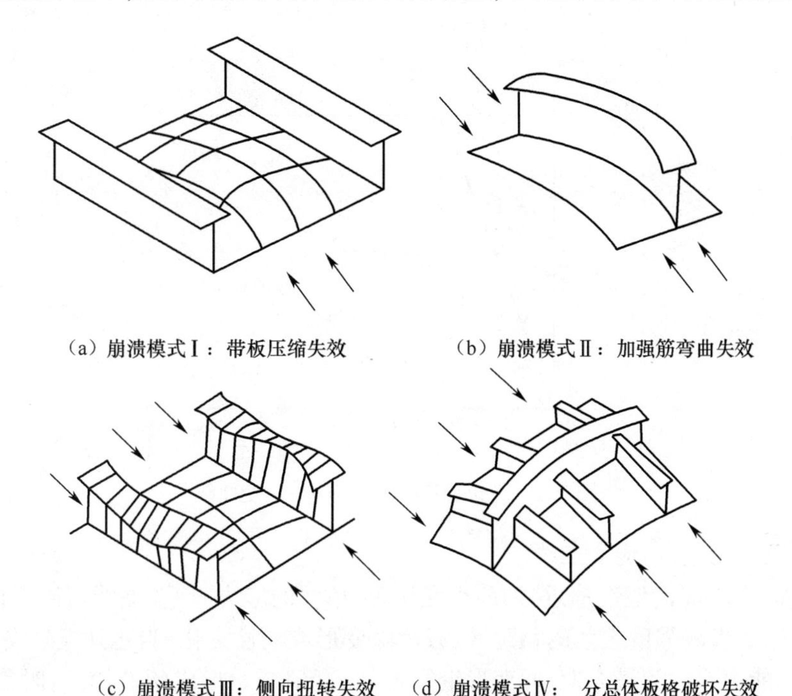

（a）崩溃模式Ⅰ：带板压缩失效　（b）崩溃模式Ⅱ：加强筋弯曲失效

（c）崩溃模式Ⅲ：侧向扭转失效　（d）崩溃模式Ⅳ：分总体板格破坏失效

图 7.7　加筋板单元崩溃模式

综上所述，对于第Ⅲ、Ⅳ种崩溃模式，在现在船舶设计规范中都有比较严格的控制，可以保证在正常状态下这两种崩溃模式不会发生，至少晚于第Ⅰ、Ⅱ种崩溃模式的发生，因此，船体加筋板的崩溃模式主要有两种：加强筋压缩失效、带板的压缩失效。在规定的初始条件下（残余应力、初始挠度及侧向载荷）分别计算两种崩溃模式下加筋板单元的极限应力应变值，并考虑最坏的情况，选择具有较低破坏应力的那个模式即为此加筋板的极限强度的预报值。

2. 加筋板单元应力–应变关系曲线

1）受拉单元及角单元应力–应变曲线

根据上面的假设，受拉单元所能承受的极限应力即为材料的屈服应力 σ_y，对应的屈服应变 ε_y 为

$$\varepsilon_y = \sigma_y / E \tag{7-8}$$

式中：E 为单元的弹性模量。受拉单元的应力应变关系可表示为

$$\sigma_x = \begin{cases} \varepsilon_x \cdot E & (\varepsilon_x \leqslant \varepsilon_y) \\ \sigma_y & (\varepsilon_x > \varepsilon_y) \end{cases} \tag{7-9}$$

上面公式同样适用于硬角单元。

对于受拉加筋板，假定材料符合理想弹塑性，典型的平均应力–应变曲线如图 7.8 所

示。曲线分为两个区域:稳定区和非卸载区。屈服前,加筋板承载力稳定增加,而且随拉伸应变增加而线性增加。屈服后材料进入屈服变形,加筋板承载力不再随拉伸应变增加而增加。

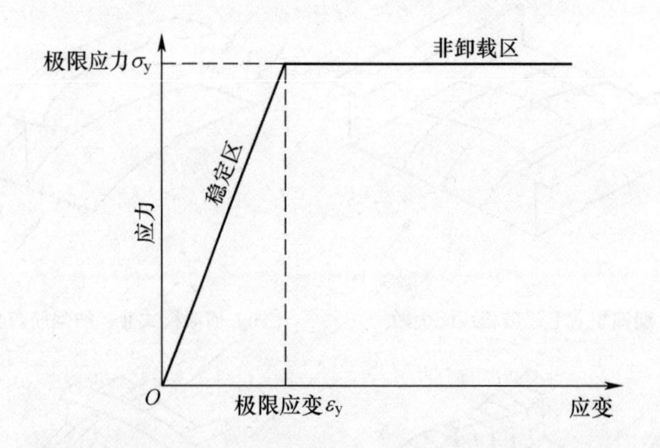

图 7.8　受拉加筋板单元应力-应变曲线

2）受压单元应力-应变曲线

根据 Adamchak 的线性逼近,加筋板受压时,单元的应力-应变曲线可以近似地分为 3 个区域:在达到极限强度之前的稳定区,载荷随变形成线性变化;当达到极限强度时,加筋板单元承载能力保持为最大值,而变形继续增加,直到开始形成塑性铰,这时称该区域为非卸载区;形成塑性机构以后,变形继续增加,为保持平衡,单元的承载能力开始下降,这时称该区域为卸载区,如图 7.9 所示。通过求解极限应力、极限应变、塑性应变值及后屈曲段的应力-应变关系,就可以确定各区的应力-应变关系。

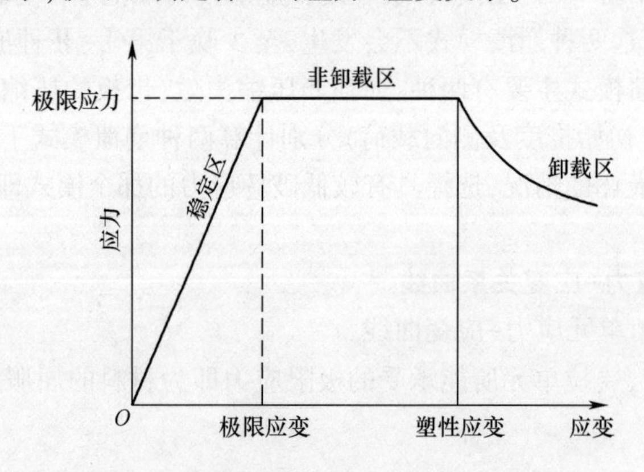

图 7.9　受压加筋板平均应力-应变曲线

3）受压单元应力-应变关系的计算

受压加筋板单元应力-应变关系曲线的获得主要是根据 Adamchak(1982)的线性逼近方法,将曲线划分成 3 个区域,即稳定区、非卸载区、卸载区。近似计算加筋板单元的应力-应变关系曲线主要通过休斯公式法获得。加筋板单元是由加强筋及与其相连的带板组成,如图 7.10 所示。

由图 7.10 可知,A_p = 带板面积 = $b \times t_p$;A_w = 腹板面积 = $(d - t_p/2 - t_f/2) \times t_w$;$A_f$ =

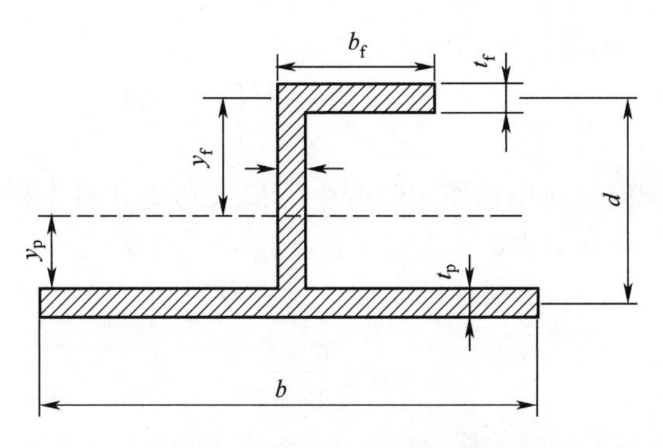

图 7.10　加筋板单元横截面图

面板面积 $= b_f \times t_f$；$A_T =$ 总面积 $= A_p + A_f + A_w$；$A_s =$ 加强筋面积 $= A_f + A_w$。

令

$$C_1 = \frac{A_w\left(\frac{A_T}{3} - \frac{A_w}{4}\right) + A_f A_p}{A_T^2}, C_2 = \frac{\frac{A_w}{2} + A_p}{A_T} \tag{7-10}$$

则

$$y_f = dC_2, y_p = d(1 - C_2), I = A_T d^2 C_1 \tag{7-11}$$

式中　y_f——加强筋翼缘中心到加筋板中性轴的距离(m)；

y_p——带板中心到加筋板中性轴的距离(m)；

I——加筋板单元的惯性矩(m^4)。

3. 稳定区加筋板的应力-应变关系

该区的应力-应变关系取决于加筋板的崩溃模式：崩溃模式Ⅰ是由加强筋翼缘压缩先破坏而导致加筋板崩溃，崩溃应力为 σ_{uf}；崩溃模式Ⅱ是由加强筋带板压缩先破坏而导致加筋板崩溃，崩溃应力为 σ_{up}（图 7.11）。则加强筋的极限应力 σ_{ult} 为

$$\sigma_{ult} = \min\{\sigma_{uf}, \sigma_{up}\} \tag{7-12}$$

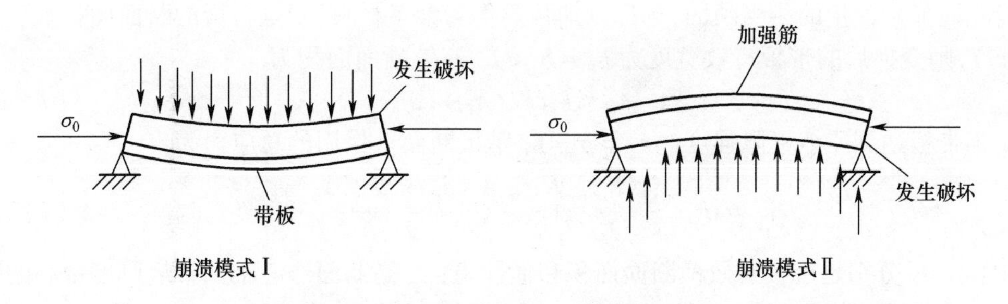

图 7.11　两种破坏模式下加筋板变形图

1）崩溃模式Ⅰ：加强筋的压缩失效

一般情况下，加强筋主要是因为其翼缘压缩屈服、压缩屈曲或侧倾而失效，在实船结构设计中，往往对加强筋翼缘压缩屈曲或侧倾而失效有严格的控制，像加强翼缘板板厚、设计加强筋抗扭刚度足够大等，使得加强筋翼缘压缩屈服破坏成为加强筋破坏的主要原因。在压缩载荷作用下，带板能继续承受拉压力，而加强筋已达到压缩极限强度 $\sigma_a = \sigma_{uf}$，

加强筋翼板厚度中心的总应力为

$$\sigma_{f}=\sigma_{uf}+\frac{M_{0}y_{f}}{I}+\frac{\sigma_{uf}A(\delta_{0}+\Delta)y_{f}}{I}\phi \tag{7-13}$$

式中：M_0,δ_0 分别是侧向载荷单独作用时产生的最大弯矩和最大挠度；Δ 是加强筋单元的初始偏心(最大容许值为 $a/750$,a 为板格长度)；ϕ 为由轴向压应力 σ_{uf} 引起的放大因子，$\varphi=1/(1-\sigma_{uf}/\sigma_{E})$,$\sigma_E$ 为梁柱的欧拉失稳应力

$$\sigma_{E}=\frac{\pi^{2}EI}{A_{T}a^{2}} \tag{7-14}$$

所施加的 σ_f 由加筋板材料的屈服应力 σ_y 决定，可求出加强筋的压缩失效应力 σ_{uf}，通过使用下面的无量纲参数：

$$R=\frac{\sigma_{uf}}{\sigma_{y}} \tag{7-15}$$

$$\lambda=\frac{a}{\pi\rho}\sqrt{\frac{\sigma_{y}}{E}}\quad\left(\rho=\sqrt{\frac{I}{A_{T}}}\right) \tag{7-16}$$

$$\eta=\frac{(\delta_{0}+\Delta)y_{f}}{\rho^{2}},\mu=\frac{M_{0}y_{f}}{I\sigma_{y}},\varphi=\frac{1}{1-\lambda^{2}R},\delta_{0}=\frac{5qa^{4}}{384EI} \tag{7-17}$$

由式(7-13)可得

$$R=\frac{\xi}{2}\sqrt{\frac{\xi^{2}}{4}-\frac{1-\mu}{\lambda^{2}}} \tag{7-18}$$

式中

$$\xi=1-\mu+\frac{1+\eta}{\lambda^{2}} \tag{7-19}$$

2) 崩溃模式Ⅱ:带板的压缩失效

在这种失效模式里，加强筋还能继续承受拉压力，但是带板已经达到极限应力 σ_{up}。由于带板与加强筋的弹性模量不同，因此在应用梁柱理论时必须将这一组合断面变换成具有相同弹性模量的相当断面，选择以加强筋作为参考材料，于是将板的断面面积乘变换因子 T，则变换后的带板有效宽度为 $b_e=b\times T$，有效断面面积为

$$A_{e}=b_{e}t_{p}+A_{f}+A_{w} \tag{7-20}$$

当带板达到压缩极限强度($\sigma_a=\sigma_{up}$)，带板断面上作用的总应力为

$$\sigma_{p}=\sigma_{up}+\frac{M_{0}y_{p}}{I_{e}}+\frac{\sigma_{up}A_{e}(\delta_{0}+\Delta+\Delta_{p})y_{p}}{I_{e}}\varphi \tag{7-21}$$

式中：A_e,I_e 分别是带板有效横断面面积和惯性矩；y_p 是断面形心轴到带板厚度中心的距离；Δ_p 为板刚度损失引起的偏心距：

$$\Delta_{p}=h\cdot A_{S}\left|\frac{1}{A_{S}}-\frac{1}{A}\right| \tag{7-22}$$

式中：$A_S=A_f+A_w$；h 为带板厚度中心到加强筋断面形心的距离。

假定焊接残余应力是材料屈服应力的10%，则带板极限应力 σ_F 为

$$\sigma_{F}=\frac{\sigma_{y}(T-0.1)}{T} \tag{7-23}$$

变换因子 T 由割线模量确定：

$$T = \frac{E_s}{E} = 0.25\left(2 + \zeta - \sqrt{\zeta^2 - \frac{10.4}{\beta^2}}\right) \tag{7-24}$$

式中：$\zeta = 1 + \frac{2.75}{\beta^2}$，$\beta = \frac{b}{t_p}\sqrt{\frac{\sigma_y}{E}}$，引入无量纲参数：

$$R = \frac{\sigma_{up}}{\sigma_F} \tag{7-25}$$

$$\lambda = \frac{a}{\pi\rho_e}\sqrt{\frac{\sigma_F}{E}} \quad \left(\rho_e = \sqrt{\frac{I_e}{A_e}}\right) \tag{7-26}$$

$$\eta = \frac{(\delta_0 + \Delta)y_p}{\rho_e^2}, \mu = \frac{M_0 y_p}{I_e\sigma_F}, \eta_p = \frac{\Delta_p y_p}{\rho_e^2}, \varphi = \frac{1}{1 - \lambda^2 R}, \delta_0 = \frac{5qa^4}{384EI_e} \tag{7-27}$$

可得

$$R = \frac{\xi}{2} - \sqrt{\frac{\xi^2}{4} - \frac{1 - \mu}{(1 + \eta_p)\lambda^2}} \tag{7-28}$$

$$\xi = \frac{1 - \mu}{1 + \eta_p} + \frac{1 + \eta + \eta_p}{(1 + \eta_p)\lambda^2} \tag{7-29}$$

于是最终得到了稳定区加筋板的应力-应变关系：

$$\varepsilon_{ult} = \begin{cases} \dfrac{\sigma_{ult}}{E} & (\sigma_{ult} = \sigma_{uf}) \\ \dfrac{A\sigma_{ult}}{A_e E} & (\sigma_{ult} = \sigma_{up}) \end{cases} \tag{7-30}$$

任意稳定区应变下对应的应力值：

$$\sigma_x = \begin{cases} \varepsilon_x E & (\sigma_{ult} = \sigma_{uf}) \\ \varepsilon_x E A_e / A & (\sigma_{ult} = \sigma_{up}) \end{cases} \tag{7-31}$$

(1) 非卸载区加筋板的应力-应变关系。

由图 7-9 可知，此段曲线为一直线段，只须求得加筋板的全塑性应变 ε_{pl}，在此区域，梁柱中点处的横向附加变形 ω 可以由非线性细长柱理论求得

$$\omega = \frac{2a}{\pi}\sqrt{\varepsilon_x - \varepsilon_{ult}} \tag{7-32}$$

附加横向挠度在该区域的末端达到最大值 ω_{max}：

$$\omega_{max} = \frac{M_p - \frac{1}{8}qa^2}{\sigma_{ult}A_e} - \omega_{ult} \tag{7-33}$$

式中：M_p 为梁柱中点处的全塑性弯矩；ω_{ult} 为对应的极限强度的中点挠度，可以由下式确定

$$\omega_{ult} = (\Delta + \delta_0)\varphi + \Delta_p$$

用侧向附加挠度方程将 ω_{max} 与应变量联系起来：

$$\omega_{\max} = \frac{2a}{\pi}\sqrt{\varepsilon_{\mathrm{pl}} - \varepsilon_{\mathrm{ult}}} \tag{7-34}$$

$\varepsilon_{\mathrm{pl}}$ 为当弯矩达到全塑性值时对应的加筋板的应变,从式(7-34)可以求得

$$\varepsilon_{\mathrm{pl}} = \varepsilon_{\mathrm{ult}} + \frac{1}{4}\left(\frac{\pi\omega_{\max}}{a}\right)^2$$

因此,该区域内的应力-应变关系为

$$\sigma_x = \sigma_{\mathrm{ult}} \qquad (\varepsilon_{\mathrm{ult}} \leqslant \varepsilon_x \leqslant \varepsilon_{\mathrm{pl}}) \tag{7-35}$$

(2) 卸载区加筋板的应力-应变关系。

在非卸载区的终点,ε 达到塑性应变值 $\varepsilon_{\mathrm{pl}}$,单元中点弯矩 M_0 等于完全塑性弯矩 M_{p}。在轴向压应力 σ_x 和横向分布载荷 q 的作用下将逐渐形成塑性铰,随着塑性机构继续发展,单元需要通过卸载的方式来保持平衡。当在中点完全形成塑性铰时,加筋板单元就好像两根刚性连接的杆,跨中点处的总侧向挠度 ω_{r} 在对应此区域内的末端位移 u_x 关系为

$$\sqrt{\omega_{\mathrm{T}}^2 + \left(\frac{a}{2} - \frac{u_x}{2}\right)^2} = \sqrt{(\omega_{\mathrm{ult}} + \omega_{\max})^2 + \left(\frac{a}{2} - \frac{u_{\mathrm{pl}}}{2}\right)^2}$$

整理,得

$$\omega_{\mathrm{T}} = \sqrt{(\omega_{\mathrm{ult}} + \omega_{\max})^2 + \frac{a^2}{4}[(1 - \varepsilon_{\mathrm{pl}})^2 - (1 - \varepsilon_x)^2]} \tag{7-36}$$

如果假定横断面的有效区和全塑性弯矩在卸载区保持不变,则要保持平衡状态,轴向应力 σ_x 必须满足

$$\sigma_x = \frac{M_{\mathrm{p}} - \frac{1}{8}qa^2}{A_{\mathrm{e}}\omega_T}$$

其中有效切线模量定义为

$$E_{\mathrm{t}} = \frac{\mathrm{d}\sigma}{\mathrm{d}\varepsilon} = -\frac{1}{4}\frac{\sigma_x a^2}{\omega_{\mathrm{T}}^2}(1 - \varepsilon_x) \tag{7-37}$$

至此,受压加筋板整个变形阶段的应力-应变关系已经确立。

7.1.4 始屈弯矩和全塑性弯矩

在船体强度计算中,除了计算极限弯矩值以外,有时还会需要计算其始屈弯矩和全塑性弯矩,它们可以从不同方面反映结构剖面设计的合理性和稳定性。

1. 对称结构的理想弹塑性材料的弯曲特性

以梁单元为例假定材料服从胡克定律,在实际结构中的梁单元在弯曲时应力常会大于比例极限,即进入塑性阶段,这种弯曲状态就称为“弹塑性弯曲”或“非弹性弯曲”,弹塑性弯曲梁的承载能力一般要比弹性阶段弯曲时的承载能力要高。在弹塑性分析中,对于具有明显屈服阶段的钢材,一般可假定材料为理想弹塑性的,即具有图 7. 12 理想弹塑性材料特性中所示的应力-应变关系。此假定忽略了材料屈服之后的应变硬化现象。

根据平断面假定,距梁断面中性轴 y 处的应变为

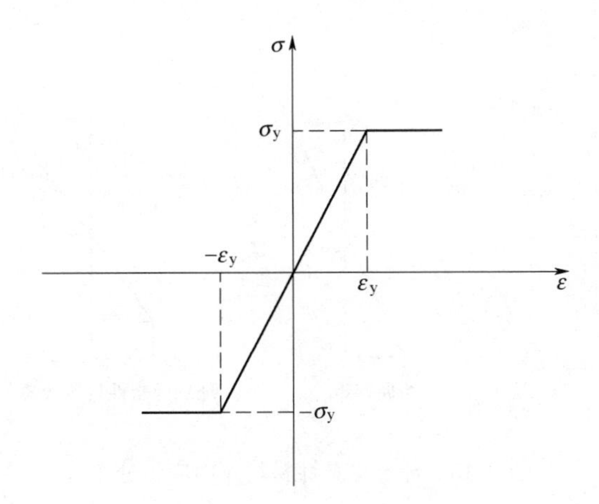

图 7.12 理想弹塑性材料特性

$$\varepsilon = \frac{y}{\rho} = -y\frac{d^2\nu}{dx^2} \tag{7-38}$$

式中 ρ——曲率半径。

现考虑梁的应力:当梁在弹性范围内弯曲时弯曲正应力沿高度线性分布;当外力增加到某一值,梁上下边缘的应力将达到屈服极限;外力继续增大,根据理想弹塑性材料的性质,梁上下边缘的塑性范围继续扩大但在该范围内的应力将始终保持 σ_y 不变(图 7.12)。把断面中仍属于弹性范围的高度为 2ζ,则断面的弯曲正应力为

$$\sigma = -\frac{\sigma_y y}{\zeta} \tag{7-39}$$

弯曲正应力的合力矩为断面所受到的弯矩,故有

$$M = -2\int_0^{h/2}\sigma_y b dy = 2\sigma_y b\left(\int_0^{\zeta}\frac{y^2}{\zeta}dy + \int_{\zeta}^{h/2}\frac{y^2}{|y|}dy\right) = \frac{\sigma_y bh^2}{6}\left(\frac{3}{2} - \frac{2\zeta^2}{h^2}\right) \tag{7-40}$$

当时 $\zeta = h/2$,表示断面中只有边缘的应力达到屈服极限,这时相应的弯矩称为"屈服弯矩",或更确切一些,称为"始屈弯矩",其值为

$$M_y = \frac{\sigma_y bh^2}{6} = \sigma_y W \tag{7-41}$$

式中:$W = bh^2/6$ 为断面的弹性断面模数。当 $\zeta = 0$ 时,表示断面上全部应力均达到屈服极限(图 7.13),相应的弯矩称为"全塑性弯矩",其值为

$$M_p = \frac{\sigma_y bh^2}{4} = \sigma_y W_p \tag{7-42}$$

式中:$W_p = bh^2/4$ 为断面的塑性模数。

2. 一般情况下弹塑性材料的弯曲特性

对于任意的横断面计算其始屈弯矩和塑性弯矩,首先应确定断面的中性轴位置。考虑任意一断面高度为 h,设中性轴距底面与顶面的距离分别为 h_1 和 h_2,根据断面应力合力为零的条件,有

$$\int_A \sigma dA = \int_{-h_2}^{h_1} f(\varepsilon)b(y)dy = 0 \tag{7-43}$$

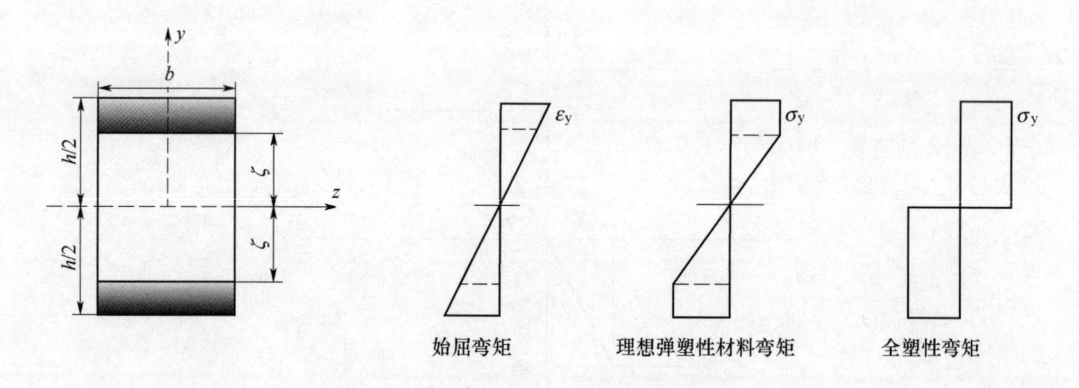

图 7.13　理想弹塑性材料弯曲应力分布

对整个断面进行数值积分,即可求得始屈弯矩和全塑性弯矩值。上面计算始屈弯矩和全塑性弯矩的方法分别是通过计算船体的最小剖面模数和静矩的方法计算极限弯矩,实质上是属于直接计算法的范畴,它们虽然不能准确预报船舶结构的极限强度,但可以反映结构剖面设计的合理性和稳定性,是强度计算中一重要参数。

7.2　船体破损剩余强度及衡准

7.2.1　船体的破损状态

船体极限状态一般分为4类:最终极限状态(ultimate limit state,ULS)、可服务性极限状态(serviceability limit state,SLS)、疲劳极限状态(fatigue limit state,FLS)、意外极限状态(accidental limit state,ALS)。其中,意外极限状态指由于碰撞、搁浅、爆炸、火灾等意外事故造成的结构极限破坏状态。船体发生海损事故时,由于结构的多样性和环境的复杂性,破损的状态具有很大的不确定性,为了方便有效评估船体剩余强度,一般通过多种假设和简化来确定船体的破损状态。

2002年我国出台的《水上交通事故统计办法》提到的几种水上交通事故包括碰撞事故、搁浅事故、触礁事故、触损事故、浪损事故、火灾、爆炸事故、风灾事故、自沉事故等。海损事故分类略有不同,大致上也囊括了这几种,其中发生率高、代表性强的海损事故是碰撞和搁浅,这两种事故是引发船体破损、环境污染、人员伤亡等灾难事故的主要原因。

评估船体损伤的事故场景与真实事故存在差异,需要事先设计不同的事故条件,如不同的船型参数、航速、海况条件、碰撞角度、海底参数等,都会引发不同等级的破损,破损发生后需要快速的评估手段。因此,在初步评估阶段,采用统计的累积损伤数据来进行剩余强度的评估,即通过对过去海损事故调查和统计,来定义船体破损的位置和范围。

美国船级社1995年颁布的《油船、散货船剩余强度评估规范》中定义了碰撞、搁浅两种状况下船体破损的位置和范围,如图7.14所示。

图7.14(b)、(c)显示了船-船相撞引起的舷侧上部破损(干舷处,强力甲板及以下,这是最不利的情况),ABS统计确定这种情况的散货船破损长度范围为:首垂柱向后0.15倍船长至尾垂柱向前0.2倍船长之间,应包含船舯区域和剪力较高的区域。图7.14所示

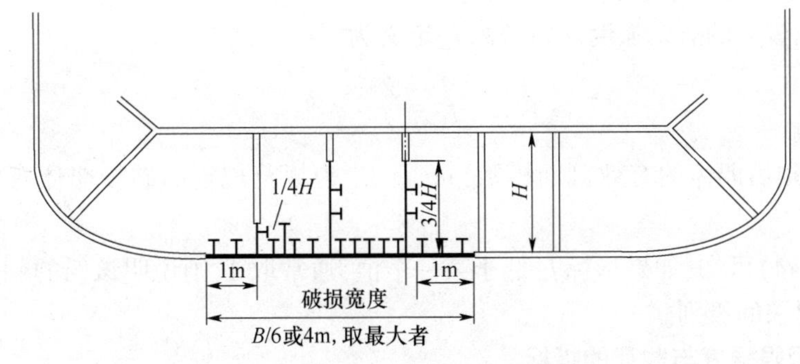

(a) 搁浅状况下的破损位置与范围

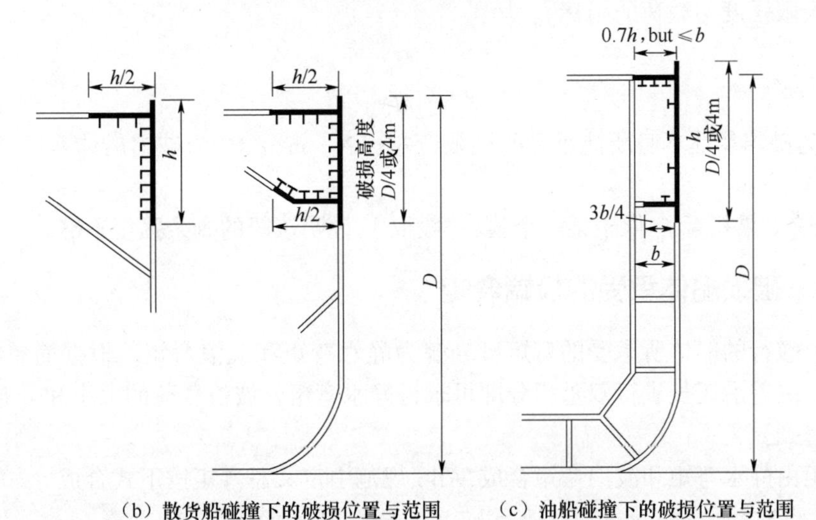

(b) 散货船碰撞下的破损位置与范围　　(c) 油船碰撞下的破损位置与范围

图 7.14　搁浅、碰撞状况下的破损位置与范围

散货船破损范围,如下:

舷侧板破损的垂向高度 H:4m 或是型深的四分之一,两者取其大。

破损横向宽度取垂向高度 H 的二分之一。

破损的甲板、舷侧板上的纵向骨材连同板一起破损失效。

图 7.14(a)显示了船舶触礁搁浅双层底的破损程度。考虑最不利情况,船长方向,破损范围包含船艏底部与首垂柱向后 0.2 倍船长至 0.5 倍船长之间。

图 7.14 所示的破损范围,如下:

船底板破损的横向宽度:4m 或者船宽的六分之一,两者取其大。

双层底处的骨材,以图中所示的 1m 区为界,区内的骨材 25%破损失效,区外的骨材 75%破损失效。

破损的船底板上的纵向骨材连同板一起破损失效。

7.2.2　破损剩余强度的指标和方法

破损船体的剩余强度评估指标有两类:基于剖面模数的指标、基于极限强度和载荷的指标。

1. 基于剖面模数的指标

基于剖面模数的剩余强度评估指标 f_s 定义为

$$f_s = \frac{Z}{Z_r} \tag{7-44}$$

式中：Z 为破损后船体的有效剖面模数(m^3)；Z_r 为规范规定的破损船体有效剖面模数(m^3)。

由式(7-44)可知，如果指标 f_s 低于某一个值，通常取 1，则说明该船的剩余强度没有达到规范所要求的级别。

2. 基于极限强度与载荷的指标

基于极限强度与载荷的指标 f_u 为

$$f_u = \frac{M_u}{M_t} \tag{7-45}$$

式中：M_u 为破损船体本身所能承受的极限弯矩(kN·m)；M_t 为破损船体实际承受的最大总弯矩(kN·m)。

同样地，如果指标 f_u 低于某一个值，一般取 1，说明该船的剩余强度不够。

7.2.3 破损船体承受的极端弯矩

在海上航行的船体所承受的弯矩可分解为静水弯矩和波浪弯矩。根据简单梁理论，重力与浮力之差沿船长进行双重积分即可求得静水弯矩。波浪载荷的大小和分布可采用切片理论得到。

总弯矩由静水弯矩和波浪弯矩合成，ABS 规范中定义总弯矩按下式合成

$$M_t = k_{us} M_{sw} + k_{uw} M_w \tag{7-46}$$

式中：k_{us}，k_{uw} 是载荷合并系数，取值如表 7.1 所列。

表 7.1 总弯矩载荷合并系数

工况	系数	完整	碰撞	搁浅
中拱状态	k_{us}	1.0	1.1	1.0
	k_{uw}	1.0	0.5	0.7
中垂状态	k_{us}	1.0	0.9	1.0
	k_{uw}	1.0	0.5	0.7

7.3 船舶结构疲劳强度

结构在动载荷的作用下，即使应力远低于材料的屈服极限，结构也可能发生破坏，这种破坏就是疲劳破坏。结构承受动载荷而不发生破坏的能力称为结构的疲劳强度。疲劳强度是与静强度是完全不同的概念。船舶与海洋结构物在海洋中航行或作业，承受着复杂多变的动载荷，因此船舶与海洋结构物是否具有足够的疲劳强度是人们关心的问题。

讨论疲劳强度首先要了解交变应力。随时间作周期性变化的应力就是交变应力。结

构的疲劳强度往往与结构受到的交变应力的变化规律、变化幅度有很大的关系。如图7.15交变应力的时间历程曲线所示就是某个应力随时间变化的恒幅历程曲线,其中σ_{max}为最大应力,σ_{min}为最小应力。根据曲线可以得到交变应力的基本特性。

1. 循环特性 r

在应力循环中,最小应力与最大应力之比称为交变应力的循环特性。

$$r=\frac{\sigma_{min}}{\sigma_{max}} \tag{7-47a}$$

2. 应力幅值 σ_a

交变应力在循环过程中变化的幅度就是应力幅值,也常用S表示。

$$\sigma_a=\frac{1}{2}(\sigma_{max}-\sigma_{min}) \tag{7-47b}$$

3. 平均应力 σ_m

平均应力是交变应力在循环中的平均值,表示为

$$\sigma_m=\frac{1}{2}(\sigma_{max}+\sigma_{min}) \tag{7-47c}$$

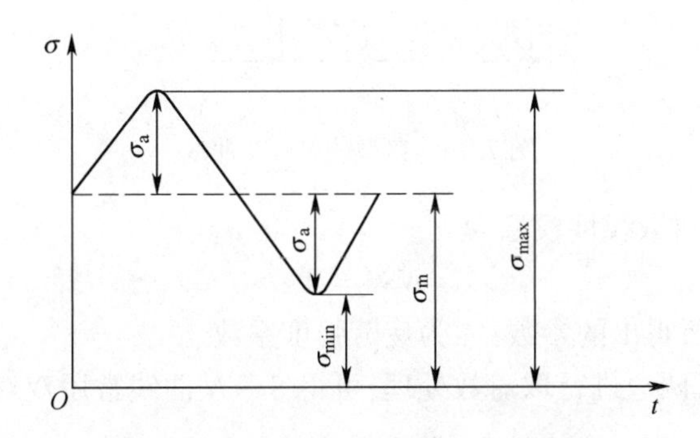

图7.15 交变应力的时间历程曲线

7.3.1 船舶结构疲劳强度理论

目前,船舶结构较常用的疲劳分析方法一般分为两种:一种是基于$S-N$曲线和Palmgren-Miner疲劳累积损伤法,即$S-N$曲线法;另一种是基于疲劳裂纹扩展理论的断裂力学方法,断裂力学法中包括线弹性和非线性两种分析方法,目前船舶工程中使用较多的还是线弹性断裂力学分析方法。

1. S-N 曲线原理

$S-N$曲线法是最常用的疲劳设计和评估方法,材料和构件的疲劳性能用应力或应变与到破坏时的寿命之间的关系描述,即$S-N$曲线。用于显示材料的疲劳性能,即

$$N=N(S) \tag{7-48}$$

式中:N表示结构破坏时的寿命;S是作用应力。每一次循环次数N与等幅应力范围S组合,表示结构的一个疲劳失效情况。

疲劳强度是建立在试验基础上的一门科学。大部分$S-N$曲线是基于应力幅值S为

常数对试件进行疲劳试验求得的。由于试验条件和试件本身都存在不可消除的不确定性因素,导致试验结果具有很大的随机性。因此需要采用概率统计的方法处理试验结果,并加以经验性调整,从而建立起一组可供工程使用的 $S-N$ 曲线。

一条完整的 $S-N$ 曲线一般由三段组成低周疲劳区(LCF)、高周疲劳区(HCE)和亚疲劳区(SF)。在高周疲劳区,$S-N$ 曲线在对数坐标系上几乎是一条直线。图 7.16 是一条典型的 $S-N$ 曲线。

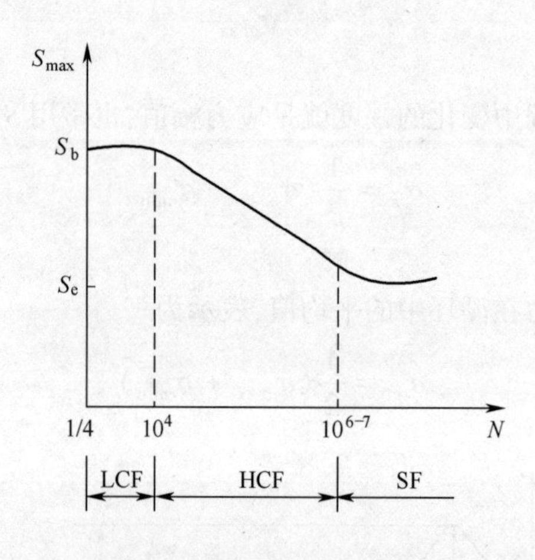

图 7.16　典型的 $S-N$ 曲线

$S-N$ 曲线常用对数线性模型为

$$NS^m = A \tag{7-49}$$

式中:m 为疲劳试验所得出的参数;A 为疲劳强度系数。

对式(7-32)等式两边进行取对数处理,可得 $S-N$ 曲线常用双对数模型表达:

$$\lg N = \lg A - m\lg S \tag{7-50}$$

这就是常用的 $S-N$ 曲线的双对数线性模型。

根据 m 的取值不同,$S-N$ 曲线有 3 种形式,在对数坐标系中分别是一段直线、两段直线和三段直线,如图 7.17 所示。

在工程中用得最多的是一段直线式和两段直线式,三段直线式的结果与两段直线式的结果相当接近。

一段直线式的 $S-N$ 曲线一般用式(7-49)或式(7-50)表达,两段直线式的 $S-N$ 曲线的表达式为

$$\begin{cases} NS^m = A & (N \leqslant N_Q) \\ NS^r = C & (N > N_Q) \end{cases} \tag{7-51}$$

或者用双对数形式表示为

$$\begin{cases} \lg N = \lg A - m\lg S & (N \leqslant N_Q) \\ \lg N = \lg C - r\lg S & (N > N_Q) \end{cases} \tag{7-52}$$

其中:材料参数 C 和 A 之间有如下关系:

$$\left(\frac{C}{N_Q}\right)^m = \left(\frac{A}{N_Q}\right)^r \tag{7-53}$$

式中:实际常取 $r = 2m - 1$ 或 $r = m + 2, N_Q = 10^7$ 或 $N_Q = 5 \times 10^6$。

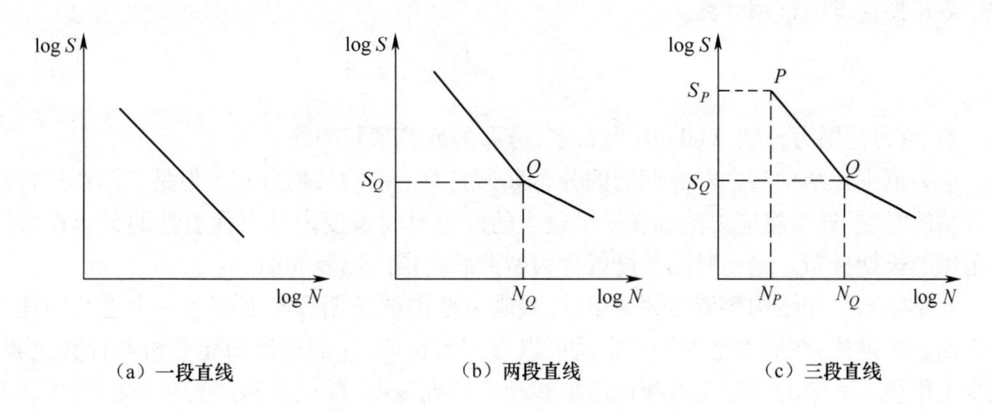

图 7.17 S - N 曲线的三种描述方法

2. 疲劳累积损伤

疲劳累积损伤理论可以分为确定性疲劳累积损伤理论和概率疲劳累积损伤理论两种。按照疲劳累积损伤规律,目前提出的确定性理论可以归纳为三大类线性疲劳累积损伤理论、修正的线性疲劳累积损伤理论和非线性疲劳累积损伤理论。线性疲劳累积损伤理论的形式简单,使用起来十分方便,因此在造船行业得到了广泛的应用。

1) Palmgren-Miner 线性疲劳累积损伤理论

Palmgren-Miner 是最典型的线性疲劳累积损伤理论。Palmgren-Miner 线性疲劳累积损伤理论认为,结构在不同工况下受到交变载荷作用,发生疲劳破坏。此时每个应力范围水平内,对结果循环作用下所造成的结构疲劳损伤累积之和,可用来表示该结构总的疲劳损伤量,且与应力循环的先后顺序无关。当结构的疲劳损伤量累积到某一临界值时,结构发生疲劳破坏。

结构在多级恒幅交变应力作用下,总疲劳损伤度 D;各应力范围水平下,结构的损伤度为 D_i。各个应力范围水平下的损伤度 D_i,为该应力范围的实际循环次数 n_i 与结构在该应力范围单一作用下达到破坏所需的循环次数 N_i 之比。假设应力范围水平共有 K 级,则

$$D = \sum_{i=1}^{K} D_i = \sum_{i=1}^{K} \frac{n_i}{N_i} \tag{7-54}$$

当累计损伤度 $D \geqslant 1$ 时,结构即发生疲劳破坏。

当疲劳载荷谱不是用若干级应力范围水平的组合表示,而是用相应于一定时间期间的连续概率密度函数表示时,疲劳累积损伤度的计算可表示为

$$D = \int \frac{\mathrm{d}n}{N(S)} = \int_0^{+\infty} \frac{N_{\mathrm{R}} f_{\mathrm{S}}(S)\,\mathrm{d}S}{N(S)} = N_{\mathrm{R}} \int_0^{+\infty} \frac{f_{\mathrm{S}}(S)}{N(S)} \mathrm{d}S \tag{7-55}$$

式中:S 表示应力范围;$f_{\mathrm{S}}(S)$ 表示应力范围长期分布的概率密度函数;$N(S)$ 表示应力范

围为 S 的单一循环载荷作用下达到破坏所需的循环次数；N_R 表示所考虑的整个时间间隔内应力范围的循环总次数；$dn = N_R f_S(S)dS$ 表示落在区间 $[S, S+dS]$ 内的应力范围循环次数。

累积损伤度的常用计算式：

$$D = \frac{N_R}{A}\int_0^{+\infty} S^m f_S(S)\,dS \tag{7-56}$$

2）应力范围为长期 Weibull（韦布尔）分布的疲劳累积损伤

应力范围在结构整个寿命期间的分布称为应力范围的长期分布。但是实际在进行疲劳评估的时候，通常将应力范围在一个适当的确定时间长度内具有代表性的分布作为应力范围的长期分布。这一时间长度就称为疲劳载荷谱的回复周期。

在船舶与海洋结构物疲劳评估中，如果应力范围的长期分布能够用一个连续的理论分布函数来描述，在应力范围计算中就可以得到解析解，从而可以简化分析和计算过程，减少工作量。大量的实船应力测试结果和理论研究表明，随机波浪载荷引起的作用在船体纵向构件上的应力幅值范围的长期分布可以用两参数的韦布尔分布来描述。韦布尔分布是一种应用十分广泛的理论分布模型，其概率密度函数和分布函数一般可以表示为

$$f_S(S) = \frac{\xi}{\alpha}\left(\frac{S}{\alpha}\right)^{\xi-1}\exp\left[-\left(\frac{S}{\alpha}\right)^{\xi}\right] \quad (0 \leqslant S < +\infty) \tag{7-57}$$

$$F_S(S) = 1 - \exp\left[-\left(\frac{S}{\alpha}\right)^{\xi}\right] \quad (0 \leqslant S < +\infty) \tag{7-58}$$

式中　S——应力范围；

α——尺度参数；

ξ——韦布尔分布的形状参数。

选用韦布尔分布，通过调整形状参数 ξ，可以把它用于不同的位置和结构。当 $\xi = 1$ 时，韦布尔分布就变成了指数分布；取 $\xi = 2$ 时，就可以得到 Rayleigh（瑞利）分布。

严格地说，船长、船舶类型、结构类型、构件在船体中的位置以及结构所处的海洋环境等因素都会影响形状参数 ξ 的取值。由于 ξ 对疲劳寿命的影响较大，各国都做了一系列的实船试验和研究，通常的做法是测试某一海况资料下大量船舶的疲劳载荷长期分布，然后按韦布尔分布对结果进行拟合，从而得到 ξ 的值。

尺度参数 α 可以用疲劳载荷谱回复周期 L 内“一生一遇”的最大应力范围 S_L 来表示

$$P(S > S_L) = 1/N_L \tag{7-59}$$

利用韦布尔分布的分布函数式（7-58），得

$$\begin{aligned} P(S > S_L) &= 1 - P(S \leqslant S_L) \\ &= 1 - F(S_L) = \exp\left[-\left(\frac{S_L}{\alpha}\right)^{\xi}\right] \end{aligned} \tag{7-60}$$

可得尺度参数 α 和最大应力 S_L 的关系如下：

$$\alpha = \frac{S_L}{(\ln N_L)^{1/\xi}} \tag{7-61}$$

考虑疲劳载荷谱回复周期 L ,韦布尔分布的概率密度函数表达式韦布尔代入,可得结构的疲劳累积损伤为

$$
\begin{aligned}
D &= \frac{N_{\mathrm{L}}}{A}\int_{0}^{+\infty} S^{m}\ \frac{\xi}{\alpha}\left(\frac{S}{\alpha}\right)^{\xi-1}\exp\left[-\left(\frac{S}{\alpha}\right)^{\xi}\right]\mathrm{d}S \\
&= \frac{N_{\mathrm{L}}}{A}\alpha^{m}\Gamma\left(1+\frac{m}{\xi}\right) \qquad (7\text{-}62) \\
&= \frac{N_{\mathrm{L}}}{A}\ \frac{S_{\mathrm{L}}^{m}}{(\ln N_{\mathrm{L}})^{m/\xi}}\Gamma\left(1+\frac{m}{\xi}\right)
\end{aligned}
$$

式中 N_{L} ——所考虑的疲劳载荷谱回复周期 L 内应力范围的总循环次数;

S_{L} ——所考虑的疲劳载荷谱回复周期 L 内的最大应力范围;

Γ——伽马函数。

3) 应力范围为分段连续型分布的疲劳累积损伤

在船舶与海洋工程中,通常把海洋波浪的长期状态看成一系列短期海况的组合。相应地,船舶结构因波浪引起的交变应力也可以看成一系列短期海况下交变应力的组合。每一个短期海况由表征波浪特性的参数以及该海况出现的频率来描述。常用的波浪参数主要有两个:平均跨零周期 T_{Z} 和有义波高 H_{S} 。通常把每一个短期海况中的波浪看作一个平稳正态的随机过程,则交变应力过程是一个均值为零的平稳正态过程。在每一个短期海况中应力范围的分布称为应力范围的短期分布,它可以用连续的概率密度函数来描述。

由于短期海况的交变应力过程是一个均值为零的窄带平稳止态随机过程,因此,船舶结构的应力峰值的概率密度函数为

$$
f_{\mathrm{Y}}(y)=\frac{y}{{\sigma_{x}}^{2}}\exp\left(-\frac{y^{2}}{2\sigma_{x}^{2}}\right) \quad (0 \leqslant y < +\infty) \qquad (7\text{-}63)
$$

这就是瑞利分布。式中 σ_{x} 为交变应力过程的标准差。在均值为零的窄带平稳止态随机过程中,应力跨越零均值次数与应力峰值的次数相等,因此可以假设应力范围 S 和应力峰值 y 之间有如下关系:

$$
S = 2y \qquad (7\text{-}64)
$$

由概率统计理论可知,应力范围的概率密度函数与应力峰值的概率密度函数之间的关系为

$$
g_{\mathrm{S}}(S)=\frac{f_{\mathrm{Y}}(S/2)}{2} \qquad (7\text{-}65)
$$

可以得到应力范围的概率密度函数为

$$
g_{\mathrm{S}}(S)=\frac{S}{4\sigma_{x}^{2}}\exp\left(-\frac{S^{2}}{8\sigma_{x}^{2}}\right) \quad (0 \leqslant S < +\infty) \qquad (7\text{-}66)
$$

可以看出,应力范围的短期分布也服从瑞利分布。

假设船舶以 θ 为浪向角在平均跨零周期为 T_{Z} 、有义波高为 H_{S} 的短期海况中航行时的交变应力的功率谱密度为 $S_{\sigma}(\omega \mid H_{\mathrm{S}}, T_{\mathrm{Z}}, \theta)$,则交变应力的标准差 σ_{x} 可用功率谱密度计算得到,有

$$\sigma_x = \sqrt{\int_0^{+\infty} S_\sigma(\omega \mid H_S, T_Z, \theta)\,\mathrm{d}\omega} \tag{7-67}$$

记 m_n 为功率谱密度 $S_\sigma(\omega \mid H_S, T_Z, \theta)$ 的 n 阶矩,即

$$m_n = \int_0^{+\infty} \omega^n S_\sigma(\omega \mid H_S, T_Z, \theta)\,\mathrm{d}\omega \quad (n = 0, 1, \cdots) \tag{7-68}$$

可以看出,交变应力过程的标准差 σ_x 可以用功率谱密度的 0 阶矩 m_0 表示,有

$$\sigma_x = \sqrt{m_0} \tag{7-69}$$

因此,应力范围的概率密度函数又可以表示为

$$g_S(S) = \frac{S}{4m_0}\exp\left(-\frac{S^2}{8m_0}\right) \quad (0 \leqslant S < +\infty) \tag{7-70}$$

定义 f_0 为交变应力的跨零率,即单位时间内交变应力以正斜率跨越零均值的平均次数。由交变应力过程的统计特性可知,跨零率 f_0 可以表示为

$$f_0 = \frac{1}{2\pi}\sqrt{\frac{m_2}{m_0}} \tag{7-71}$$

如果船舶以某个装载状态在第 i 海况中以第 j 个航向航行的时间为 T_{ij},T_{ij} 期间交变应力过程的跨零率为 f_{0ij},则在该航行状态期间应力的应力范围循环次数为 $T_{ij}f_{0ij}$。可得船舶以该装载状态在 T_{ij} 期间结构的疲劳累积损伤 D_{ij} 为

$$D_{ij} = \frac{T_{ij}f_{0ij}}{A}\left(2\sqrt{2m_{0ij}}\right)^m \Gamma\left(1 + \frac{m}{2}\right) \tag{7-72}$$

式中 T——船舶以该装载状态航行所考虑的长期时间期间;

f_{0ij}——船舶在第 i 海况中以第 j 个航向航行时,应力交变过程的跨零率;

m_{0ij}——船舶在第 i 海况中以第 j 个航向航行时,应力交变过程的功率谱密度的零次矩。

3. 断裂力学法

疲劳过程一般是由裂纹萌生、裂纹稳定扩展及最后失稳扩展所组成。在疲劳裂纹扩展寿命中,裂纹扩展阶段是决定船舶与海洋结构物整个疲劳寿命的重要组成部分。

疲劳强度的断裂力学分析依赖于裂纹扩展的数据。其疲劳强度是通过裂纹扩展速率 $\mathrm{d}a/\mathrm{d}N$ 和应力强度因子 ΔK 之间的关系式来表征,其中 N 为循环次数,a 为裂纹的深度,ΔK 的表达式为

$$\Delta K = Y(a)S\sqrt{\pi a} \tag{7-73}$$

式中 $Y(a)$——几何影响因子;

S——应力范围。

这里假定为等幅载荷。以往的裂纹扩展数据表明了 Paris 公式为裂纹线性扩展模型的主要表达式,具有普遍的合理性。

$$\frac{\mathrm{d}a}{\mathrm{d}N} = C\,(\Delta K)^m \tag{7-74}$$

式中 C——Paris 系数;

m——裂纹扩展数据决定的指数。

Paris 公式中的参数 C 和 m 依赖材料和应用环境，如应力比、环境、试验加载频率和在裂纹扩展试验中加载的波形。

寿命预测的目的是找到失效时的循环次数和给定寿命的裂纹尺寸之间的关系。这时，真实的缺陷被假设为有尖端的裂纹。

循环次数 N 需要由初始裂纹尺寸 a_i 扩展到裂纹深度 a 所决定，其表达式为

$$NS^m = \frac{1}{C}\int_{a_i}^{a} \frac{1}{[Y(x)]^m (\pi x)^{m/2}} \mathrm{d}x \tag{7-75}$$

当 $a=a_c$（临界深度）时，结构失效，N 是导致失效的循环次数。

7.3.2 船舶结构疲劳强度评估方法

目前行业内对船舶结构进行疲劳评估主要有 3 种方法，如图 7.18 所示，即疲劳累积损伤分析方法、断裂力学分析方法和疲劳可靠性分析方法。由于疲劳累积损伤分析方法的发展比较成熟，方法较为完善，因此在船舶与海洋结构物的疲劳评估中得到广泛的应用，当前各国船级社采用的疲劳评估方法大都以此方法为基础。

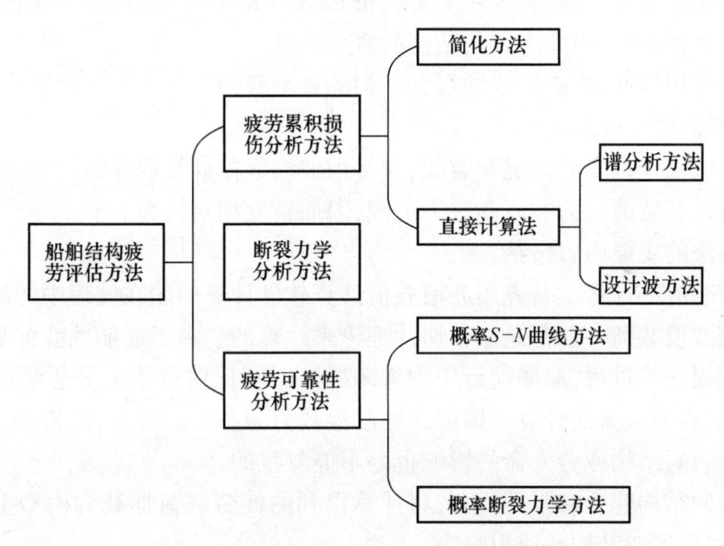

图 7.18 船舶结构疲劳强度评估方法

1. 疲劳累积损伤分析方法

在船舶与海洋结构物的疲劳评估中，疲劳累积损伤分析方法主要是以 $S-N$ 曲线和 Palmgren-Miner 线性疲劳累积损伤理论为基础来进行的。由于船舶与海洋结构物所处的海洋环境复杂多变，装载工况多种多样，结构在全寿命期间的受载历史非常复杂，而作用在船体各位置上的可能最大极值载荷与所采用的概率水平有关。因此，选择准确的载荷概率水平来描述结构的受载历史是结构疲劳评估的一个十分重要的环节。

应用疲劳累积损伤分析方法对船舶与海洋结构物进行疲劳强度评估一般包括如下四部分主要内容：结构疲劳载荷的计算；应力响应的计算；$S-N$ 曲线的确定；疲劳累积损伤和疲劳寿命的计算。

目前,各国船级社所采用的疲劳累积损伤分析方法主要有简化方法和直接计算法。在简化方法中,疲劳载荷的计算都是基于简化的经验公式进行的,应力响应则可以用简化公式或者有限元直接计算。而在直接计算法中,由波浪载荷计算程序得到结构的疲劳载荷,然后通过结构有限元分析得到疲劳应力响应和应力范围。在实际应用中,直接计算法又可以分为两种,即谱分析方法和设计波方法。

1) 疲劳评估的简化方法

疲劳评估的简化方法是相对于直接计算法而言的,它结合半数值、半解析和半经验的方法,采用相关规范要求和经验公式来计算结构的疲劳载荷和应力响应,分析过程简便,而且能满足相当的工程精度,因此在船舶与海洋结构物的疲劳评估中用得比较多。

大部分船级社采用的简化方法一般选取满载和压载两种装载状态,利用经验公式计算对应某一超越概率水平下的波浪诱导载荷和货物动载荷,包括船体梁垂直弯矩、水平弯矩、船体梁扭矩、海水动压力和货物动压力。利用简单梁理论或者有限元方法计算船体梁载荷诱导的总体应力范围以及海水动压力和货物惯性力等局部载荷诱导的局部应力范围。然后按照船级社给出的经验公式组合总体应力范围和局部应力范围得到名义应力范围。根据名义应力范围和所对应的概率水平,采用两参数的韦布尔分布模型模拟船舶结构应力范围的长期分布,再根据 $S-N$ 曲线和 Palmgren-Miner 线性疲劳累积损伤理论,计算结构的疲劳累积损伤,以此来评估结构的疲劳强度。

简化方法使用简便,能够较快地得到结构的疲劳寿命。

2) 疲劳评估谱分析方法

谱分析方法基于真实的海况和装载,直接由波浪载荷计算程序得到疲劳载荷,通过结构有限元分析计算疲劳应力响应和应力范围,因而精度相对较高。

谱分析方法的主要内容包括:

(1) 应力响应的计算。首先用波浪载荷计算软件计算船舶在波浪中的载荷响应和运动响应。目前波浪载荷一般都是基于切片理论来计算的。由于船舶的疲劳是船舶航行期内的一个累积损伤的过程,船舶航行于中等海况的时间比航行于十分恶劣的海况的时间要多得多,因此疲劳载荷的计算应该以线性波浪载荷为基础。另外,由货物以及压载水引起的内部动压力对结构疲劳寿命的影响也是不能忽视的。

对要分析的结构建立有限元模型,将计算得到的疲劳载荷加载到模型上并进行有限元直接计算,得到船舶结构的应力响应。

(2) 应力范围的短期分布。一个短期分布对应一个航行工况,即船舶在给定的装载状态下,以给定的航向和航速航行于某一短期海况的状态。目前,最常用的应力范围的分布是瑞利分布。采用 ISSC 推荐的双参数 P-M 谱,结合结构的应力响应得到应力范围的短期分布。在实际计算过程中还要考虑短波峰的影响。目前广泛采用的方法是引进方向函数或称为波浪扩散函数。

(3) 应力范围的长期分布。船舶在服役期内遭遇的海况由相应海域的海浪散布图来描述,通过定义每一个短期海况的平均跨零周期 T_Z 和有义波高 H_S,以及该海况出现的概率来确定海况资料。应力范围的长期分布采用分段连续型模型,由所有的短期分布组合而成。

(4) 疲劳累积损伤的计算。船舶在整个寿命期的疲劳损伤是各短期分布疲劳损伤的组合。

谱分析方法的物理含义清晰,分析方法合理精确,但是谱分析方法需要考虑不同装载、不同航行状态以及不同海况的组合,计算工作量极大,计算周期长。

3)疲劳评估设计波方法

与基于谱分析的直接计算法相比,设计波法可以减少工况,使结构分析的工作得以简化,因此是值得考虑的方法。设计波方法的主要内容一般由设计波的确定、应力响应和应力范围长期分布的计算以及疲劳累积损伤的计算等几个方面组成。

设计波法的首要任务就是要选择一个规则波,使得船舶结构在该规则波作用下的船体应力范围能够代表船舶在实际服役过程中一定超越概率水平的应力范围。在选取设计波参数之前,一般需要先确定引起结构疲劳损伤的主要设计响应。设计响应的选取取决于结构的类型和结构的位置,一般可以取为垂向弯矩、水平弯矩、扭矩以及海水动压力等载荷响应,也可以取为横向加速度和垂向加速度等运动响应,或者二者的组合。

设计波的波幅一般取为某一概率水平下设计响应的长期预报值与该设计响应幅算子的最大值的比值。将设计响应幅算子最大值所对应的浪向和波频作为设计波的浪向和波频。确定了设计波的波幅、波频和浪向后,可以用有限元法计算结构的应力响应,得到船体结构的应力范围。定义分布为应力范围的长期分布,计算某一装载状态下结构的疲劳累积损伤度。如果船舶具有多个装载状态,总的疲劳累积损伤度是各装载状态疲劳损伤度的加权平均值。

疲劳评估设计波方法采用规则波确定结构的设计响应,可以计入水线附近压力的非线性影响。用有限元方法计算应力响应,比简化方法提供的经验公式更为合理,而且其计算工作量比谱分析方法少很多,是一种比较实用的方法。但是设计波法没有直接的理论依据,人为因素对设计波的选取影响较大,这是设计波法最大的局限。

2. 断裂力学分析方法

断裂力学分析方法用发生裂纹时结构的载荷和结构节点的整体参数来描述裂纹附近的应力和应变的局部情况。断裂力学可以采用不同的参数来描述,如弹性能释放率 G、裂纹尖端的裂纹表面张开位移量 COD、J 积分和应力强度因子 K 等,其中应力强度因子是船舶与海洋结构物中应用最广泛的。断裂力学假设存在初始裂纹,忽略微裂纹产生的寿命,当构件受到正应力的作用时,裂纹尖端附近就产生弹性应力场。这个应力场可以用应力强度因子 K 来描述。K 与结构的几何形状、裂纹尺寸以及结构的应力分布有关。

在用断裂力学对船体结构进行疲劳强度评估时,必须把波浪载荷的真实序列作为一个与时间相关的随机过程处理。疲劳裂纹扩展法采用修正的 Paris-Elber 公式,并用修正的 Raju-Newlnan 方程计算应力强度因子。另外,焊趾处的焊接缺陷导致了焊趾处存在大量的在尺寸、形状各异的表面裂纹,这些裂纹相互作用和聚合,扩展成长为椭圆形表面裂纹。但是对于断裂力学疲劳强度评估,一般忽略大量微裂纹的相互聚合作用而直接假定船舶结构初始裂纹为单一的半椭圆形表面裂纹。

断裂力学能够考虑加载顺序和结构几何缺陷对疲劳寿命的影响,所以能进行较为详细的疲劳分析;而且其分析结果与试验结果有更好的匹配性,所以它比疲劳累积损伤方法更加全面。

3. 疲劳可靠性分析方法

船舶与海洋结构物的疲劳是一个受大量因素影响的非常复杂的现象,大多数的因素从本质上说都是一个随机变量。如结构遭遇的海况特性是不规则的,由此引起的结构的应力响应和运动响应也是一个随机变量;材料性能具有分散性、材料性能测试具有不确定性,使得材料的疲劳强度本身也是一个随机量。这就使得结构的疲劳寿命必然也具有不确定性。因此,用确定性方法并不能客观准确地反映疲劳现象的随机本质,在疲劳评估中考虑不确定因素的影响,用结构可靠性理论来加以研究是很重要也是很适当的。疲劳可靠性分析方法主要有两种。

1)概率 $S-N$ 曲线方法

概率 $S-N$ 曲线方法由概率方法与 $S-N$ 曲线方法相结合而成,主要有两种模型,分别称为 Wirsehing 模型和 Munse 模型。Wirsehing 模型又称为疲劳寿命的对数正态格式,在船舶和海洋结构物疲劳可靠性分析中应用最为普遍。它假定疲劳强度随机变量、疲劳载荷随机变量以及由 Miner 线性累积损伤理论不确定性引起的随机变量都呈对数正态分布,所以结构的疲劳寿命也是对数正态分布的。Munse 模型假定结构疲劳寿命服从韦布尔分布,因而也称为疲劳寿命可靠性分析韦布尔格式,它考虑了结构制造、装配和安装的影响,给出了失效概率的表达式。

2)概率断裂力学方法

概率断裂力学方法由概率方法与断裂力学方法相结合而成,其裂纹扩展模型一般采用线性 Paris 的公式,把 Paris 公式中的两个参数、裂纹的初始状态、应力计算的随机性以及几何修正因子都作为随机变量来处理,失效准则包括疲劳寿命准则,裂纹长度准则和断裂韧性准则等。

船体在满足总纵强度、局部强度的基础上,还需满足疲劳强度的要求。同时考虑钢材的弹塑性及船体结构的薄壁特性,本章阐述了船体结构极限强度及剩余极限强度的计算方法,该强度可给出结构强度的真实边界,为生命周期内船舶结构的维修、管理提供理论基础。

专题讨论

1. 试描述疲劳断口的宏观特征,并讨论如何根据断口形貌进行失效分析。

2. 加筋板的崩溃模式有两种,试画出在两种破坏模式下的加筋板结构变形图,进行失效原因的描述。

习　　题

1-1　简述船舶正常航行时所受到的外力有哪些?

1-2　简述船体总纵强度计算的方法。

1-3　简述船体局部强度计算的方法。

1-4　简述船体扭转强度计算的方法。

1-5　简述船体薄壁梁单元的扭转强度求解思路。

2-1　简述海洋风对结构物作用的载荷计算方法?

2-2　简述海洋波浪对结构物作用的载荷计算方法。

2-3　简述海流对结构物作用的载荷计算方法。

2-4　简述船用钢分类体系。

2-5　简述复合材料和合金材料在船舶结构上的应用现状。

3-1　已知:某纵骨架式船底板在中垂状态有下列计算值:

总纵弯曲应力: $\sigma_1 = 200\text{MPa}$;

板架弯曲应力:舱壁处 $\sigma_2 = 200\text{MPa}$;

跨度中点 $\sigma_2 = 100\text{MPa}$。

试问:船底板在舱壁处和跨度中点处的合成应力("+"为拉应力,"-"为压应力)。

3-2　某箱形剖面内河船,正浮于静水中,船长 $L=80\text{m}$,型宽 $B=15\text{m}$,型深 $D=8\text{m}$,吃水 $d=5.6\text{m}$,假定船的重量曲线为三角形(船首尾端为零,船中最大),试分别绘出重量曲线、浮力曲线、载荷曲线、静水剪力曲线和静水弯矩曲线。

3-3　长方形浮码头,长40m,宽10m,深3.5m,空载时吃水1.5m(淡水),在中部10m范围内承受均布载荷时,吃水增加到2m。假定船体质量沿船长均匀分布。试作该载荷条件下的重力曲线、浮力曲线、静水剪力和弯矩曲线,并求出剪力、弯矩最大值。(写出必要的计算过程)

3-4　水线面形状如图E-1所示的一直壁式船,静置于 $y=\dfrac{h}{2}\cos\dfrac{2\pi z}{L}$ 的余弦波上,试计算波谷在中时的最大静波浪弯矩。

3-5　某船舯半剖面如图E-2所示,其中上甲板①为异种材料,与基本材料的弹性模量之比为 $E' : E=1:3$,其面积 $a'=120\text{cm}^2$(自身惯性矩可忽略不计)。型深 $H=6\text{m}$。在图E-2所示坐标系 oyz 下,除板①之外的半剖面要素如下:面积 $A=1960\text{cm}^2$,对 y 轴的静矩 $B=-1120\text{cm}^2\cdot\text{m}$,二次矩 $C=15140\text{cm}^2\cdot\text{m}$,又已知该剖面的中拱弯矩 $M=54000\text{kN}\cdot\text{m}$,试计算板①的实际总弯曲正应力。

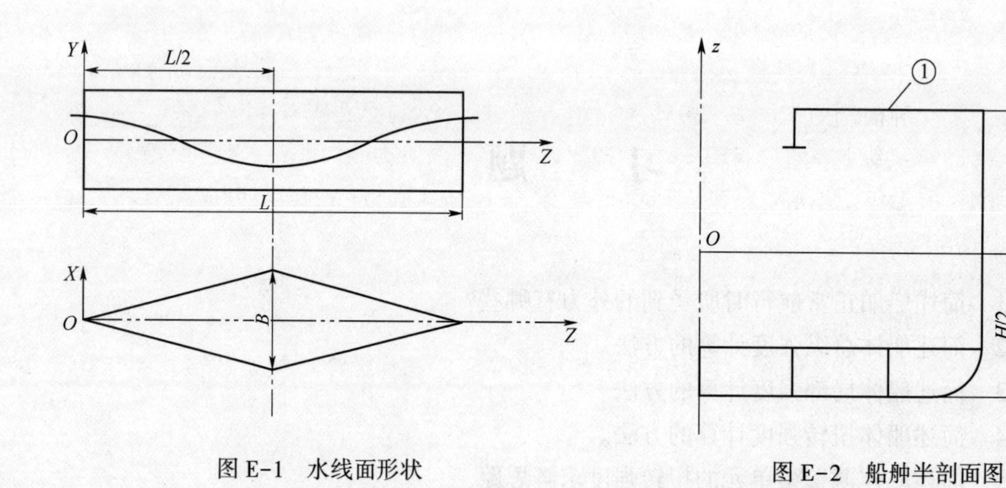

图 E-1 水线面形状　　　　图 E-2 船舯半剖面图

3-6 某船舯横剖面如图 E-3 所示，型深 $H=5.6\text{m}$。已知在总纵弯曲正应力 σ_1 的第一近似计算中，剖面计算弯矩（波峰位于船舯）为 $M=50000\text{km}\cdot\text{m}$，甲板和外底板的正应力分别为 $\sigma_{1a}=80\text{N/mm}^2$，$\sigma_{1b}=-60\text{N/mm}^2$。求剖面的中和轴位置、全剖面的惯性矩 I 和最小剖面模数 $W_{\min}$。

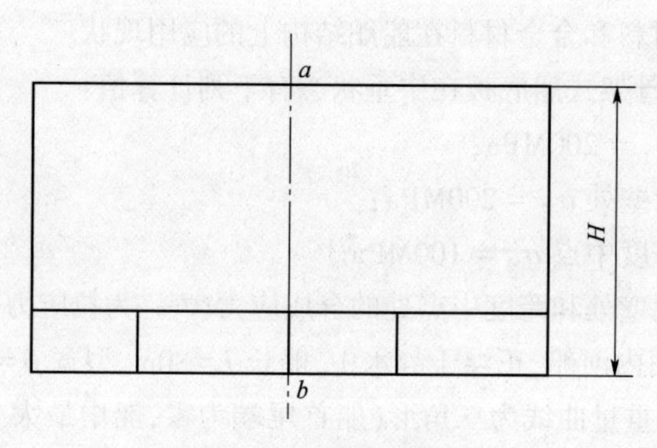

图 E-3 船舶横剖面图

3-7 图 E-4 所示的纵式构架甲板，纵骨间距 $b=600\text{mm}$，板厚 $t=6\text{mm}$。已知在总纵强度的近似计算中，甲板板①的 $\sigma_1=-100\text{N/mm}^2$，试计算：

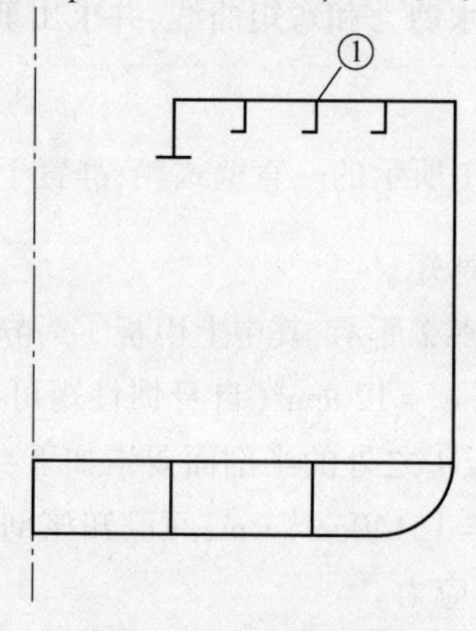

图 E-4 船舯半剖面图

（1）板①的折减系数 φ。

（2）板①应减缩掉的面积 ΔA。

3-8 某船舯横剖面如图 E-5 所示，型深 $H=5.6\text{m}$，全剖面面积 $F=4000\text{cm}^2$，甲板横梁间距 $a=150\text{cm}$，纵骨间距 $b=40\text{cm}$。已知在总纵弯曲正应力 σ_1 的第一近似计算中，剖面计算弯矩（波峰位于船舯）为 $M=50000\text{kN}\cdot\text{m}$，甲板和外底板的正应力分别为 $\sigma_{1a}=\text{N/mm}^2$，$\sigma_{1b}=-60\text{N/mm}^2$。

（1）求剖面的中和轴位置，全剖面的惯性矩 I 和最小剖面模数 $W_{\min}$。

（2）中垂极限弯矩校核中，①号甲板板失稳（该板尺寸为 6mm×2000mm）。设船体钢材的屈服极限 $\sigma_c=240\text{N/mm}^2$。问：剖面中和轴将如何移动？极限剖面模数 W_S 是多少？这里只要求作一次近似计算即可。

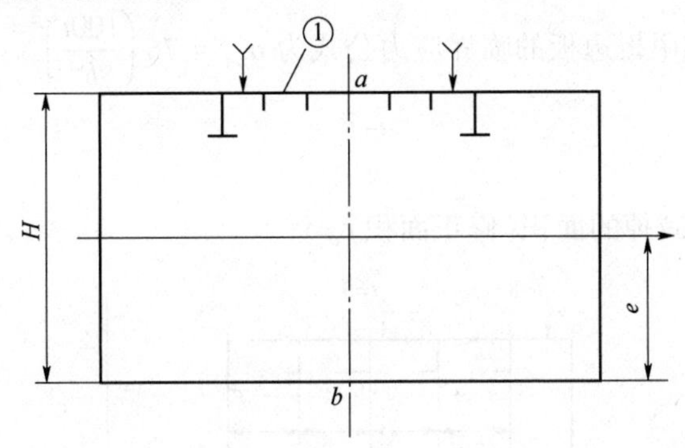

图 E-5 船舶横剖面图

4-1 利用列表法计算图 E-6 工字钢结构大、小翼板处的剖面模数。

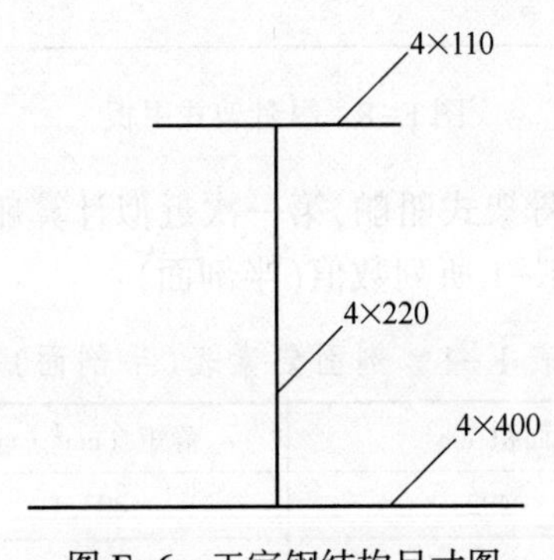

图 E-6 工字钢结构尺寸图

4-2 如图 E-7 所示的横骨架式驳船，在总纵弯曲应力的第一次计算中已经求得中和轴距离甲板 1m，剖面对中和轴的惯性矩为 $I = 1000\text{cm}^2\cdot\text{m}^2$。中垂总纵弯矩为 $M = -2250\text{kN}\cdot\text{m}$，肋距 $s = 500\text{mm}$；甲板厚度 $t = 5\text{mm}$（甲板的临界应力公式为 $\sigma_{cr} = 19\left(\dfrac{100t}{s}\right)^2\left(1+\dfrac{s^2}{c^2}\right)^2$，$c$ 为板的长边长度）。

求：

（1）折减系数；

（2）剖面折减掉的面积（修正面积）。

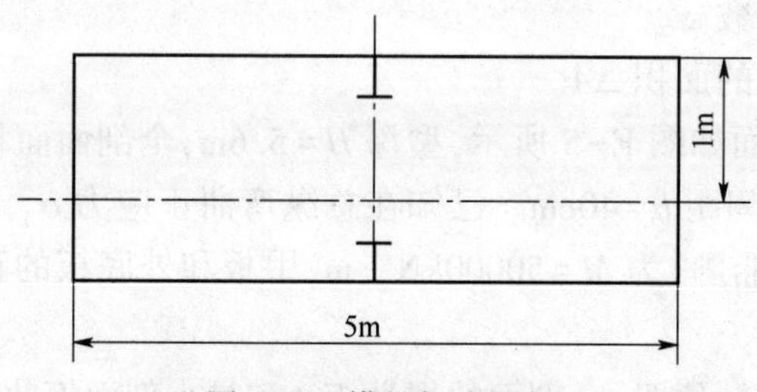

图 E-7 横骨架式驳船

4-3 如图 E-8 所示,纵骨架式甲板,纵骨间距 $b = 500\text{mm}$,甲板板厚 $t = 5\text{mm}$,甲板边板厚 $t = 8\text{mm}$。在总纵弯曲应力的第一次计算中求得甲板的总纵弯曲压应力为 $\sigma_1 = 100\text{N/mm}^2$(甲板板和甲板边板的临界应力公式为 $\sigma_{\text{cr}} = 76\left(\dfrac{100t}{b}\right)^2$ (N/mm^2))。

求:

(1) 折减系数;

(2) 半个剖面折减掉的面积(修正面积)。

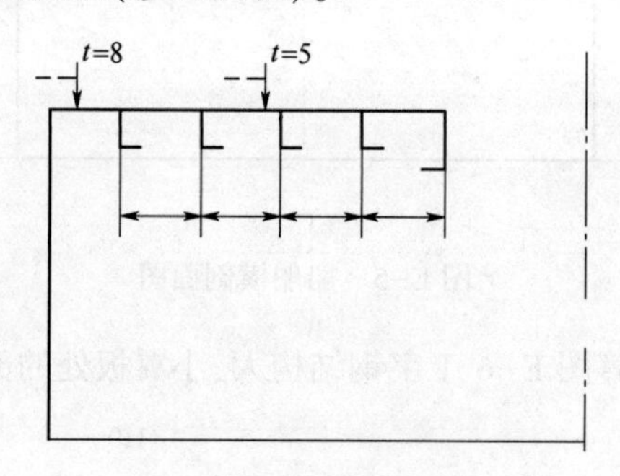

图 E-8 纵骨架式甲板

4-4 某型深 3.5m 的横骨架式船舶,第一次近似计算船中剖面要素时,参考轴选在基线上 1.5m 处,并得出如表 E-1 所列数值(半剖面):

表 E-1 剖面要素表(半剖面)

位置	面积/cm^2	静矩/($\text{cm}^2 \cdot \text{m}$)	惯性矩/($\text{cm}^2 \cdot \text{m}^2$)
参考轴以上	492	803.4	1467
参考轴以下	1052	1035	1240

该船中拱状态时受到的最大弯曲力矩为 24940kN · m。试计算船底板所受到的应力大小。

4-5 某长方形货驳沿船长均匀装载 500t 货物,在货驳中央又堆有一集中载荷 $P(t)$,正浮于静水中。设货驳自身质量 200t,沿船长均匀分布。若不考虑船体弯曲挠度对浮力分布的影响,试求船中剖面处船体弯曲挠度(设船体材料弹性模量为 E,船体剖面惯性矩为 I)。

4-6 已知某船纵骨架式船底在中拱状态下有下列计算值:

(1) 总纵弯曲应力:

在船底板中 $\sigma_1 = 133\text{MPa}$, 在内底板中 $\sigma_1 = 97\text{MPa}$。

(2) 板架弯曲应力:

在舱壁处剖面,如下:

纵骨自由翼板 $\sigma_2 = 98.6\text{MPa}$, 船底板 $\sigma_2 = 138\text{MPa}$, 内底板 $\sigma_2 = -180\text{MPa}$;

在跨中点剖面,如下:

纵骨自由翼板 $\sigma_2 = -47.1\text{MPa}$, 船底板 $\sigma_2 = -66\text{MPa}$, 内底板 $\sigma_2 = 86\text{MPa}$。

(3) 船底纵骨弯曲应力:

支座剖面,如下:

自由翼板 $\sigma_3 = -138\text{MPa}$, 船底板 $\sigma_3 = 35\text{MPa}$;

跨中剖面,如下:

自由翼板 $\sigma_3 = 69\text{MPa}$, 船底板 $\sigma_3 = -17.5\text{MPa}$。

(4) 板格弯曲应力:

支座剖面 $\sigma_4 = 66\text{MPa}$, 跨中剖面 $\sigma_4 = 16\text{MPa}$。

试按图 E-9 表明的 4 个剖面位置,计算内底板、纵骨自由翼板及船底板(内外表面)上的合成应力(应注意各种应力的正负号)。

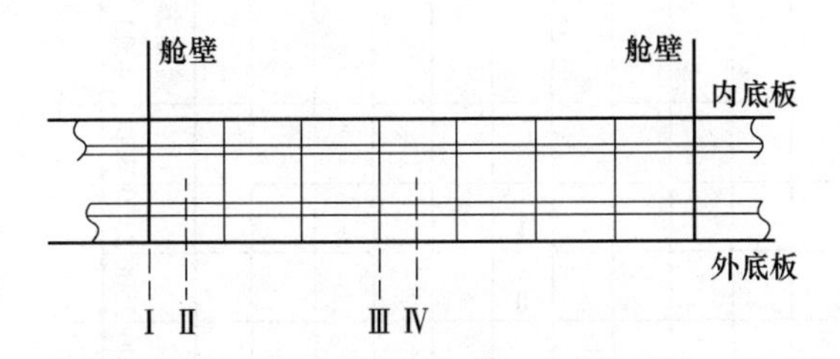

图 E-9 剖面位置示意图

5-1 船体在哪些情况下受到扭矩作用?

5-2 如何计算大开口船舶斜置波浪上的扭矩?

5-3 试述应用有限梁法进行大开口船舶弯扭分析的基本步骤。

5-4 方形驳船 $L = 80\text{m}$,空船质量 $W = 420\text{t}$,沿全船均匀分布,载矿砂 400t 分布于船中部 60m 内,设矿砂沿船长均匀分布,但沿船宽方向呈图 E-10 所示分布,且前后反对称。试绘出扭矩曲线。

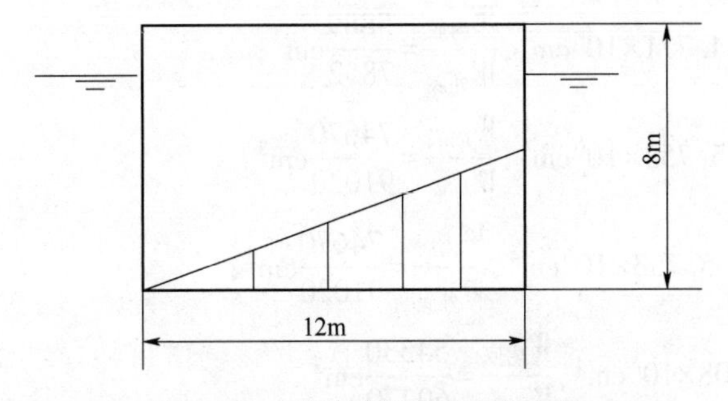

图 E-10 矿砂沿船宽方向分布图

5-5 为提高大开口船舶抗扭刚度,采取什么措施比较有效?

6-1　某船在船台上做舱壁水密试验，试水水柱高度达甲板下表面（型深 $D=6.0\text{m}$）。已知舱壁的最下一列板厚度 $t=9\text{mm}$，舱壁扶强材间距 $s=900\text{mm}$，试计算在试水时舱壁板中的最大应力（已知材料屈服极限为 $\sigma_Y=220\text{MPa}$）。

6-2　某万吨货船，第三货舱船底板架如图 E-11 所示。假定舷侧取自由支持，横舱壁处取刚性固定。板架所受荷重为舷外水压力与货物反压力之差，本船空载到港的均布荷重强度为 $q=6.42\text{N/cm}^2$。

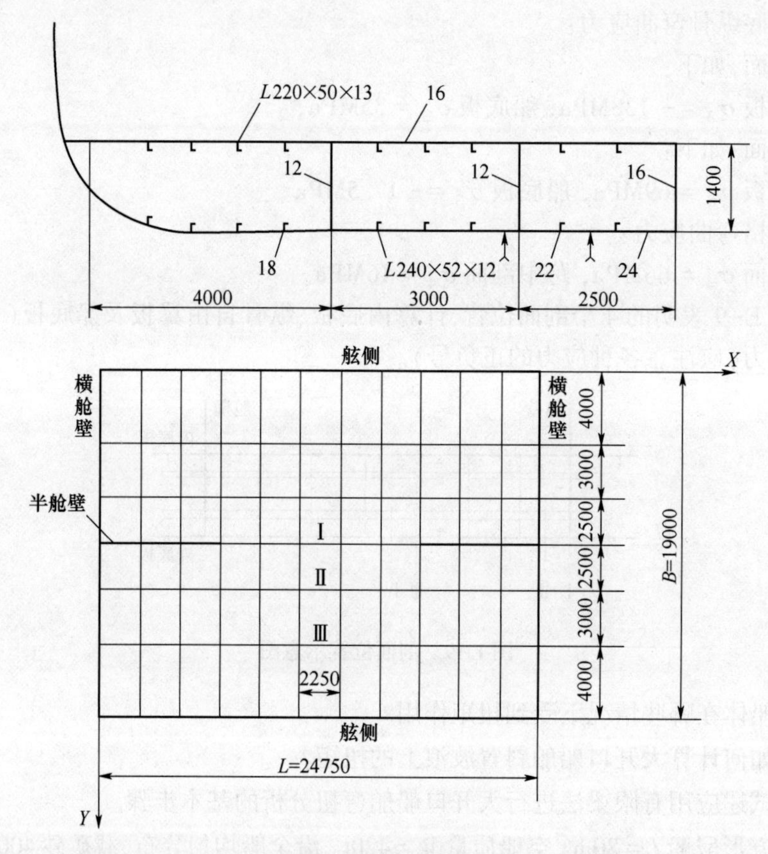

图 E-11　船底板架

计入带板的剖面惯性矩和最小剖面模数如下：

中桁材Ⅰ　$I_1=4.711\times10^6\text{cm}^4$，$\dfrac{W_{内底}}{W_{外底}}=\dfrac{5889}{7852}\text{cm}^3$；

旁桁材Ⅱ　$I_2=5.753\times10^6\text{cm}^4$，$\dfrac{W_{内底}}{W_{外底}}=\dfrac{74670}{91020}\text{cm}^3$；

旁桁材Ⅲ　$I_3=5.753\times10^6\text{cm}^4$，$\dfrac{W_{内底}}{W_{外底}}=\dfrac{74670}{91020}\text{cm}^3$；

实肋板：$I=4.008\times10^6\text{cm}^4$，$\dfrac{W_{内底}}{W_{外底}}=\dfrac{54530}{60270}\text{cm}^3$。

试采用交叉梁系计算模型，用有限元法计算肋板及桁材的最大应力。

7-1　构件受拉压循环应力作用，$S_{\max}=800\text{MPa}$，$S_{\min}=80\text{MPa}$。若已知材料的极限强

度为 $S_u = 1200$MPa，试估算其疲劳寿命。

7-2 试述疲劳损伤的概念和船舶结构常用的疲劳分析方法。

7-3 简述破损剩余强度的指标和方法。

7-4 简述谱分析方法的主要内容。

7-5 试写出 S-N 曲线的 3 种数学表达式。

参 考 文 献

[1] 中国船级社.《钢质海船入级规范》(2021)[S], 北京:人民交通出版社,2021.

[2] 中国船级社.《钢质内河船舶建造规范》(2016)[S]. 北京:人民交通出版社,2016.

[3] 陈益平, 张勇. 载运履带式车辆装备的船舶局部强度校核[J], 中国舰船研究, 2018, 13(5): 25-31.

[4] 梁斌, 郑坤, 周毅, 等. 大型 LNG 运输加注船结构强度有限元分析[J]. 船舶工程, 2021, 43(1): 23-27.

[5] 王艳春, 万正田, 郑祖中, 等. 7500 车双燃料汽车滚装船结构设计优化[J]. 船舶工程, 2021, 43(3):40-43,129.

[6] 王宇博. 甲板上浪冲击载荷预报方法研究[D]. 哈尔滨:哈尔滨工程大学, 2020.

[7] 刘兴望. 内河甲板货船承运重大件的强度研究[D]. 大连:大连海事大学, 2020.

[8] 曾欢. 基于洛伦兹曲线的非均匀腐蚀船体板极限强度评估方法研究[D]. 大连:大连理工大学, 2021.

[9]夏苏. 115m 内河浮船坞结构强度研究[D]. 上海:上海交通大学, 2021.

[10] 姚强, 吴剑国, 田恬, 等. 豪华游轮极限强度计算的有限元方法研究[J], 船舶结构, 2020,31(1): 33-38.

[11] 师馨杰. 基于流固耦合方法的船-冰碰撞及极限强度研究[D]. 大连:大连理工大学, 2021.

[12] 郭育豪, 周雷, 张阳, 等. 含裂纹及腐蚀损伤 FPSO 结构剩余极限强度评估[J]. 船舶工程. 2020, 42(8):129-136.

[13] 陈浩. 船冰作用下船体梁极限强度计算方法研究[D]. 镇江:江苏科技大学, 2021.

[14] 戴泽宇. 冰区船舶结构疲劳强度分析方法研究[D]. 大连:大连理工大学, 2020.

[15] 吴上宇. 基于非线性水弹性理论对 HCSR 船型的极限强度的可靠性研究[D]. 哈尔滨:哈尔滨工业大学, 2020.

[16] 中国船级社.《国内航行海船建造规范》(2022)[S]. 北京:人民交通出版社,2022.

[17] 中国船级社.《基于谱分析的船体结构疲劳评估指南》(2018)[S].北京:人民交通出版社,2018.

[18] 王杰德, 杨永谦. 船体强度与结构设计[M]. 北京:国防工业出版社,1995.

[19] 裴志勇, 谌伟, 杨平. 船体强度与结构设计[M]. 北京:科学出版社, 2017.

[20] 杨代盛. 船体强度与结构设计[M]. 北京: 国防工业出版社, 2011.